财政部"十三五"规划教材
应用经济学学科建设系列教材

计量经济学

米　娟　许爽爽　潘　桔　主　编

中国财经出版传媒集团
经济科学出版社
Economic Science Press

图书在版编目（CIP）数据

计量经济学/米娟，许爽爽，潘桔主编 .—北京：经济科学出版社，2019.12

ISBN 978-7-5218-1102-5

Ⅰ.①计… Ⅱ.①米…②许…③潘… Ⅲ.①计量经济学 Ⅳ.①F224.0

中国版本图书馆 CIP 数据核字（2019）第 281179 号

责任编辑：宋 涛
责任校对：齐 杰 杨 海
责任印制：李 鹏

计量经济学

米 娟 许爽爽 潘 桔 主 编
经济科学出版社出版、发行 新华书店经销
社址：北京市海淀区阜成路甲 28 号 邮编：100142
总编部电话：010-88191217 发行部电话：010-88191522
网址：www.esp.com.cn
电子邮件：esp@esp.com.cn
天猫网店：经济科学出版社旗舰店
网址：http://jjkxcbs.tmall.com
北京密兴印刷有限公司印装
787×1092 16 开 16 印张 320000 字
2019 年 12 月第 1 版 2019 年 12 月第 1 次印刷
ISBN 978-7-5218-1102-5 定价：48.00 元

前　言

计量经济学是以一定的经济理论和统计资料为基础，运用数学、统计学方法与计算机技术，以建立经济计量模型为主要手段，定量分析研究具有随机性特征的经济变量关系的一门课程，也是应用经济学学科中实用性很强的一门课程。为了突出该课程的实用性特点，本书在对计量经济学理论进行阐述的同时，结合案例对计量软件 Eviews 的操作进行了详细地讲解，旨在使读者理解理论的同时，能够顺利完成计量软件的操作应用，实现对实际经济问题的完整分析过程。

全书共分 10 章。第 1 章，绪论，是本书的纲，阐述了计量经济学的基本概念、内容体系以及本课程涉及的内容，对计量经济学的主要应用领域和建立计量经济学模型的主要步骤进行了详细阐述。第 2 章和第 3 章，一元线性和多元回归计量经济学模型，是本书的主要内容，这两部分对线性经典单方程计量经济学模型的理论与方法进行了详细的阐述，推导和证明了与普通最小二乘法有关的过程和结论，是非经典计量经济模型的基础。第 4、第 5、第 6 章，异方差性、序列相关性和多重共线性是非经典计量经济模型，是本书的基础内容，介绍了计量经济学模型违背各个基本假设的经济背景，从经济学和数学两个方面违背基本假设的后果，常用的检验方法和模型最有效和最常用的估计方法，如加权最小二乘法、可行的广义最小二乘法、差分法与广义差分法、工具变量法等，以及它们在应用软件中的实现。第 7 章，虚拟变量计量经济模型，是前几章的必要补充，介绍了模型中引入虚拟变量的问题背景、引入原则和方法，以及参数估计方法。第 8 章，联立方程计量经济模型，是本书的重点内容之一，介绍了线性联立方程计量经济学模型的基本概念和有关模型识别、检验的理论与方法和几种主要的联立方程估计方法。第 9 章，时间序列计量经济学模型，可以作为研究生的课程内容，是现代计量经济学的重要组成部分，已经形成了独立的分支，主要介绍了时间序列平稳性的概念、重要性和检验方法；三类常用的随机时间序列模型的识别、估计和检验方法；协整的概念、重要性和检验方法；误差修正模型的经济意义和建立误差修正模型的全过程。第 10 章，面板数据计量经济学模型，是非经典计量经济学的重要发展，在经济学领域得到大量广泛的发展与应用，同样可以作为研究生的课程内容，主要介绍了面板数据模型的分类、估计方法、模型的设定与检验方法。

本书定位于初级与中级计量经济学之间的水平，主要面向高等院校本科生和研究生的学习，也可供相关研究人员参考。通过对本书的学习，使读者达到：(1) 了解经济数据分析课程在经济学课程体系中的地位，熟悉经济数据分析在经济学科的发展和实际经济工作中的作用与应用；(2) 掌握基本的计量经济学理论与方法，并对计量经济学理论与方法的扩展和新发展有概念性了解；(3) 能够建立并应用简单的计量经济学模型，对现实经济现象中的数量关系进行实证分析；(4) 具有进一步学习与应用计量经济学理论、方法与模型的基础和能力。

本书由米娟、许爽爽和潘桔三位老师共同完成，其中第1章、第2章由米娟老师编写；第3章到第7章由许爽爽老师编写；第8章到第10章由潘桔老师编写。

本书在编写过程中，参阅和借鉴了已出版的同类教材的一些先进成果。由于编者水平有限，书中不足之处在所难免，恳请读者批评指正。

编者

2019年10月

目　　录

第 1 章　绪　　论

1.1　计量经济学概述

1.1.1　什么是计量经济学

计量经济学（econometrics）一词是由挪威经济学家、第一届诺贝尔经济学奖获得者弗里希（R. Frish）于 1926 年提出的。弗里希是计量经济学的主要开拓者和奠基人。1930 年，弗里希、丁伯根（Tinbergen）等经济学家在美国发起成立了“计量经济学会”，该学会于 1933 年创办了《计量经济学》杂志，标志着计量经济学作为一门独立的学科正式诞生。在这个杂志的创刊号上，弗里希发表文章，他认为，计量经济学既不同于统计学，也不同于数学，更不同于一般的经济理论，三者结合便构成了计量经济学。可见，计量经济学是经济理论、数学和统计学相结合的一门综合性学科。

具体来说，计量经济学是以经济理论为指导，以事实为依据，以数学和统计推断为方法，以电脑技术为工具，以建立经济计量模型为手段，定量分析研究具有随机性特征的经济变量关系的经济学科。

在这个定义中，强调以下几点：

（1）计量经济学是一门应用经济学科，它以经济现象为研究对象；

（2）计量经济学目的在于揭示经济关系与经济活动数量规律；

（3）计量经济学是经济理论、统计学、数学三者的综合；

（4）计量经济学核心内容是建立和应用具有随机特征的计量经济模型。

根据弗里希对计量经济学的定义，计量经济学是数学、统计学、经济理论三者的有效结合，其实质就是定量化的经济学，或者说是经济学的定量化。

1.1.2　计量经济学与相关学科的关系

计量经济学是经济理论、统计学、数学的综合，它与相关学科的关系如图

1－1 所示。

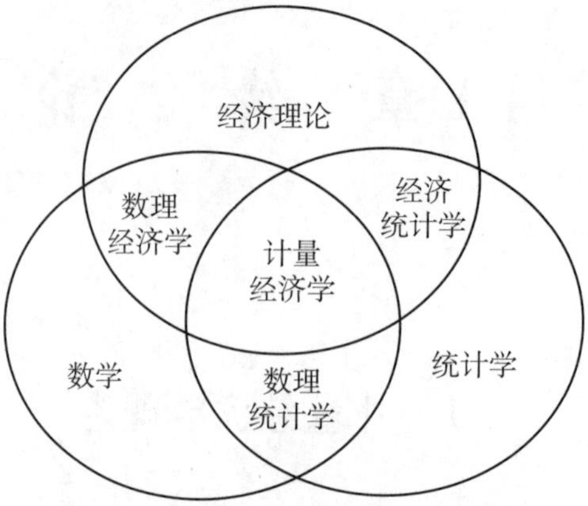

图 1－1　计量经济学与相关学科的关系

图 1－1 表明计量经济学是数理经济学、经济统计学和数理统计学的交集，而数理经济学是经济理论与数学的交集，数理统计学是数学和统计学的交集，经济统计学是经济理论与统计学的交集。显然，每一交集形成了一门特定的学科，有其独立的研究对象或特点。这些特定学科彼此不能混淆或替代。

经济理论着重经济现象的定性研究，而计量经济学着重于定量方面的研究。虽然数理经济学也是着重于研究经济的定量方面，但它仅是用数学形式表达经济理论，并不关心经济理论的可测性，且模型所反映的经济变量之间的关系是确定的。而经济计量学主要在于利用由数理经济学提出的数学方程及实际数据来验证经济理论；模型所反映的经济变量间的关系是非确定性的、随机的相关关系。数理经济学为计量经济学提供建立模型的依据。

统计学是关于如何收集、整理、分析数据的科学。经济学与统计学结合形成了经济统计学。经济统计所关心的是描述性的统计量，如国内生产总值等指标与指数等，着重于收集、整理并以图表的形式表达数据，并不在于利用所收集的数据来验证经济理论。而计量经济学则在于利用经济统计所提供的数据来估计经济变量之间的数量关系并加以验证。

数理统计学为各种类型数据的收集、整理与分析提供切实可靠的数学方法，是计量经济学建立计量经济模型的主要工具。但是数理统计学在研究变量之间的关系时，要求各种变量必须服从某种规律，即服从某种分布。在现实经济生活中，各经济变量很难完全满足这一假定，但又必须研究经济变量之间的关系，所以计量经济学必须在数理统计方法技术的基础上，开发出特有的分析方法技术。

为了说明上述内容，假设以商品市场需求的研究为例。对某一商品市场需求进行研究，经济理论中假定商品需求量取决于它的价格、与其有关的替代商品的价格、消费者收入和消费偏好。这就完全肯定了需求量只由四个因素决定，关系非常明确。数理经济学用线性需求函数形式表示对其商品的需求关系：

$$Q = b_0 + b_1P_1 + b_2P_2 + b_3Y + b_4T \tag{1.1}$$

式（1.1）中，Q 为某一商品的需求量；

P_1 为该商品的价格；

P_2 为与该商品有关的其他商品的综合价格；

Y 为消费者的收入；

T 为消费者的消费偏好；

b_i 为需求函数中待定参数，在其他变量不变时，第 i 个变量每变化一个单位所引起需求量变化的数值。

式（1.1）表明，只有方程右边的四个因素中某些发生变化时，需求量 Q 跟着变化，再也没有其他因素影响需求量了。然而实际的经济生活中绝非如此，社会环境、心理变化、所处地理位置，甚至天气等偶然因素，都会对需求量产生影响。虽说不是主要的，但也必须加以考虑。为此，计量经济学构建如下模型：

$$Q = b_0 + b_1P_1 + b_2P_2 + b_3Y + b_4T + \mu \tag{1.2}$$

在式（1.2）中，μ 是一个随机变量。它是用以反映数理经济学模型中未考虑的所谓的非主要因素的影响，从而将数理经济学所描述的确定型关系转化为计量经济学中不确定型的关系。

经济统计学研究的内容主要有两个方面，一方面是指标的设计问题，即用什么指标来反映商品的需求量，如何测量消费者的收入水平及消费偏好等；另一方面是各指标是如何变化的。经济统计学重点不在于测度变量之间的具体关系。虽然数理统计学可以用以研究这些变量之间的具体数量关系，但是它事先对模型中的随机误差项 μ 做出严格的假定（这些假定将在本书第 2 章和第 3 章具体说明）。在现实世界中，数理统计所做的假定是很难满足的，为了揭示需求量、价格、消费者收入水平、消费偏好等变量之间的关系，计量经济学必须研究数理统计之外的一些模型技术与方法问题。

1.1.3 计量经济学的有关概念

1. 经济变量

所谓经济变量就是用来描述经济现象数量水平的指标，如式（1.2）中的 Q、P_1、P_2、Y、T 都是经济变量。

在计量经济学中，不同的经济变量都有特定的名称，并有相应的内涵，按其自身特点及其计量经济模型参数估计的需要，可以分为若干不同的类型。

（1）解释变量与被解释变量。从变量的因果关系看，经济变量可分为解释变量与被解释变量。在计量经济模型等号右边的变量称为解释变量，也称为自变量，用以解释被解释变量的变化，解释变量是确定性变量，是外生变量；在计量经济模型等号左边的变量称为被解释变量，也称为因变量，用以描述或度量所研究的经济现象，被解释变量是随机变量，是内生变量。

（2）内生变量与外生变量。从变量的性质看，经济变量可分为内生变量与外生变量。内生变量是由模型系统内部因素所决定的变量，表现为具有一定概率分布的随机变量，其数值受模型中其他变量的影响，是模型求解的结果，对模型而言，被解释变量是内生变量；外生变量是由模型系统之外其他因素所决定的变量，不受模型内部因素的影响，表现为非随机变量，其数值在模型求解之前就已经确定，不受模型中任何变量的影响，但影响模型中的内生变量，对模型而言，解释变量是外生变量。

需要说明，没有绝对意义上的内生变量和外生变量，内生与外生都是相对的。

（3）滞后变量与前定变量。在计量经济分析中，某些经济变量不仅受同期各种因素的影响，而且还受过去某些时期的各种因素甚至自身的过去值的影响。通常把这种过去时期的、具有滞后作用的变量叫作滞后变量。滞后变量显然在求解模型之前是确定的量，因此，通常将外生变量和滞后变量合称为前定变量，意即在模型求解之前已经确定或需要确定的变量。

（4）虚拟变量。在计量经济分析中，有些因素对被解释变量影响很大，但不具备定量性质的信息，如政策和政治因素、气候、战争等属性因素，由此，为了反映属性因素和提高模型的精度，必须将属性因素量化，为此，人为定义了二进制变量，称为虚拟变量，即通过构造 0－1 型的人工变量来量化属性因素。

2. 样本数据

样本数据是指建立和估计计量经济模型所用的数据，主要是各种经济统计数据。样本数据可以通过专门调查取得，也可以通过人为构造，如虚拟变量，主要分为以下几种类型。

（1）时间序列数据。时间序列数据是指同一经济变量按时间顺序排列形成的数据列，也称为动态序列数据，用来描述某一经济变量在时间纵向上的变化情况。例如，2000～2018 年的国内生产总值、固定资产投资、居民消费价格指数、每日上证综合指数、某股票价格指数等数据都是时间序列数据。

（2）截面数据。截面数据是指一个或多个经济变量在同一时间点或同一时间段的数据，也称为静态数据。例如，某一年各省（市、区）地区生产总值、人口普查、农业普查等数据都属于截面数据。

（3）面板数据。面板数据是截面数据与时间序列数据的集合，又称为混合数据或平行数据，如各省（市、区）不同年份的经济发展状况数据。利用面板数据可以实现同时从截面和时间序列两个方向建模，更适合于截面变量较多而时间序列较少的建模。

3. 计量经济模型

计量经济模型就是在经济理论指导下，为了研究经济变量之间的数量关系而采用的随机代数模型，是以数学形式对客观经济现象所作的描述和概括。例如，产出是由资本、劳动、技术等投入要素决定的，通常用如下随机数学方程来描述：

$$Y = AK^{\alpha}L^{\beta}e^{\mu} \tag{1.3}$$

或者

$$\ln Y = \ln A + \alpha \ln K + \beta \ln L + \mu \tag{1.4}$$

其中，Y表示产出，A表示技术水平，K表示资本投入，L表示劳动投入，μ为随机误差项，α、β为待定参数。

计量经济模型有多种形式，按不同标准，主要有以下几种：

①按解释变量的个数分为一元计量经济模型和多元计量经济模型。

②按方程的个数分为单方程模型和联立方程模型。

③按研究的范围分为微观经济模型和宏观经济模型。

④按是否考虑时间因素分为静态模型和动态模型。

⑤按变量的幂次分为线性模型和非线性模型。

⑥按模型的用途分为消费模型、投资模型、税收模型、货币模型等。

1.2 计量经济研究的步骤

利用计量经济方法研究经济问题，一般都要经过五个步骤，即设定理论模型、收集样本数据、估计模型参数、进行假设检验和利用模型进行实证分析。

1.2.1 设定理论模型

根据经济理论分析所研究的经济现象，找出经济现象间的因果关系及相互间的联系，按照它们之间的行为关系，设定描述这些变量之间关系的数学表达式，即理论模型。一般把问题作为因变量（或被解释变量），影响问题的主要因素作为自变量（或解释变量）、非主要因素归入随机项。

变量的正确选择关键在于能否正确把握所研究经济现象的经济学内涵。理论模型的建立主要依据经济行为理论。例如，常用的生产函数、消费函数、投资函数等，在数理经济学中已有广泛的研究。但是，现代经济学比较重视实证研究，任何理论模型的建立，都要求在参数估计、模型检验的过程中不断得到修正，以便得到一个较好的反映客观经济规律的数学模型。此外，还可以根据散点图或模拟的方法，选择一个拟合效果较好的数学模型。

1.2.2 收集样本数据

建立了模型之后，应该根据模型中变量的含义、口径收集并整理样本数据。样本数据的质量直接影响模型的质量。

一般情况下，需要对所收集的样本数据进行适当的加工整理才能用于建立模型。整理工作包括分类、汇总、合并、调整统计口径等，使整理后的数据具有完整性、准确性、可比性和一致性。所谓完整性是指模型中所包含的所有变量都必须得到相同容量的样本观测值；所谓准确性，一是它必须准确反映研究对象的状态，二是它必须是模型中所要求的数据；所谓可比性就是通常所说的数据统计口径必须是一致的；所谓一致性是指样本数据的来源与被估计母体必须是一致的。

1.2.3 估计模型参数

建立计量经济模型之后，要根据样本数据选择适当的方法，对模型中的参数进行估计，即得到一个估计的计量经济模型，以便对经济变量之间的数量关系进行定量描述。在选择方法时一般要考虑：经济关系的性质、每种估计方法的特性、方法的难易和费用的多少等。

1.2.4 进行假设检验

假设检验就是对估计的模型参数进行检验。所谓检验就是对参数估计值加以评定，确定它们在理论上是否有意义、在统计上是否显著。只有通过检验的模型才能用于经济实际，所以模型检验也是重要的一环。检验的内容包括以下几方面。

1. 经济检验

经济检验是由经济理论决定的，主要是检验参数估计值的符号和数值大小在经济意义上是否合理。如果不合理，则要查找原因并采取必要的修正措施，否则，参数估计值视为不可靠。

2. 统计检验

统计检验是由统计理论决定的，其目的在于评定模型参数估计值的可靠性。常用的统计检验有拟合优度检验、t 检验、F 检验等。应该指出，统计检验相对经济检验来说是第二位的。如果违背了经济检验，即使统计检验通过了，估计的参数也是没有意义的。

3. 计量经济检验

计量经济检验是由计量经济学理论确定的，主要是用来检验所采用的计量经济方法是否令人满意、计量经济方法的假设条件是否得到满足，从而确定统计检验的可靠性。常用的检验方法主要包括随机项的序列相关检验、异方差检验和解释变量的多重共线性检验等。

4. 预测性能检验

预测性能检验主要检验模型参数估计量的稳定性以及对样本容量变化时的灵敏度，以确定所建立的模型是否可以用于样本观测值以外的范围。具体检验方法有：(1) 扩大样本容量或变换样本重新估计模型，再检验新的估计值与原来的估计值是否有显著差异；(2) 利用模型对样本期以外的某一时期进行预测，再通过比较预测值与实际值的误差，检验模型的预测能力。

如果上述检验都能通过，则表明所估计的计量经济模型较好地反映了经济变量之间的数量关系，可以进一步用于定量分析。

1.2.5 模型应用分析

计量经济模型建立并通过了检验，一般即可认为该模型就是实际经济系统的缩影，因而对实际问题的分析就转化为对该问题的计量经济模型的研究。计量经济模型的应用，可分为结构分析、经济预测、政策评价三个方面。

1. 结构分析

结构分析就是运用已估计出来的计量经济模型对经济关系进行数量研究，即当一个或几个变量发生变化时会对其他变量以致整个经济系统产生怎样的影响。结构分析代表的是计量经济学的科学目的，即通过用模型和数据检验和验证经济关系，使人们可以理解现实世界的经济现象，深刻认识经济规律。

2. 经济预测

经济预测就是运用已估计出来的计量经济模型对实际观测数据以外的某些经济变量的数值进行估计。预测往往是决策和行动的基础。

3. 政策评价

政策评价就是运用已估计出来的计量经济模型对几个不同政策方案的后果进行评价，以供决策者择优采纳。一种方法是引入目标函数，把已估计出来的模型看作约束条件，在各种政策方案中使目标函数达到最大值；另一种方法是模拟各种政策方案，对每一方案下有关变量的将来数值进行条件预测，并进行对比。

1.3 计量经济学软件介绍

建立计量经济模型需要处理计算大量的数据信息，特别是随着计量经济模型的广泛应用和计算机技术的飞速发展，越来越多的计量经济专用软件和统计分析软件不断出现，目前可供选择的软件大致分为两大类型。

1.3.1 综合统计分析软件

综合统计分析软件主要有：

1. 社会科学统计软件包（statistical package for the social science，SPSS）

SPSS 是一种集成化的计算机数据处理应用软件，是由美国斯坦福大学的三位研究生于 1968 年研究开发的。经过几十年的不断研发，该软件提供了经典计量经济学和多元统计分析的大部分功能，广泛应用于经济学、社会学、市场学、地理学、生物学、医学等各领域，在社会科学、自然科学的各个领域发挥了巨大作用。

2. 统计分析系统（statistical analysis system，SAS）

SAS 是一个模块化、集成化的大型应用软件系统，是由美国北卡罗来纳州州立大学于 1976 年研发的。经过多年开发，SAS 现已发展成集数据管理、数据分析和信息处理于一体的综合性统计分析软件，可应用于医学、社会学、市场学、经济学和自然科学各个领域的信息处理，适用于统计分析和经典计量建模。

3. 统计学系统（system of statistics，SYSTAT）

SYSTAT 由美国 SYSTAT 软件公司研发，其主要功能包括数据管理、统计图形、统计分析、统计检验、回归分析、聚类分析、因子分析和时间序列分析等。由于具有优良的性能和方便的菜单操作方式，该软件受到众多用户的好评。

1.3.2 专用计量经济分析软件

专用计量经济分析软件侧重于实现综合统计分析软件的部分功能，常用的专用计量分析软件有：

1. 计量经济学软件包（econometric views，Eviews）

Eviews 软件是美国 QMS（Quantitative Micro Software）公司研发的计量经济

学专用软件。该软件将计量经济分析的基本元素（如数据、序列、矩阵等）和分析结果（如方程、图形、系统等）都视为对象，每个对象都有自己的窗口，通过各个对象不同侧面的观察，分析对象的属性和特征，揭示不同现象之间的关系和变化规律。由于其功能强大，操作简单，界面友好，该软件是当今世界最流行的计量经济学软件之一。

2. 时间序列处理软件（time series process，TSP）

TSP是美国QMS公司于1981年开发的基于DOS操作系统下的计量经济软件。其主要功能是经典计量经济建模，其特点是操作简单方便，界面友好。

3. 时间序列回归分析软件（regression analysis of time series，RATS）

RATS是美国明尼苏达大学研发的软件产品，其主要功能有数据管理、多种回归建模和绘图等。

4. 计量软件Stata和R

Stata是一套提供其使用者数据分析、数据管理以及绘制专业图表的完整及整合性统计软件。是目前最流行的计量软件，操作简单、功能强大，提供许多功能。用Stata绘制的统计图形相当精美，对于新的计量方法，常可下载由用户写的Stata命令程序，十分方便。

R语言是统计领域广泛使用的，诞生于1980年左右的S语言的一个分支，是S语言的一种实现。S语言是由AT&T贝尔实验室开发的一种用来进行数据探索、统计分析、作图的解释型语言。R是开源软件，代码全部公开，对所有人免费。R可以在多种操作系统下运行，需要输入命令，编写函数和脚本进行批处理运算，语法简单灵活。

第2章 一元线性回归模型

计量经济学的核心是建立模型，而一元线性回归模型是最简单的模型，故又称为简单线性回归模型或双变量线性回归模型。一元线性回归模型是计量经济学的基础，其应用比较广泛。

2.1 一元线性回归模型概述

2.1.1 一元线性回归模型的概念

在对经济现象进行研究过程中，经常需要关注某一经济现象与影响它的某一最主要因素之间的关系，如研究消费问题时，影响消费的因素很多，但家庭收入是影响消费的最主要因素，因此，就需要研究家庭消费水平与家庭收入之间的关系；又如，影响粮食产量的因素非常多，但在众多因素中，施肥量是一个最重要的因素，因此就需要研究施肥量与粮食产量之间的关系。

一般来说，如果研究的经济问题只涉及两个互为因果关系或相关关系的变量，且两个变量之间的散点图近似为一条直线，则可用一个数学关系式来描述，即

$$Y_i = \beta_0 + \beta_1 X_i + \mu_i \quad (i=1,\ 2,\ \cdots,\ n) \tag{2.1}$$

通常把式（2.1）称为变量Y对X的一元线性回归理论模型或称一元线性总体回归模型。其中Y_i称为被解释变量（因变量），X_i称为解释变量（自变量），μ_i称为随机扰动项或随机误差项，β_0称为常数项（截距项），β_1称为回归系数。

在式（2.1）中，X_i是影响Y_i变化的重要解释变量。β_0和β_1也称为回归参数，这两个量通常是未知的，需要估计。μ_i则包括了除X_i以外的影响Y_i变化的众多微小因素，μ_i的变化是不可控的。

式（2.1）可以分为两部分：非随机部分$\beta_0 + \beta_1 X_i$，代表的是总体被解释变量的条件期望，可以表示成$E(Y \mid X_i) = \beta_0 + \beta_1 X_i$（即总体被解释变量的条件期望是解释变量的线性函数），称为一元线性总体回归方程；μ_i为随机部分。

在计量经济学中，线性模型的“线性”有两种解释。一种是模型就变量而言

是线性的，即 Y 的条件期望 $E(Y|X_i)$ 是解释变量 X_i 的线性函数。另一种是模型就参数而言是线性的，即 Y 的条件期望 $E(Y|X_i)$ 是参数 β 的线性函数，而对于解释变量 X_i 则既可以是线性的，也可以是非线性的。则 $E(Y|X_i)=\beta_0+\beta_1X_i^2$ 和 $E(Y|X_i)=\beta_0+\beta_1\frac{1}{X_i}$ 都是线性回归模型，而 $E(Y|X_i)=\beta_0+\sqrt{\beta_1}X_i$ 或 $E(Y|X_i)=\beta_0+\frac{1}{\beta_1}X_i$ 则不是线性回归模型。在计量经济学中，通常是讨论就参数而言的线性回归模型。

2.1.2　一元线性回归模型的假定条件

为了对一元回归模型的参数进行估计，并使估计的参数精度更高，必须对式（2.1）中的随机扰动项 μ 提出一些假定条件。

1. 零均值假定

$$E(\mu_i)=0\quad(i=1,\ 2,\ \cdots,\ n)\tag{2.2}$$

由于存在随机误差因素，Y_i 在其期望值 $E(Y_i)$ 附近上下波动，如果模型设定正确，Y_i 相对于 $E(Y_i)$ 的正偏差和负偏差都会有，故此随机扰动项 μ 可正可负，发生的概率大致相同。平均地看，这些随机扰动项有互相抵消的趋势。

2. 同方差假定

$$\begin{aligned}Var(\mu_i)&=E[\mu_i-E(\mu_i)]^2\\&=E(\mu_i^2)=\sigma^2\quad(i=1,\ 2,\ \cdots,\ n)\end{aligned}\tag{2.3}$$

这个假定表明，对每个 X_i，随机扰动项 μ_i 的方差等于一个常数 σ^2，即解释变量取不同的值时，μ_i 相对于各自均值（零均值）的分散程度是相同的。

由假定 1、假定 2 可知，各期随机扰动项 μ_i 服从正态分布，即：

$$\mu_i\sim N(0,\ \sigma^2)\quad(i=1,\ 2,\ \cdots,\ n)$$

说明因变量 Y_i 服从以 $\beta_0+\beta_1X_i$ 为均值、以 σ^2 为方差的正态分布，即：

$$Y_i\sim N(\beta_0+\beta_1X_i,\ \sigma^2)$$

3. 无自相关假定

$$\begin{aligned}Cov(\mu_i,\ \mu_j)&=E[\mu_i-E(\mu_i)][\mu_j-E(\mu_j)]\\&=E(\mu_i\mu_j)=0\quad i\neq j(i,\ j=1,\ 2,\ \cdots,\ n)\end{aligned}\tag{2.4}$$

这个假定表明，随机扰动项 μ_i 各分量之间是完全随机、相互独立、互不相关的。

4. 解释变量与随机扰动项不相关假定

$$Cov(X_i,\ \mu_i)=E(X_i\mu_i)=0\quad(t=1,\ 2,\ \cdots,\ n)\tag{2.5}$$

这个假定表明，解释变量 X_i 与随机扰动项 μ_i 相互独立，互不相关，随机扰动项 μ_i 和解释变量 X_i 对因变量 Y_i 的影响是完全独立的。事实上，在回归分析中，X_i 在重复抽样（观测）中固定取值，是确定性变量，因此 μ_i 与 X_i 不相关的假定一般都能够满足。

以上四个假定是由德国数学家高斯（Gauss）提出的，故称为高斯假定，也称为线性回归模型的经典假设，满足该假设的线性回归模型，也称为经典线性回归模型。在实际工作中，有些假设不一定成立，因此，通常要先对假设条件进行检验，以证明估计方法的有效性。

2.2 一元线性回归模型的参数估计

2.2.1 样本回归模型

对于所研究的经济问题，假定变量 Y 和 X 之间服从线性关系，通常真实的回归直线是观测不到的，为了对式（2.1）的参数进行估计，根据统计理论可建立样本回归模型，即

$$\hat{Y}_i = \hat{\beta}_0 + \hat{\beta}_1 X_i + e_i \quad (i = 1, 2, \cdots, n) \tag{2.6}$$

其中，$\hat{Y}_i$ 称作 Y_i 的拟合值，$\hat{\beta}_0$ 和 $\hat{\beta}_1$ 分别是 β_0 和 β_1 的估计量。e_i 是样本观测值 Y_i 与样本回归方程估计值 $\hat{Y}_i$ 之间的偏差，称为残差，其表达式为

$$e_i = Y_i - \hat{Y}_i = Y_i - (\hat{\beta}_0 + \hat{\beta}_1 X_i)$$

残差 e_i 是对随机扰动项 μ_i 的估计。

2.2.2 最小二乘估计法

一元回归分析的几何表示就是确定一条合适的样本回归直线或建立样本回归方程 $\hat{Y}_i = \hat{\beta}_0 + \hat{\beta}_1 X_i$ 来拟合样本观测值。确定样本回归方程就要求出参数 β_0、β_1 的估计值 $\hat{\beta}_0$、$\hat{\beta}_1$，在回归分析中，经常使用的方法就是普通最小二乘法。该方法的原理是以“残差平方和最小”为原则确定直线位置。

在样本已知的情况下，残差平方和为

$$\sum e_i^2 = \sum (Y_i - \hat{Y}_i)^2 = \sum (Y_i - \hat{\beta}_0 - \hat{\beta}_1 X_i)^2 = Q \tag{2.7}$$

如果将式（2.7）中的 $\hat{\beta}_0$ 和 $\hat{\beta}_1$ 视为任意一组估计值，根据最小二乘法原理，由最小二乘法求出的估计值应使得残差平方和最小，也就是使得 Q 最小的那组估计值。由式（2.7）可知 $Q = \sum (Y_i - \hat{\beta}_0 - \hat{\beta}_1 X_i)^2$ 是 $\hat{\beta}_0$ 和 $\hat{\beta}_1$ 的二元函数并且非负，所以存在极小值。根据微积分中求极值的方法，要使式（2.7）达到最小值，

必须满足：

$$\frac{\partial Q}{\partial \hat{\beta}_0} = -2\sum(Y_i - \hat{\beta}_0 - \hat{\beta}_1 X_i) = 0$$

$$\frac{\partial Q}{\partial \hat{\beta}_1} = -2\sum X_i(Y_i - \hat{\beta}_0 - \hat{\beta}_1 X_i) = 0$$

于是得到求最小二乘估计值 $\hat{\beta}_0$ 和 $\hat{\beta}_1$ 的一阶条件方程

$$\begin{cases} \sum(Y_i - \hat{\beta}_0 - \hat{\beta}_1 X_i) = 0 \\ \sum X_i(Y_i - \hat{\beta}_0 - \hat{\beta}_1 X_i) = 0 \end{cases}$$

由此得正规方程组：

$$\begin{cases} \sum Y_i = n\hat{\beta}_0 + \hat{\beta}_1 \sum X_i \\ \sum X_i Y_i = \hat{\beta}_0 \sum X_i + \hat{\beta}_1 \sum X_i^2 \end{cases} \tag{2.8}$$

解正规方程组，求得：

$$\begin{cases} \hat{\beta}_1 = \dfrac{n\sum X_i Y_i - \sum X_i \sum Y_i}{n\sum X_i^2 - (\sum X_i)^2} = \dfrac{\sum(X_i - \bar{X})(Y_i - \bar{Y})}{\sum(X_i - \bar{X})^2} \\ \hat{\beta}_0 = \dfrac{1}{n}(\sum Y_i - \hat{\beta}_1 \sum X_i) = \bar{Y} - \hat{\beta}_1 \bar{X} \end{cases} \tag{2.9}$$

这样，就得到了符合最小二乘法原理的参数估计值。

【例 2－1】 为研究某地区城镇居民消费水平，收集 2007～2018 年 12 年间的该地区城镇居民人均消费支出（Y）、城镇居民人均可支配收入（X）样本数据，i＝1，2，…，12，如表 2－1 所示。试建立一元线性回归方程。

表 2－1　　2007～2018 年某地区城镇居民消费支出与可支配收入

年份	城镇居民人均可支配收入（X_i）（元）	城镇居民人均消费支出（Y_i）（元）	年份	城镇居民人均可支配收入（X_i）（元）	城镇居民人均消费支出（Y_i）（元）
2007	1104	550	2013	2939	1331
2008	1355	693	2014	3923	1781
2009	1512	762	2015	4854	2311
2010	1634	803	2016	5576	2677
2011	1879	896	2017	6053	2936
2012	2287	1070	2018	6392	2973

根据最小二乘法的计算公式，列出计算表 2－2。

表 2-2　　一元线性回归计算

序号	X_i	Y_i	X_i^2	Y_i^2	X_iY_i	$(X_i-\bar{X})^2$	$(X_i-\bar{X})(Y_i-\bar{Y})$
1	1104	550	1218816	302500	607200	4788788.2	2271311.5
2	1355	693	1836025	480249	939015	3753247.5	1733755.4
3	1512	762	2286144	580644	1152144	3169574.9	1470410.2
4	1634	803	2669956	644809	1312102	2750058.4	1301656.4
5	1879	896	3530641	802816	1683584	1997501.7	977911.3
6	2287	1070	5230369	1144900	2447090	1010688.4	520680.5
7	2939	1331	8637721	1771561	3911809	124842.1	90777.5
8	3923	1781	15389929	3171961	6986863	397744.6	121769.8
9	4854	2311	23561316	5340721	11217594	2438813.2	1129212.3
10	5576	2677	31091776	7166329	14926952	5215148.7	2487099.3
11	6053	2936	36638809	8620096	17771608	7621298.8	3721604.0
12	6392	3245	40857664	10530025	20742040	9607954.1	5136401.2
合计	39508	19055	172949166	40556611	83698001	42875660.7	20962589.3

计算得
$$\bar{X}=\frac{1}{n}\sum X_i=\frac{1}{12}\times 39508=3292.33$$
$$\bar{Y}=\frac{1}{n}\sum Y_i=\frac{1}{12}\times 19055=1587.92$$

所以，
$$\hat{\beta}_1=\frac{n\sum X_iY_i-\sum X_i\sum Y_i}{n\sum X_i^2-(\sum X_i)^2}=\frac{12\times 83698001-39508\times 19055}{12\times 172949166-39508^2}=0.4889$$
$$\hat{\beta}_0=\bar{Y}-\hat{\beta}_1\bar{X}=1587.92-0.4889\times 3292.33=-21.70$$

从而得到一元回归方程为
$$\hat{Y}_i=-21.70+0.4889X_i$$

2.2.3　OLS 估计量的性质

1. OLS 估计量的统计性质

如果线性回归模型满足基本假定的要求，那么最小二乘估计量具有良好的统计性质，即线性性、无偏性、最小方差性，因而是总体参数的适当估计。

（1）线性性。所谓线性性是指估计量 $\hat{\beta}_0$ 和 $\hat{\beta}_1$ 为 Y_i 的线性函数。由式（2.9）可知

$$\hat{\beta}_1 = \frac{\sum X_iY_i}{\sum X_i^2} = \frac{\sum X_i(Y_i - \bar{Y})}{\sum X_i^2} = \frac{\sum X_iY_i}{\sum X_i^2} - \bar{Y}\frac{\sum X_i}{\sum X_i^2}$$

因为 $\sum X_i = \sum (X_i - \bar{X}) = \sum X_i - \sum \bar{X} = 0$，令 $k_i = \frac{X_i}{\sum X_i^2}$，则

$$\hat{\beta}_1 = \sum k_iY_i \tag{2.10}$$

说明 $\hat{\beta}_1$ 是 Y_i 的线性组合。

同样，对 $\hat{\beta}_0$ 也有相同的结论

$$\hat{\beta}_0 = \sum w_iY_i \tag{2.11}$$

式（2.11）中，$w_i = \frac{1}{n} - \bar{X}k_i$，因为 Y 是随机变量，所以线性性表明 $\hat{\beta}_0$ 和 $\hat{\beta}_1$ 也是随机变量。

（2）无偏性。无偏性是指估计量 $\hat{\beta}_0$ 和 $\hat{\beta}_1$ 的期望值等于总体回归参数 β_0 和 β_1，即 $E(\hat{\beta}_1) = \beta_1$，$E(\hat{\beta}_0) = \beta_0$。

证明 $E(\hat{\beta}_1) = \beta_1$

因为 $\hat{\beta}_1 = \sum k_iY_i = \sum k_i(\beta_0 + \beta_1X_i + \mu_i) = \beta_0\sum k_i + \beta_1\sum k_iX_i + \sum k_i\mu_i$

则

$$E(\hat{\beta}_1) = \beta_0\sum k_i + \beta_1\sum k_iX_i + \sum k_iE(\mu_i)$$

$$= \beta_0\frac{\sum X_i}{\sum X_i^2} + \beta_1\frac{\sum X_iX_i}{\sum X_i^2}$$

$$= \beta_1\frac{\sum X_i(X_i + \bar{X})}{\sum X_i^2} = \beta_1\left(\frac{\sum X_i^2}{\sum X_i^2} + \frac{\bar{X}\sum X_i}{\sum X_i^2}\right) = \beta_1$$

同理可以推证　　　　　　$E(\beta_0) = \beta_0$。

（3）最小方差性。所谓最小方差性是指在所有的总体参数 β_0 和 β_1 的线性无偏估计量中，运用最小二乘法所得到的估计量 $\hat{\beta}_0$ 和 $\hat{\beta}_1$ 的方差是最小的，又叫作有效性。为了从理论上证明这个特性，讨论 $\hat{\beta}_0$ 和 $\hat{\beta}_1$ 的方差。

首先，求 $\hat{\beta}_0$ 和 $\hat{\beta}_1$ 的方差。

$$Var(\hat{\beta}_1) = Var(\sum k_iY_i) = \sum k_i^2Var(Y_i) = \sum\left(\frac{X_i}{\sum X_i^2}\right)^2\sigma^2$$

$$= \frac{\sigma^2}{\sum X_i^2} = \frac{\sigma^2}{\sum (X_i - \bar{X})^2} \tag{2.12}$$

$$Var(\hat{\beta}_0) = Var(\sum w_iY_i) = \sum w_i^2Var(Y_i) = \sum\left(\frac{1}{n} - \bar{X}\frac{X_i}{\sum X_i^2}\right)^2Var(Y_i)$$

$$= \sigma^2\sum\left(\frac{1}{n^2} - 2\frac{1}{n}\bar{X}\frac{X_i}{\sum X_i^2} + \bar{X}^2\frac{X_i^2}{(\sum X_i^2)^2}\right)$$

$$= \sigma^2\left[\frac{1}{n} - 2\frac{1}{n}\bar{X}\frac{\sum X_i}{\sum X_i^2} + \bar{X}^2\frac{\sum X_i^2}{(\sum X_i^2)^2}\right]$$

$$= \sigma^2\left(\frac{1}{n} + \frac{\bar{X}^2}{\sum X_i^2}\right)$$

$$= \sigma^2\frac{\sum X_i^2 + n\bar{X}^2}{n\sum X_i^2}$$

$$= \sigma^2\frac{\sum (X_i - \bar{X})^2 + n\bar{X}^2}{n\sum X_i^2}$$

$$= \sigma^2\frac{\sum (X_i^2 - 2X_i\bar{X} + \bar{X}^2) + n\bar{X}^2}{n\sum X_i^2}$$

$$= \sigma^2\frac{\sum X_i^2}{n\sum X_i^2} \tag{2.13}$$

其次，证明最小方差性。

假设 $\hat{\beta}_1^*$ 是其他方法得到的关于 β_1 的线性无偏估计量。

设 $\hat{\beta}_1^* = w_iY_i$，$E(\hat{\beta}_1^*) = \beta_1$，其中，$w_i = k_i + d_i$，$d_i$ 为不全为零的常数。

$$\begin{aligned} E(\beta_1^*) &= E(\sum w_iY_i) = \sum w_iE(Y_i) \\ &= \sum w_i(\beta_0 + \beta_1X_i) = \beta_0\sum w_i + \beta_1\sum w_iX_i \end{aligned}$$

由 β_1^* 的无偏性可得

$$\beta_0\sum w_i + \beta_1\sum w_iX_i = \beta_1$$

比较等式的两边，

$$\sum w_i = 0 \tag{2.14}$$

$$\sum w_iX_i = 1 \tag{2.15}$$

$\hat{\beta}_1^*$ 的方差

$$\begin{aligned} Var(\hat{\beta}_1^*) &= E(\sum w_i\mu_i)^2 = \sum w_i^2\sigma^2 \\ &= \sum (w_i - k_i + k_i)^2\sigma^2 \\ &= \sum [(w_i - k_i)^2 + 2(w_i - k_i)k_i + k_i^2]\sigma^2 \\ &= \sigma^2\sum (w_i - k_i)^2 + 2\sigma^2\sum w_ik_i - \sigma^2\sum k_i^2 \end{aligned}$$

由 k_i 表达式和式（2.15）可以推证

$$\sum w_ik_i = \sum k_i^2$$

因此

$$Var(\hat{\beta}_1^*) = \sigma^2\sum d_i^2 + \sigma^2\sum k_i^2$$

$$= \sigma^2 \sum d_i^2 + \frac{\sigma^2}{\sum X_i^2}$$

$$= \sigma^2 \sum d_i^2 + \mathrm{Var}(\hat{\beta}_1)$$

因为
$$\sum d_i^2 \geqslant 0$$

所以
$$\mathrm{Var}(\hat{\beta}_1^*) \geqslant \mathrm{Var}(\hat{\beta}_1) \tag{2.16}$$

当 $d_i=0$，$(i=1, 2, \cdots, n)$ 等号成立，这时 $w_i=k_i$，$\hat{\beta}_1^*$ 就是最小二乘估计量 $\hat{\beta}_1$。同理可证

$$\mathrm{Var}(\hat{\beta}_0^*) \geqslant \mathrm{Var}(\hat{\beta}_0) \tag{2.17}$$

式（2.16）和式（2.17）就是著名的高斯——马尔可夫（Gauss—Markov）定理。这个定理阐明了最小二乘估计量与用其他方法求得的任何线性无偏估计量相比，具有方差最小的性质。因此，最小二乘估计法是一种很好的参数估计方法。

最小二乘估计量 $\hat{\beta}_0$ 和 $\hat{\beta}_1$ 具有线性性、无偏性、最小方差性等优良特性，具有这些特性的估计量又称为最佳线性无偏估计量。这里必须指出估计量的这些统计性质必须依赖于模型的随机扰动项满足基本假定，且模型的设定是正确的。

2. OLS 估计量的代数性质

由 OLS 估计量所确定的样本回归直线是总体回归的估计结果，具有以下代数性质。

（1）样本回归直线经过 X 和 Y 的样本均值，即点（$\bar{X}$，$\bar{Y}$）在样本回归直线上。由 $\hat{\beta}_0=\bar{Y}-\hat{\beta}_1\bar{X}$ 整理可得 $\bar{Y}=\hat{\beta}_0+\hat{\beta}_1\bar{X}$。

（2）Y 估计值的均值等于 Y 的实际值的均值。即 $\overline{\hat{Y}}=\bar{Y}$

由于 $\hat{Y}_i=\hat{\beta}_0+\hat{\beta}_1 X_1$，将 $\hat{\beta}_0=\bar{Y}-\hat{\beta}_1\bar{X}$ 代入得

$$\hat{Y}_i=(\bar{Y}-\hat{\beta}_1\bar{X}_1)+\hat{\beta}_1 X_1$$

对上式两端求和再平均，注意到 $\sum(X_i-\bar{X})=0$，故 $\overline{\hat{Y}}=\bar{Y}$。

（3）残差的均值为 0，即 $\sum e_i=0$。

由 $\sum(Y_i-\hat{\beta}_0-\hat{\beta}_1 X_i)=0$ 可整理得到。

（4）残差与解释变量不相关，即 $\sum e_i X_i=0$

（5）残差与 Y 的估计值不相关，即 $\sum e_i\hat{Y}_i=0$。

由于 $\hat{Y}_i=\hat{\beta}_0+\hat{\beta}_1 X_i$，则有 $\sum e_i\hat{Y}_i=\hat{\beta}_0\sum e_i+\hat{\beta}_1\sum e_i X_i$，再由性质（3）、性质（4）可得 $\sum e_i\hat{Y}_i=0$

2.2.4　最小二乘估计的概率分布

为了辨别最小二乘估计量接近其总体真实值的程度如何，就需要掌握估计量

的抽样分布。

为了求得最小二乘估计量 $\hat{\beta}_0$ 和 $\hat{\beta}_1$ 的概率分布，要在古典线性回归模型的基本假定上再增加一条假定，即在总体回归模型 $Y_i = \beta_0 + \beta_1 X_i + \mu_i$ 中，随机扰动项 μ_i 服从均值为零、方差为 σ^2 的正态分布，即 $\mu_i \sim N(0, \sigma^2)$。

这个假定的理论基础就是数理统计学中非常著名的中心极限定理，其内容是，独立同分布随机变量，随着变量个数的无限增加，其和的分布近似服从正态分布。

前面讨论了随机扰动项 μ_i 的特性，即它代表了在回归模型中没有单列出来的其他所有影响因素。在众多的影响因素中，每种因素对 Y_i 的影响可能都很微弱，如果用 μ_i 表示所有这些随机影响因素之和，那么根据中心极限定理，能够假定随机扰动项服从正态分布。

根据随机扰动项 μ_i 的正态分布假定可知，Y_i 服从正态分布，根据数理统计中正态分布变量的性质，即正态变量的线性函数仍服从正态分布，其分布密度由其均值和方差唯一决定，由此可得

$$\hat{\beta}_1 \sim N\left(\beta_1, \frac{\sigma^2}{\sum X_i^2}\right)$$

$$\hat{\beta}_0 \sim N\left(\beta_0, \sigma^2 \frac{\sum X_i^2}{n\sum X_i^2}\right)$$

则 $\hat{\beta}_0$ 和 $\hat{\beta}_1$ 的标准差分别为

$$\sigma(\hat{\beta}_1) = \sqrt{\frac{\sigma^2}{\sum X_i^2}} \tag{2.18}$$

$$\sigma(\hat{\beta}_0) = \sqrt{\frac{\sigma^2 \sum X_i^2}{n\sum X_i^2}} \tag{2.19}$$

以 $\hat{\beta}_1$ 的分布为例，$\hat{\beta}_1$ 是 β_1 的无偏估计量，$\hat{\beta}_1$ 的分布中心是 β_1。标准差 $\sigma(\hat{\beta}_1)$ 可用来衡量估计量 $\hat{\beta}_1$ 接近真值 β_1 的程度，进而判定估计量 $\hat{\beta}_1$ 的可靠性。

2.3 一元线性回归模型的统计检验

根据样本观测值，采用最小二乘估计法求得了样本回归直线作为总体回归直线的近似估计模型。这个近似模型是否确切反映了经济变量之间的相互关系，必须进行统计检验。统计检验包括：拟合优度检验、相关关系检验、显著性检验及模型参数的置信区间。

2.3.1 拟合优度检验

拟合优度检验是指对样本回归直线与样本观测值之间拟合程度的检验。度量

回归拟合程度的指标是判定系数 R^2。

1. 总离差平方和的分解

设由样本观测值 (X_i, Y_i)，$i=1, 2, 3, \cdots, n$ 得出的样本回归直线为

$$\hat{Y}_i = \hat{\beta}_0 + \hat{\beta}_1 X_i$$

则对任意 n 组样本观测值来说，恒有

$$\sum (Y_i - \bar{Y})^2 = \sum (Y_i - \hat{Y}_i)^2 + \sum (\hat{Y}_i - \bar{Y})^2 \tag{2.20}$$

或者

$$\sum y_i^2 = \sum e_i^2 + \sum \hat{y}_i^2 \tag{2.21}$$

因为

$$Y_i - \bar{Y} = (Y_i - \hat{Y}_i) + (\hat{Y}_i - \bar{Y})$$

由此，可利用加总全部离差平方和来表示总离差，即

$$\begin{aligned}\sum (Y_i - \bar{Y})^2 &= \sum [(Y_i - \hat{Y}_i) + (\hat{Y}_i - \bar{Y})]^2 \\ &= \sum (Y_i - \hat{Y}_i)^2 + \sum (\hat{Y}_i - \bar{Y})^2 + 2\sum (Y_i - \hat{Y}_i)(\hat{Y}_i - \bar{Y})\end{aligned}$$

而

$$\sum (Y_i - \hat{Y}_i)(\hat{Y}_i - \bar{Y}) = 0$$

因此得到式（2.20）的恒等式。

$\sum y_i^2 = \sum (Y_i - \bar{Y})^2$ 称为总离差平方和，用 TSS 表示；$\sum e_i^2 = \sum (Y_i - \hat{Y}_i)^2$ 称为残差平方和，用 RSS 表示；$\sum \hat{y}_i^2 = \sum (\hat{Y}_i - \bar{Y})^2$ 称为回归平方和，用 ESS 表示。

式（2.20）称为总离差平方和的分解公式，表示总离差平方和可以分为残差平方和与回归平方和两部分，这样还可以写成

$$TSS = RSS + ESS \tag{2.22}$$

2. 判定系数

在总离差平方和中，如果回归平方和所占比例越大，残差平方和所占比例越小，表明回归直线与样本点 (X_i, Y_i) 拟和得越好。反之，拟和得就不好。

把回归平方和与总离差平方和之比定义为样本判定系数或可决系数，记为

$$R^2 = \frac{\sum (\hat{Y}_i - \bar{Y})^2}{\sum (Y_i - \bar{Y})^2} = \frac{ESS}{TSS} \tag{2.23}$$

R^2 是一个回归直线与样本观测值拟合优度的数量指标，R^2 越大，拟合优度越好；R^2 越小，拟合优度越差。

由式（2.9）可知 $\bar{Y} = \hat{\beta}_0 + \hat{\beta}_1 \bar{X}$，又知 $\hat{Y}_i = \hat{\beta}_0 + \hat{\beta}_1 X_i$，因此 $\hat{Y}_i - \bar{Y} = \hat{\beta}_1 (X_i - \bar{X})$，若 $x_i = X_i - \bar{X}$，则 $\hat{y}_i = \hat{\beta}_1 x_i$，所以

$$\sum \hat{y}_i^2 = \hat{\beta}_1^2 \sum x_i^2 \tag{2.24}$$

因此，由式（2.23）得
$$R^2 = \hat{\beta}_1^2 \frac{\sum X_i^2}{\sum Y_i^2} \tag{2.25}$$

由于
$$\hat{\beta}_1 = \frac{\sum X_i Y_i}{\sum X_i^2}$$

则
$$R^2 = \left(\frac{\sum X_i Y_i}{\sum X_i^2}\right)^2 \frac{\sum X_i^2}{\sum Y_i^2} = \frac{(\sum X_i Y_i)^2}{\sum X_i^2 \sum Y_i^2} \tag{2.26}$$

3. 判定系数的检验

由式（2.21）可知
$$\sum \hat{Y}_i^2 = \sum Y_i^2 - \sum e_i^2$$

代入式（2.23）可得
$$R^2 = 1 - \frac{\sum e_i^2}{\sum Y_i^2} \tag{2.27}$$

显然，$0 \leqslant R^2 \leqslant 1$，$R^2$ 越接近 1，说明回归直线与样本观测值拟合越好，也可称为拟合优度好。如果越接近于零，说明回归直线与样本观测值拟合越差，或称为拟合优度差。

判定系数不仅反映了模型拟合程度的优劣，而且有直观的经济含义，即它定量地描述了 Y 的变化中可以用回归模型来说明的部分，即模型的可解释程度。

【例 2－2】利用表 2－1 中的数据，计算判定系数。

根据表 2－3 和表 2－1 的计算结果，计算得
$$R^2 = \hat{\beta}_1^2 \frac{\sum (X_i - \bar{X})^2}{\sum (Y_i - \bar{Y})^2} = (0.4889)^2 \times \frac{42875660.7}{10298858.9} = 0.9951$$

表 2－3　　判定系数计算表

序号	X	Y	$(X_i - \bar{X})^2$	$(Y_i - \bar{Y})^2$
1	1104	550	4788788.2	1077277.9
2	1355	693	3753247.5	800881.8
3	1512	762	3169574.9	682143.8
4	1634	803	2750058.4	616099.4
5	1879	896	1997501.7	478753.3
6	2287	1070	1010688.4	268241.1
7	2939	1331	124842.1	66007.9
8	3923	1781	397744.6	37279.9
9	4854	2311	2438813.2	522844.7

续表

序号	X	Y	$(X_i-\bar{X})^2$	$(Y_i-\bar{Y})^2$
10	5576	2677	5215148.7	1186095.2
11	6053	2936	7621298.8	1817319.7
12	6392	3245	9607954.1	2745914.1
合计	39508	19055	42875660.7	10298858.9

判定系数高达 0.9951，说明在消费水平 Y 值与平均消费水平 $\bar{Y}$ 偏离的平方和中有 99.51% 可以通过人均可支配收入 X 来解释，这也说明 Y 与 X 之间有高度的线性相关关系。

2.3.2 相关检验（r 检验）

一般来说，经济变量之间都是相关的，问题是相关程度如何？如果在相关程度过低的变量之间建立模型，就没有太大的实际意义。这里仅讨论两个变量之间的线性关系，又称简单相关。

1. 相关系数

两个变量 X 和 Y 之间真实的线性相关程度用总体相关系数 ρ 表示

$$\rho=\frac{\mathrm{Cov}(X,\ Y)}{\sqrt{\sigma_X^2}\sqrt{\sigma_Y^2}}$$

由于总体未知，ρ 无法计算，于是可以利用样本值给出 ρ 的一个估计值。

设样本相关系数为 r，则

$$r=\frac{S_{XY}}{\sqrt{S_X^2}\sqrt{S_Y^2}} \tag{2.28}$$

其中，$S_{XY}=\frac{\sum X_iY_i}{n-1}$ 称为 X 与 Y 的样本协方差；$S_X^2=\frac{\sum X_i^2}{n-1}$ 称为 X 的样本方差；$S_Y^2=\frac{\sum Y_i^2}{n-1}$ 称为 Y 的样本方差。S_{XY}、S_X^2 和 S_Y^2 分别是 Cov(X, Y)、σ_X^2 和 σ_Y^2 的无偏估计量，所以样本相关系数 r 是总体相关系数 ρ 的一个无偏估计。

如果已知样本观测值数据，那么，利用式（2.28）就可以计算 r，即

$$r=\frac{\sum(X_i-\bar{X})(Y_i-\bar{Y})}{\sqrt{\sum(X_i-\bar{X})^2}\sqrt{\sum(Y_i-\bar{Y})^2}} \tag{2.29}$$

比较式（2.26）和式（2.29）可知，样本相关系数 r 与判定系数 R^2 在计算上是一致的，二者之间的关系式为

$$r = \pm\sqrt{R^2} \tag{2.30}$$

但二者的概念不同。判定系数 R^2 用于对变量 Y 与 X 进行回归分析时来衡量拟合优度，而相关系数 r 用于对变量 Y 与 X 进行相关分析时来判定 X 与 Y 的线性相关程度。

相关系数 r 的数值范围为 $-1 \leqslant r \leqslant 1$。$r>0$，称 X 与 Y 正相关；$r<0$，称 X 与 Y 负相关；$r=0$，称 X 与 Y 不相关。$|r|=1$，称 X 与 Y 完全相关，此时，所有观测值都落在一条直线上。$|r|$越接近 1，相关程度越高。

2. 相关系数的检验

由式（2.29）计算得到的样本相关系数在统计上是否显著，即总体 Y 与 X 是否显著线性相关，必须进行相关系数的显著性检验，即相关检验。

相关检验要利用相关系数表（见附录表 1）。步骤如下：

首先计算样本相关系数 r，然后根据给定的样本容量 n 和显著性水平 α 查相关系数表，进而得到临界值 r_α（表中 $n-2$ 表示自由度），最后检验判定：$|r|>r_\alpha$，则 X 与 Y 有显著线性关系；$|r|<r_\alpha$，则 X 与 Y 线性相关关系不显著。

【例 2－3】 利用表 2－1 和表 2－2 的数据，计算相关系数，并进行检验（$\alpha=0.05$）。

由于判定系数 $R^2=0.9951$，可得 $r=0.9975$。

对 $\alpha=0.05$，$n-2=10$，查相关系数表，$r_{0.05}=0.576$。

由于$|r|=0.9975>r_{0.05}=0.576$，且 $r>0$，故人均可支配收入与人均消费支出存在明显的正线性相关。

2.3.3 显著性检验

显著性检验的目的是根据样本提供的信息对未知总体分布的某些假设进行合理的判断。显著性检验包括对样本回归模型参数的显著性 t 检验和样本回归方程的显著性 F 检验。

1. 参数的显著性检验（t 检验）

t 检验通常就是用样本计算的斜率系数 $\hat{\beta}_1$ 是否显著为零来检验总体回归模型的斜率系数 β_1 是否显著为零，进而说明解释变量对被解释变量的影响是否显著。同时，也要用样本截距系数 $\hat{\beta}_0$ 来检验总体截距系数 β_0。其步骤如下：

（1）对总体参数提出假设，原假设和备择假设分别是

$$H_0: \beta=0; \quad H_1: \beta\neq 0$$

（2）以原假设 H_0 构造 t 统计量，并由观察数据计算 t 值

$$t_{\hat{\beta}_1}=\frac{\hat{\beta}_1-\beta_1}{S_{\hat{\beta}_1}}=\frac{\hat{\beta}_1}{S_{\hat{\beta}_1}}\sim t(n-2) \tag{2.31}$$

$$t_{\hat{\beta}_0} = \frac{\hat{\beta}_0 - \beta_0}{S_{\hat{\beta}_0}} = \frac{\hat{\beta}_0}{S_{\hat{\beta}_0}} \sim t(n-2) \tag{2.32}$$

其中，$t_{\hat{\beta}_1}$、$t_{\hat{\beta}_0}$分别为 β_1、β_0 的 t 检验统计量，n 表示样本容量，2 表示被估计的参数个数。统计量 t 服从（n-2）个自由度的 t 分布。

$$S_{\hat{\beta}} = \sqrt{\frac{\hat{\sigma}^2}{\sum (X_i - \bar{X})^2}} = \sqrt{\frac{\frac{\sum e_i^2}{(n-2)}}{\sum (X_i - \bar{X})^2}} \tag{2.33}$$

（3）给定显著性水平 α，查自由度为 n-2 的 t 分布表，得临界值 $t_{\frac{\alpha}{2}}(n-2)$。若 $|t| > t_{\frac{\alpha}{2}}(n-2)$，则拒绝 H_0，接受 H_1，即 β 与 0 有显著区别，β 所对应的变量 X 对 Y 的影响不容忽视。若 $|t| \leqslant t_{\frac{\alpha}{2}}(n-2)$，则接受 H_0，即 β 与 0 差异不显著，变量 X 对 Y 的没有影响，不存在明显的线性依存关系。

【例 2-4】 利用前例数据，对参数 β_1 进行显著性检验（$\alpha = 0.05$）。

首先，提出假设 H_0：$\beta = 0$；H_1：$\beta \neq 0$。

接着，构造并计算统计量：$t_{\hat{\beta}_1} = \dfrac{\hat{\beta}_1}{\dfrac{\hat{\sigma}}{\sqrt{\sum (X_i - \bar{X})^2}}}$

$$t_{\hat{\beta}_1} = \frac{\hat{\beta}_1}{S_{\hat{\beta}_1}} = \frac{\hat{\beta}_1 \times \sqrt{\sum (X_i - \bar{X})^2}}{\sqrt{\frac{\sum e_i^2}{(n-2)}}} = \frac{0.4889 \times \sqrt{42875660.7}}{\sqrt{\frac{49917.11}{10}}} = 45.31$$

然后，查表 $t_{0.025}(10) = 2.2281$，可见，$t_{\hat{\beta}_1} = 45.31 > t_{0.025}(10) = 2.2281$。

最后，得出结论：拒绝假设 H_0，接受假设 H_1，说明人均可支配收入是影响人均消费支出的一个重要变量。

2. 模型的显著性检验（F 检验）

F 检验是以方差分析为基础，对回归总体线性关系是否显著的一种假设检验。

在总离差平方和分解式（2.21）

$$\sum Y_i^2 = \sum e_i^2 + \sum \hat{Y}_i^2 \tag{2.34}$$

或式（2.22）

$$TSS = RSS + ESS \tag{2.35}$$

回归平方和 $ESS = \sum \hat{Y}_i^2$ 是解释变量 X 对被解释变量 Y 的线性作用的结果。考虑比值

$$ESS/RSS = \sum \hat{Y}_i^2 / \sum e_i^2 \tag{2.36}$$

如果这个比值大，说明 X 对 Y 的解释程度高，可以认为总体存在线性关系，反之总体可能不存在线性关系。由于对不同的样本这个比值可能不同，因此对给

定的样本，利用这个比值进行推断，必须在统计假设检验的基础上进行。

利用 F 统计量进行总体线性显著性检验的步骤如下：

（1）提出关于 k 个总体参数的假设。

$$H_0：\beta_1=\beta_2=\cdots\beta_k=0$$

$$H_1：\beta_i \text{不全为} 0\ (i=1,2,\cdots,k)$$

（2）根据样本观察值计算并列出方差分析表，如表 2－4 所示。

表 2－4　方差分析

方差来源	平方和	自由度	均方差
ESS	$\sum \hat{Y}_i^2$	k	$\frac{\sum \hat{Y}_i^2}{k}$
RSS	$\sum e_i^2$	n－k－1	$\frac{\sum e_i^2}{n-k-1}$
TSS	$\sum Y_i^2$	n－1	—

（3）计算 F 统计量。

$$F=\frac{\frac{\sum \hat{Y}_i^2}{k}}{\frac{\sum e_i^2}{n-k-1}} \tag{2.37}$$

（4）检验。在给定显著性水平 α，查 F 分布表（见附录），得临界值 $F_\alpha(1,n-k-1)$。如果 $F>F_\alpha(1,n-k-1)$，则拒绝原假设，表明回归总体是显著线性的；如果 $F<F_\alpha(1,n-k-1)$，则接受原假设，表明回归总体不存在线性关系，或者说解释变量对因变量没有显著的影响关系。

在一元线性回归（$k=1$）中，t 检验和 F 检验是一致的，即对参数 β_1 的显著性检验（t 检验）与对回归总体线性的显著性检验（F 检验）等价。但是在多元线性回归模型中，两种检验要说明的问题不同、作用不同，不能相互替代。

2.3.4　模型参数的置信区间

经过参数估计显著性检验得出拒绝 $\beta_1=0$ 的结论，只是说明 $\beta_1\neq0$ 以及估计量 $\hat{\beta}_1$ 是由取自参数 β_1 不为 0 的总体的样本观测值决定的，但是在多次重复抽样中，每一次的样本观测值不可能完全相同，所以得到的参数估计量 $\hat{\beta}_1$ 也不可能相同。$\hat{\beta}_1$ 是一个 $E(\hat{\beta}_1)=\beta_1$ 的随机变量。那么在一次抽样中，即从一组样本观

测值得到的 $\hat{\beta}_1$ 与 β_1 的接近程度如何？以多大的概率达到该接近程度？就要构造 β_1 的一个以 $\hat{\beta}_1$ 为中心的区间，该区间以一定的概率（置信水平）包含 β_1。这便是模型参数的置信区间或称区间估计。

定义：对于参数 θ，构造两个样本的函数 $\hat{\theta}_1$ 和 $\hat{\theta}_2$，使得对确定的 $\alpha(0<\alpha<1)$ 关系式

$$P(\hat{\theta}_1 \leqslant \theta \leqslant \hat{\theta}_2) = 1-\alpha$$

成立，并用随机区间 $[\hat{\theta}_1, \hat{\theta}_2]$ 作为参数 θ 的估计，则称 $[\hat{\theta}_1, \hat{\theta}_2]$ 为参数 θ 的置信系数为 $(1-\alpha)$ 的区间估计，α 称为显著性水平，置信区间左端点 $\hat{\theta}_1$ 称为置信下限，右端点 $\hat{\theta}_2$ 称为置信上限。区间 $[\hat{\theta}_1, \hat{\theta}_2]$ 提供了以一定概率 $(1-\alpha)$ 包含真值 θ 的数值范围，故称作参数 θ 的 $(1-\alpha)$ 置信区间。

由于 $\hat{\theta}_1$ 和 $\hat{\theta}_2$ 是样本的函数，而样本具有随机性，故置信区间 $[\hat{\theta}_1, \hat{\theta}_2]$ 为随机区间。由一组确定观察值所得到的确定区间 $[\hat{\theta}_1, \hat{\theta}_2]$ 可能包含真值 θ，也可能不包含 θ。但在多次重复抽样中，每次抽样所建立的区间 $[\hat{\theta}_1, \hat{\theta}_2]$ 包含 θ 的概率为 $(1-\alpha)$。

1. β_1 的置信区间

构造统计量：

$$t = \frac{\hat{\beta}_1 - \beta_1}{\dfrac{\hat{\sigma}}{\sqrt{\sum (X_i - \bar{X})^2}}} \sim t(n-2) \tag{2.38}$$

确定置信区间的上下限，对于给定的显著性水平 α，从 t 分布表上查得 $t_{\frac{\alpha}{2}}(n-2)$，于是，

$$P(-t_{\frac{\alpha}{2}} \leqslant t \leqslant t_{\frac{\alpha}{2}}) = 1-\alpha$$

即

$$P\left(-t_{\frac{\alpha}{2}} \leqslant \frac{\hat{\beta}_1 - \beta_1}{\dfrac{\hat{\sigma}}{\sqrt{\sum (X_i - \bar{X})^2}}} \leqslant t_{\frac{\alpha}{2}}\right) \sim t(n-2)$$

即

$$P\left(\hat{\beta}_1 - t_{\frac{\alpha}{2}} \frac{\hat{\sigma}}{\sqrt{\sum (X_i - \bar{X})^2}} \leqslant \beta_1 \leqslant \hat{\beta}_1 + t_{\frac{\alpha}{2}} \frac{\hat{\sigma}}{\sqrt{\sum (X_i - \bar{X})^2}}\right) \sim t(n-2)$$ 由此，

对于给定显著水平 α，参数 β_1 的 $(1-\alpha)$ 置信区间为

$$\left(\hat{\beta}_1 - t_{\frac{\alpha}{2}} \frac{\hat{\sigma}}{\sqrt{\sum (X_i - \bar{X})^2}},\ \hat{\beta}_1 + t_{\frac{\alpha}{2}} \frac{\hat{\sigma}}{\sqrt{\sum (X_i - \bar{X})^2}}\right) \tag{2.39}$$

2. β_0 的 $(1-\alpha)$ 置信区间

$$\left(\hat{\beta}_0 \pm t_{\frac{\alpha}{2}}(n-2) \cdot \hat{\sigma} \sqrt{\frac{1}{n} + \frac{\bar{X}^2}{\sum (X_i - \bar{X})^2}}\right) \tag{2.40}$$

2.4 一元线性回归模型的预测

预测是回归分析应用的重要方面。预测可分为点预测和区间预测两类。在一元线性回归中，所谓点预测就是当给定 $X = X_0$ 时，利用样本回归方程 $\hat{Y} = \hat{\beta}_0 + \hat{\beta}_1 X$ 求出相应的样本拟合值 $\hat{Y}_0$，以此作为因变量个别值 Y_0 和其均值 $E(Y_0)$ 的估计。由于抽样波动的影响以及关于随机扰动项 μ_i 的零均值假定不完全与实际相符，点预测值 $\hat{Y}_0$ 与因变量个别值 Y_0 及其均值 $E(Y_0)$ 都存在误差，我们希望在一定概率度下把握这个误差的范围，进而确定 Y_0 和 $E(Y_0)$ 可能取值的波动范围，这就是区间预测。

2.4.1 点预测

总体回归方程的随机设定形式为

$$Y_i = \beta_0 + \beta_1 X_i + \mu_i \tag{2.41}$$

当 $X = X_0$ 时，样本回归方程的拟合值为

$$\hat{Y}_0 = \hat{\beta}_0 + \hat{\beta}_1 X_0 \tag{2.42}$$

由于样本回归方程是总体回归方程的估计，$\hat{Y}_0$ 是 $E(Y_0)$ 的估计，并且

$$\begin{aligned} E(\hat{Y}_0) &= E(\hat{\beta}_0 + \hat{\beta}_1 X_0) = E(\hat{\beta}_0) + E(\hat{\beta}_1 X_0) \\ &= \beta_0 + \beta_1 X_0 = E(Y_0) \end{aligned}$$

所以，$\hat{Y}_0$ 是总体均值 $E(Y_0)$ 的无偏估计，可以作为总体均值 $E(Y_0)$ 的预测值。

2.4.2 区间预测

区间预测就是对给定的显著性水平 α，确定包含对应于 X_0 的真实均值 $E(Y_0)$ 的数值范围，也就是总体均值的（$1-\alpha$）置信区间，这个置信区间就是预测区间。一般来说，如果给定置信度（$1-\alpha$），那么，预测区间越窄，预测结果越准确。区间预测分为个别值的区间预测和均值的区间预测。

置信度为（$1-\alpha$）的个别值的置信区间为

$$\hat{Y}_0 - t_{\frac{\alpha}{2}}\hat{\sigma}\sqrt{1 + \frac{1}{n} + \frac{(X_0 - \bar{X})^2}{\sum (X_i - \bar{X})^2}} \leqslant Y_0 \leqslant \hat{Y}_0 + t_{\frac{\alpha}{2}}\hat{\sigma}\sqrt{1 + \frac{1}{n} + \frac{(X_0 - \bar{X})^2}{\sum (X_i - \bar{X})^2}}$$

置信度为（$1-\alpha$）的均值的置信区间为

$$\hat{Y}_0 - t_{\frac{\alpha}{2}}\hat{\sigma}\sqrt{\frac{1}{n} + \frac{(X_0 - \bar{X})^2}{\sum (X_i - \bar{X})^2}} \leqslant E(Y_0) \leqslant \hat{Y}_0 + t_{\frac{\alpha}{2}}\hat{\sigma}\sqrt{\frac{1}{n} + \frac{(X_0 - \bar{X})^2}{\sum (X_i - \bar{X})^2}}$$

【例2-5】根据表2-1数据，当人均可支配收入为6500元时，预测人均消费支出额及其95%的预测区间。

解：当 $X_0=6500$ 时，

$$\hat{Y}_0=-21.70+0.4889\times6500=3156.15\ (元)$$

即当人均可支配收入为6500元时，人均消费支出额为3156.15元。

又已知 $\bar{X}=3292.33$，$\sum(X_i-\bar{X})^2=42875660.7$，$(X_0-\bar{X})^2=10289146.8$，$t_{0.025}(10)=2.2281$，所以有

$$\hat{\sigma}=\sqrt{\frac{\sum e_i^2}{n-2}}=\sqrt{\frac{\sum(Y_i-\hat{Y})^2}{10}}=\sqrt{\frac{49917.11}{10}}=70.65$$

则 $\hat{Y}_0$ 的95%的预测区间为

$$\left(\hat{Y}_0\pm t_{0.025}\hat{\sigma}\sqrt{1+\frac{1}{n}+\frac{(X_0-\bar{X})^2}{\sum(X_i-\bar{X})^2}}\right)$$

即

$$\left(\hat{Y}_0\pm2.2281\times70.65\sqrt{1+\frac{1}{12}+\frac{10289146.8}{42875660.7}}\right)$$

通过计算可得预测区间为（2975.1，3337.3）。

2.5　案例分析与软件操作

改革开放以来，中国经济增长迅速，已经发展为世界第二大经济体。随着经济的快速发展，中国居民的消费水平发生了巨大变化。随着居民收入水平的提高，不仅居民的消费支出有了很大提高，居民消费结构也加快升级。在居民的各项消费中，交通通信消费成为居民消费结构升级的重要体现。交通通信消费是指用于交通和通信工具费用及相关的各种服务费、维修费和车辆保险等支出，已成为研究居民消费结构特征的重要方面。

深入研究中国各地区居民人均交通通信消费与经济发展水平的数量关系，对于探求居民交通通信消费增长的规律性，分析各地区居民交通通信消费的差异，认识地区发展不平衡不充分的影响程度，预测其发展趋势和各地区居民交通通信消费增长，合理规划交通和信息化产业的发展，具有重要的意义。

2.5.1　模型设定

为了分析各地区居民交通通信消费与经济发展水平的关系，选择居民交通通信消费支出为被解释变量Y；选择人均地区生产总值为解释变量X。具体数据见表2-5。

表 2-5　2016 年中国各地区居民交通通信消费支出和人均地区生产总值

地区	居民交通通信消费支出（元）	人均地区生产总值（元）	地区	居民交通通信消费支出（元）	人均地区生产总值（元）
北京	4701.7	118198	湖北	1931.0	55665
天津	3752.2	115053	湖南	1915.5	46382
河北	2062.2	43062	广东	3296.5	74016
山西	1709.0	35532	广西	1541.6	38027
内蒙古	2525.5	72064	海南	1762.2	44347
辽宁	2837.3	50791	重庆	1941.6	58502
吉林	2073.0	53868	四川	1850.3	40003
黑龙江	2040.9	40432	贵州	1610.6	33246
上海	4228.5	116562	云南	1723.5	31093
江苏	3372.2	96887	西藏	990.0	35184
浙江	4377.3	84916	陕西	1664.1	51015
安徽	1975.2	39561	甘肃	1573.0	27643
福建	2504.2	74707	青海	2287.0	43531
江西	1576.9	40400	宁夏	2748.6	47194
山东	2324.8	68733	新疆	2052.4	40564
河南	1550.8	42575			

资料来源：中华人民共和国国家统计局：《中国统计年鉴 2017》，中国统计出版社 2017 年版。

为了分析居民交通通信消费支出 Y 与人均地区生产总值 X 的数量关系，可以运用软件 Eviews 进行计量经济分析。利用 Eviews 作回归分析的基本步骤如下。

1. 建立工作文件

首先，双击 Eviews 图标，进入 Eviews 主页；然后，依次单击“File/New/Workfile”，在出现的 Workfile Create 对话框的 Data specification 菜单中选择文件数据的结构类型（Frequency），如“dated-regular frequency”，在 Data specification 中选择数据频率。例如，Multi-year（多年度）、Annual（年度）、Semi annual（半年）、Quarterly（季度）、Monthly（月度）、Weekly（周数据）、integer date（截面数据）……

本例分析的是 2016 年各地区的截面数据，则选择 integer date。在“Start date”中输入开始顺序号“1”，在 End date 中输入最后顺序号“31”。在对话框 Workfile name 中输入文件名称，如“第 2 章案例”，单击 OK，出现文件“Workfile 第 2 章案例”的工作框，其中已有对象 c 为截距项，resid 为残差项。

若要将工作文件存盘，单击窗口上方的 Save，在 Save as 对话框中选择存盘路径，再单击 OK，文件即被保存。

2. 输入数据

在 Quick 菜单中单击 Empty Group，出现数据编辑窗口。将第一列数据命名为 Y，方法是按上行键“↑”，对应 obs 格自动上跳，在对应的第二行有边框的 obs 空格中输入变量名 Y，再按下行键“↓”，变量名以下各格出现 NA，依顺序输入 Y 的对应数据。按同样方法，可对 X 等其他变量命名，并输入对应数据。也可以在 Eviews 命令框中直接输入“data x y”（一元时）或“data y x_1x_2…”（多元时），回车出现 Group 窗口数据编辑框，在对应的 y、x 下输入数据。还可以从 Excel、Word 等文档的数据表中直接将对应数据粘贴到 Eviews 的数据表中。若要对数据存盘，单击“File/Save”。

3. 作 Y 与 X 的相关图形

为了初步分析居民交通通信消费支出 Y 与人均地区生产总值 X 的关系，可以作以 X 为横坐标、Y 为纵坐标的散点图。方法是按住 Ctrl 键依次选择工作文件中的对象 X 和 Y，双击得 X 和 Y 的数据表，单击“View/Graph”在 Graph type 中选 scatter，可在 Details 的 Fit lines 中选择 Regression line，单击 OK，得到如图 2-1 所示的带回归线的散点图。

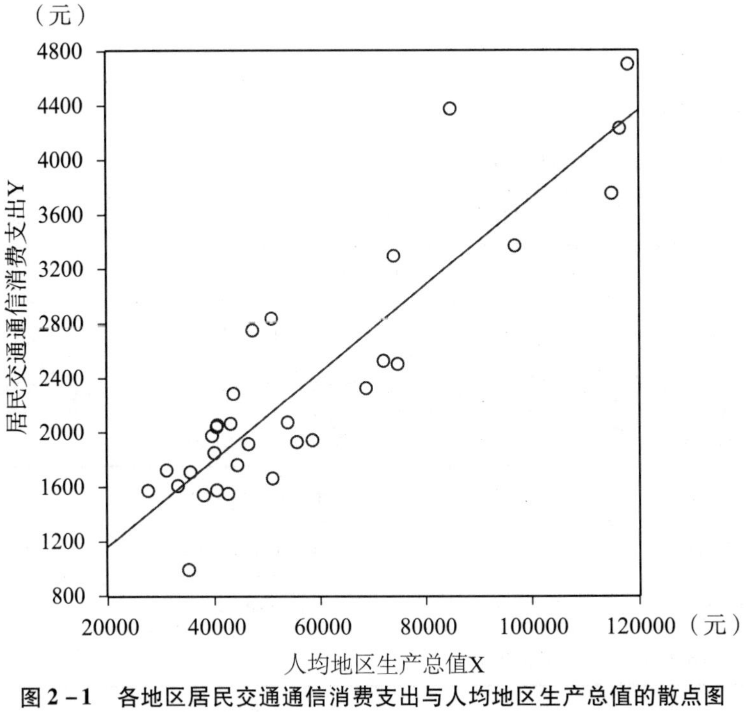

图 2-1　各地区居民交通通信消费支出与人均地区生产总值的散点图

从图2-1可以看出，各地区居民交通通信消费支出随着人均地区生产总值水平的提高而增加，近似于线性关系，为分析中国各地区居民交通通信消费支出随人均地区生产总值变动的数量规律性，可以考虑建立以下一元线性回归模型：

$$Y_i = \beta_0 + \beta_1 X_i + \mu_i$$

2.5.2 估计参数

用OLS法估计模型中的参数。Eviews软件估计参数的方法如下。

方法一：在Eviews工作框主页单击Quick菜单，单击Estimate Equation，出现Equation specification对话框，在Method中选Least Squares，在Equation specification对话框中键入"Y C X"，单击OK或按回车键，即出现回归结果。

方法二：在Eviews命令窗口中直接键入"LS Y C X"，按回车键，即出现回归结果（见表2-6）。

表2-6　模型的回归结果

Dependent Variable：Y				
Method：Least Squares				
Date：10/29/19　Time：03：00				
Sample：1 31				
Included observations：31				
Variable	Coefficient	Std. Error	t-Statistic	Prob
C	521.5179	182.5074	2.857517	0.0078
X	0.032012	0.002937	10.90108	0.0000
R-squared	0.803834	Mean dependent var		2338.697
Adjusted R-squared	0.797069	S. D. dependent var		918.3677
S. E. of regression	413.7048	Akaike info criterion		14.95052
Sum squared resid	4963399	Schwarz criterion		15.04304
Log likelihood	-229.7331	Hannan-Quinn criter		14.98068
F-statistic	118.8336	Durbin-Watson stat		1.840245
Prob（F-statistic）	0.000000			

则样本回归方程为：

$$\hat{Y}_i = 521.52 + 0.032X_i$$

2.5.3 模型检验

1. 经济意义检验

所估计的参数 $\hat{\beta}_0 = 521.52$，$\hat{\beta}_1 = 0.032$，说明人均地区生产总值每增加 1 元，居民交通通信消费支出平均将增加 0.032 元，这与预期的经济意义相符。

2. 拟合优度和统计检验

用 Eviews 得出回归模型参数估计结果的同时，就得到了用于模型检验的相关数据。

拟合优度检验：由表 2－6 可以看出，本例中判定系数 $R^2 = 0.803834$，说明所建模型整体上对样本数据拟合较好，即解释变量 X 对被解释变量 Y 的解释程度达到 80.3834%。

对回归系数的 t 检验：针对原假设 H_0：$\beta_0 = 0$，$\beta_1 = 0$，由表 2－6 还可以看出，估计估计值 $\hat{\beta}_0$ 的 t 值为 2.857517；$\hat{\beta}_1$ 的 t 值为 10.90108。取 $\alpha = 0.05$，查 t 分布表得自由度为 29 的临界值 $t_{0.025}(29) = 2.045$。因为 $t(\hat{\beta}_0) = 2.857517 > t_{0.025}(29) = 2.045$，所以拒绝原假设 H_0：$\beta_0 = 0$；又因为 $t(\hat{\beta}_1) = 10.90108 > t_{0.025}(29) = 2.045$，所以拒绝原假设 H_0。对斜率系数的显著性检验表明，人均地区生产总值对居民交通通信消费支出的确有显著影响。

2.5.4 回归预测

我国西部地区除重庆市以外，2016 年各省份的人均地区生产总值都还低于全国人均国内生产总值水平，如果西部地区某省的人均地区生产总值能达到 2016 年全国人均国内生产总值 54000 元/人的水平，利用所估计的模型可预测该省居民交通通信消费支出可能达到的水平，点预测值的计算方法为

$$\hat{Y}_f = 521.5179 + 0.032012 \times 54000 = 2250.145 \text{（元）}$$

利用 Eviews 作回归预测，首先在 Workfile 窗口点击“Proc/structura Resize Current page”，回车，点击“yes”后弹出如图 2－2 的对话框。在 Workfile structure type 下选择 Unstructured/Undated，将 Observations 由 31 改为 32，点击 OK。

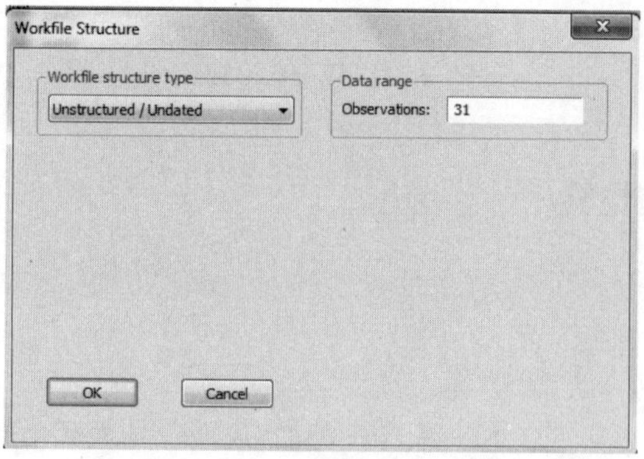

图 2-2　调整样本范围

然后双击打开变量 X，在第 32 处填上 54000。回到表 2-6 的回归结果页面点击“Forecast”，会出现图 2-3 所示对话框（YF 代表预测值）。点击 OK，可以得到预测值及标准差的图形，如图 2-4 所示。

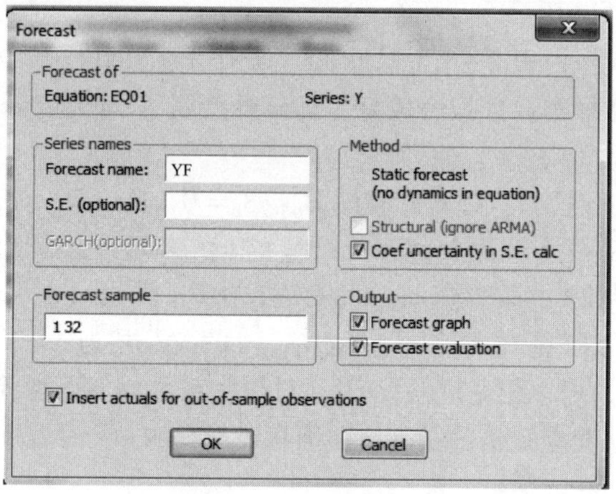

图 2-3　点预测的对话框

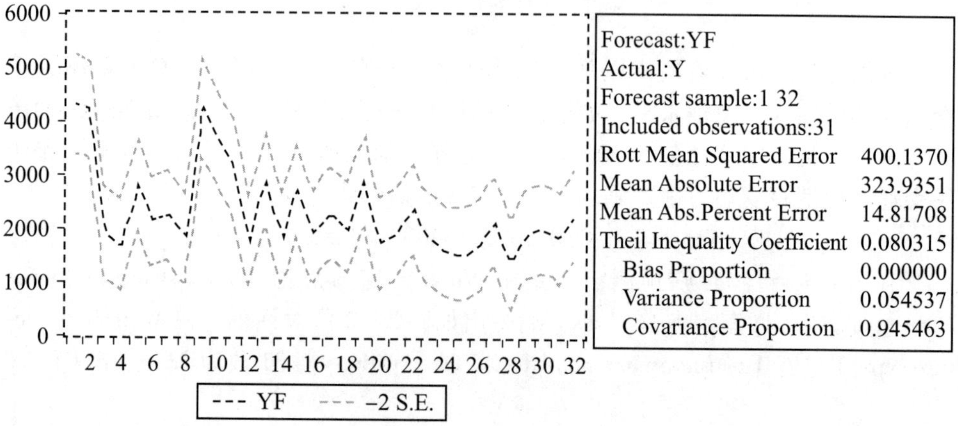

图 2-4　预测值及标准差

并且，YF 自动生成于工作文件中。返回工作文件，打开 Y_f 就得到点预测值为 2250.145。

思考与练习

1. 什么是随机扰动项和残差？它们之间的区别是什么？
2. 总体方差和参数估计方差的区别是什么？
3. 经典线性回归模型有哪些基本假定？
4. 为什么判定系数可以度量模型的拟合优度？在一元线性回归模型中它与对参数 t 检验的关系是什么？
5. 表 2－7 给出了 1990～2017 年我国进出口总额与国内生产总值（GDP）的数据。

表 2－7　　1990～2017 年我国进出口总额与国内生产总值

年份	GDP（亿元）	进出口总额（亿美元）	年份	GDP（亿元）	进出口总额（亿美元）
1990	18872.90	1154.36	2004	161840.20	11545.54
1991	22005.60	1356.34	2005	187318.90	14219.06
1992	27194.50	1655.25	2006	219438.50	17604.38
1993	35673.20	1957.03	2007	270232.30	21761.75
1994	48637.50	2366.21	2008	319515.50	25632.55
1995	61339.90	2808.64	2009	349081.40	22075.35
1996	71813.60	2898.81	2010	413030.30	29740.01
1997	79715.00	3251.62	2011	489300.60	36418.64
1998	85195.50	3239.49	2012	540367.40	38671.19
1999	90564.40	3606.30	2013	595244.40	41589.93
2000	100280.10	4742.97	2014	643974.00	43015.27
2001	110863.10	5096.51	2015	689052.10	39530.30
2002	121717.40	6207.66	2016	743585.50	36855.60
2003	137422.00	8509.88	2017	827121.70	41071.60

资料来源：中华人民共和国国家统计局：《中国统计年鉴 2018》，中国统计出版社 2018 年版。

请回答下列问题：

（1）做进出口总额对国内生产总值的回归分析，并解释参数的经济意义。

（2）做拟合优度检验，并回答回归直线不能解释的部分有多大？

（3）做参数显著性检验并求出参数的置信区间。

第3章　多元回归模型

在第2章的一元线性回归模型中，只考虑了一个解释变量的情形，主要讨论一个被解释变量和一个解释变量之间的线性关系。然而，由于现实经济问题的复杂性，一个经济变量很可能同时受多个变量的影响。例如，居民的消费支出除了受其可支配收入的影响外，同时还可能受到上一年的消费支出的影响；又如，影响国内生产总值（GDP）的因素，除了受财政支出影响以外，同时还会受到进出口总额、货币供应量和商品零售价格指数等因素影响。为了更恰当地解释经济现象，本章将扩展到多个解释变量的情形，即包含多个解释变量的回归模型，也称为多元回归模型。

3.1　多元线性回归模型概述

3.1.1　多元线性回归模型概念

多元线性回归函数的基本形式为

$$Y_i = \beta_0 + \beta_1 X_{1i} + \beta_2 X_{2i} + \cdots + \beta_k X_{ki} + \mu_i \quad (i = 1, 2, \cdots, n) \tag{3.1}$$

其中，Y_i 为被解释变量；X_{1i}，X_{2i}，…，X_{ki}为解释变量；μ_i 为随机扰动项；n 为样本容量；k 为解释变量的个数。

随机扰动项的设定与一元线性模型时一样，它代表了除了解释变量以外对被解释变量有影响的所有因素，它对被解释变量的影响是随机的，有足够的理由认为其均值为0。即

$$E(\mu_i | X_1, X_2, \cdots, X_k) = 0 \tag{3.2}$$

因此有

$$E(Y_i | X_1, X_2, \cdots, X_k) = \beta_0 + \beta_1 X_{1i} + \beta_2 X_{2i} + \cdots + \beta_{ki} X_{ki} \tag{3.3}$$

将式（3.1）称为多元总体线性回归模型，它是真实的统计模型；式（3.3）称为总体多元线性回归方程，它是真实的回归"直线"。

和一元线性回归模型一样，总体是不能完全观测的，只能通过样本对总体进行推断。抽取一组样本，对应的有 n 个观测值，这样就得到了样本的回归模型和

样本回归方程

$$Y_i = \hat{\beta}_0 + \hat{\beta}_1 X_{1i} + \hat{\beta}_2 X_{2i} + \cdots + \hat{\beta}_k X_{ki} + e_i \tag{3.4}$$

其中，$\hat{\beta}_j(j=1, 2, \cdots, k)$ 为参数的估计值，e_i 为残差项。

$$\hat{Y}_i = \hat{\beta}_0 + \hat{\beta}_1 X_{1i} + \hat{\beta}_2 X_{2i} + \cdots + \hat{\beta}_k X_{ki} \tag{3.5}$$

比较式（3.4）和式（3.5），可以得到

$$e_i = Y_i - \hat{Y}_i \tag{3.6}$$

与一元线性回归模型不同的是，多元线性回归模型把多个解释变量引入模型，即将原来归入随机扰动项的某些因素纳入了模型，这对于计量经济分析有重要的意义。多元线性回归模型中的多个解释变量可以同时估计和检验多个因素对被解释变量的影响，从而避免重要解释变量被遗漏而导致设定误差。

在有多个解释变量的模型中，由于多个解释变量会同时对被解释变量 Y 的变动发挥作用，如果要考察其中某个解释变量对 Y 的影响，就必须使其他解释变量保持不变。在式（3.1）中，β_0 为截距项，β_1，β_2，…，β_k 称为偏回归系数，$\beta_j(j=1, 2, \cdots, k)$ 度量了在其他解释变量保持不变的前提下，X_{ji} 单位变动引起 Y 的均值的变化量。

偏回归系数的含义反映了当模型中其他解释变量为常数时，某个解释变量对被解释变量均值的影响。多元回归模型的这个独特性质不但能够引入多个解释变量，而且能够分离出每个解释变量 X 对被解释变量的影响。

与一元线性回归模型类似，所谓多元线性回归模型是指对各个回归参数而言是线性的，而对于变量则既可以是线性的，也可以是非线性的。

多元线性回归分析要解决的主要问题，是如何根据变量的样本观测值去估计回归模型中的未知参数，即用样本回归函数去估计总体回归函教，并且对估计的参数及回归方程进行统计检验，最后利用回归模型进行预测和经济分析。由于多元线性回归模型中包含了多个解释变量，比一元线性回归模型要复杂。为了便捷，可以用矩阵来表示多元线性回归模型。

3.1.2　多元线性回归模型的矩阵形式

已知被解释变量 Y 及 k 个解释变量的那组样本观测值（Y_i，X_{1i}，X_{2i}，…，X_{ki}）（$i=1, 2, \cdots, n$），则多元线性回归模型式（3.1）就可以写成方程组的形式

$$\begin{cases} Y_1 = \beta_0 + \beta_1 X_{11} + \beta_2 X_{21} + \cdots + \beta_k X_{k1} + \mu_1 \\ Y_2 = \beta_0 + \beta_1 X_{12} + \beta_2 X_{22} + \cdots + \beta_k X_{k2} + \mu_2 \\ \vdots \\ Y_n = \beta_0 + \beta_1 X_{1n} + \beta_2 X_{2n} + \cdots + \beta_k X_{kn} + \mu_n \end{cases} \tag{3.7}$$

将式（3.7）改写成矩阵形式

$$\begin{bmatrix} Y_1 \\ Y_2 \\ \vdots \\ Y_n \end{bmatrix} = \begin{bmatrix} 1 & X_{11} & X_{21} & \cdots & X_{k1} \\ 1 & X_{12} & X_{22} & \cdots & X_{k2} \\ \vdots & \vdots & \vdots & & \vdots \\ 1 & X_{1n} & X_{2n} & \cdots & X_{kn} \end{bmatrix} \begin{bmatrix} \beta_0 \\ \beta_1 \\ \vdots \\ \beta_k \end{bmatrix} + \begin{bmatrix} \mu_1 \\ \mu_2 \\ \vdots \\ \mu_n \end{bmatrix} \tag{3.8}$$

记 $\mathbf{Y} = \begin{bmatrix} Y_1 \\ Y_2 \\ \vdots \\ Y_n \end{bmatrix}_{n\times 1}$，$\mathbf{X} = \begin{bmatrix} 1 & X_{11} & X_{21} & \cdots & X_{k1} \\ 1 & X_{12} & X_{22} & \cdots & X_{k2} \\ \vdots & \vdots & \vdots & & \vdots \\ 1 & X_{1n} & X_{2n} & \cdots & X_{kn} \end{bmatrix}_{n\times(k+1)}$，$\boldsymbol{\beta} = \begin{bmatrix} \beta_0 \\ \beta_1 \\ \vdots \\ \beta_k \end{bmatrix}_{(k+1)\times 1}$，

$\boldsymbol{\mu} = \begin{bmatrix} \mu_1 \\ \mu_2 \\ \vdots \\ \mu_n \end{bmatrix}_{n\times 1}$，则 **Y** 是被解释变量 Y 的数据矩阵，**X** 是解释变量 X 的数据矩阵，其中的截距项可以看作解释变量总是取值为 1。$\boldsymbol{\beta}$ 是偏回归系数矩阵，$\boldsymbol{\mu}$ 是随机扰动项数据矩阵。

这样，总体多元线性回归模型和方程可以写成矩阵形式

$$\mathbf{Y} = \mathbf{X}\boldsymbol{\beta} + \boldsymbol{\mu} \tag{3.9}$$

$$E(\mathbf{Y}) = \mathbf{X}\beta \tag{3.10}$$

同样，将样本多元线性回归模型和方程写成矩阵形式

$$\mathbf{Y} = \mathbf{X}\hat{\boldsymbol{\beta}} + \mathbf{e} \tag{3.11}$$

$$\hat{\mathbf{Y}} = \mathbf{X}\hat{\boldsymbol{\beta}} \tag{3.12}$$

其中，$\hat{\boldsymbol{\beta}} = \begin{bmatrix} \hat{\beta}_0 \\ \hat{\beta}_1 \\ \vdots \\ \hat{\beta}_k \end{bmatrix}$；$\mathbf{e} = \begin{bmatrix} e_1 \\ e_2 \\ \vdots \\ e_n \end{bmatrix}$；$\hat{\mathbf{Y}} = \begin{bmatrix} \hat{Y}_1 \\ \hat{Y}_2 \\ \vdots \\ \hat{Y}_n \end{bmatrix}$分别为回归系数估计值向量、残差向量和 Y 的样本估计值向量。

3.1.3 多元线性回归模型的假定条件

与一元线性回归模型相同，用样本观测值去估计回归模型中的未知参数，为了使参数估计具有良好的统计性质，要对多元线性回归模型及随机扰动项做相关的假定。

1. 零均值假定

假定随机扰动项的条件期望为 0，简记为 $E(\mu_i)=0$，$(i=1, 2, \cdots, n)$ (3.13)

用矩阵表示为

$$E(\boldsymbol{\mu})=\begin{bmatrix}E(\mu_1)\\E(\mu_2)\\\vdots\\E(\mu_n)\end{bmatrix}=\begin{bmatrix}0\\0\\\vdots\\0\end{bmatrix}\qquad(3.14)$$

2. 同方差和无自相关假定

假定随机扰动项互不相关并且同方差

$$\begin{aligned}Cov(\mu_i,\ \mu_j)&=E((\mu_i-E\mu_i)(\mu_j-E\mu_j))\\&=E(\mu_i\mu_j)=\begin{cases}\sigma^2,\ (i=j)\\0,\ (i\neq j)\end{cases}\quad(i,\ j=1,\ 2,\ \cdots,\ n)\end{aligned}\qquad(3.15)$$

则

$$\begin{aligned}Var(\boldsymbol{\mu})&=E[(\boldsymbol{\mu}-E(\boldsymbol{\mu}))(\boldsymbol{\mu}-E(\boldsymbol{\mu}))']=E(\boldsymbol{\mu}\boldsymbol{\mu}')\\&=\begin{bmatrix}E(\mu_1\mu_1)&E(\mu_1\mu_2)&\cdots&E(\mu_1\mu_n)\\E(\mu_2\mu_1)&E(\mu_2\mu_2)&\cdots&E(\mu_2\mu_n)\\\vdots&\vdots&&\vdots\\E(\mu_n\mu_1)&E(\mu_n\mu_2)&\cdots&E(\mu_n\mu_n)\end{bmatrix}=\begin{bmatrix}\sigma^2&0&\cdots&0\\0&\sigma^2&\cdots&0\\0&0&\cdots&0\\0&0&\cdots&\sigma^2\end{bmatrix}=\sigma^2\mathbf{I}_n\end{aligned}\qquad(3.16)$$

其中，$\mathbf{I}_n$ 为 n 阶单位矩阵。

3. 诸解释变量与随机扰动项 μ_i 不相关假定

$$Cov(\mu_i,\ X_j)=E(\mu_i-E(\mu_i))(X_j-E(X_j))=E(\mu_iX_j)=0\quad(j=1,\ 2,\ \cdots,\ k)\qquad(3.17)$$

4. 正态性假定

随机扰动项 μ_i 服从零均值，同方差的正态分布。即

$$\mu_i\sim N(0,\ \sigma^2)$$

5. 无多重共线性假定

假定解释变量间不存在线性相关性，或者说解释变量之间无严格的线性关系，也就是不存在其中一个解释变量能被其他解释变量线性表示的情况。即不存在不全为 0 的 $\lambda_j(j=1,\ 2,\ \cdots,\ k)$ 使得

$$X_r=\lambda_1X_{r1}+\lambda_2X_{r2}+\cdots+\lambda_{k-1}X_{rk-1}\qquad(3.18)$$

成立。如果解释变量间无多重共线性，则解释变量观测值矩阵 **X** 列满秩，即

$$Rank(\mathbf{X})=k+1\qquad(3.19)$$

此时，方阵 **X′X** 满足

$$Rank(\mathbf{X}'\mathbf{X})=k+1\qquad(3.20)$$

即其为满秩矩阵。

上述这些假定条件称为多元线性回归模型的古典假定。

3.2 多元线性回归模型的参数估计

在3.1节古典假定的基础上，可对多元线性回归模型的参数进行估计，并且分析参数估计量的统计性质。下面介绍最常用的普通最小二乘法。

3.2.1 多元线性回归模型的最小二乘估计

运用普通最小二乘法估计多元线性回归模型的参数，与一元线性回归模型不同的是计算过程要复杂一些。

式（3.4）和式（3.5）给出了样本的回归模型

$$Y_i = \hat{\beta}_0 + \hat{\beta}_1 X_{1i} + \hat{\beta}_2 X_{2i} + \cdots + \hat{\beta}_k X_{ki} + e_i$$

和样本回归模型

$$\hat{Y}_i = \hat{\beta}_0 + \hat{\beta}_1 X_{1i} + \hat{\beta}_2 X_{2i} + \cdots + \hat{\beta}_k X_{ki}$$

则残差为

$$e_i = Y_i - (\hat{\beta}_0 + \hat{\beta}_1 X_{1i} + \hat{\beta}_2 X_{2i} + \cdots + \hat{\beta}_k X_{ki}) \tag{3.21}$$

根据最小二乘原理，要使残差平方和

$$Q = \sum e_i^2 = \sum [Y_i - (\hat{\beta}_0 + \hat{\beta}_1 X_{1i} + \hat{\beta}_2 X_{2i} + \cdots + \hat{\beta}_k X_{ki})]^2$$

达到最小，则必须满足 $\dfrac{\partial(\sum e_i^2)}{\partial \hat{\beta}_j} = 0\ (j=1,\ 2,\ \cdots,\ k)$

即

$$\begin{cases} \dfrac{\partial Q}{\partial \hat{\beta}_0} = -2\sum (Y_i - \hat{\beta}_0 - \hat{\beta}_1 X_{1i} - \hat{\beta}_2 X_{2i} - \cdots - \hat{\beta}_k X_{ki}) = 0 \\ \dfrac{\partial Q}{\partial \hat{\beta}_1} = -2\sum (Y_i - \hat{\beta}_0 - \hat{\beta}_1 X_{1i} - \hat{\beta}_2 X_{2i} - \cdots - \hat{\beta}_k X_{ki}) X_{1i} = 0 \\ \quad\vdots \\ \dfrac{\partial Q}{\partial \hat{\beta}_k} = -2\sum (Y_i - \hat{\beta}_0 - \hat{\beta}_1 X_{1i} - \hat{\beta}_2 X_{2i} - \cdots - \hat{\beta}_k X_{ki}) X_{ki} = 0 \end{cases}$$

上述k个方程可以写成

$$\begin{bmatrix} \sum e_i \\ \sum e_i X_{1i} \\ \vdots \\ \sum e_i X_{ki} \end{bmatrix} = \begin{bmatrix} 0 \\ 0 \\ \vdots \\ 0 \end{bmatrix}$$

或者可以表示为

$$\begin{bmatrix} \sum e_i \\ \sum X_{1i}e_i \\ \cdots \\ \sum X_{ki}e_i \end{bmatrix} = \begin{bmatrix} 1 & 1 & \cdots & 1 \\ X_{11} & X_{12} & \cdots & X_{1n} \\ \cdots & \cdots & \cdots & \cdots \\ X_{k1} & X_{k2} & \cdots & X_{kn} \end{bmatrix} \begin{bmatrix} e_1 \\ e_2 \\ \cdots \\ e_n \end{bmatrix} = \mathbf{X}'e = 0 \quad (3.22)$$

将式（3.11）两端同时乘以矩阵 **X** 的转置矩阵 **X′**，有

$$\mathbf{X'Y} = \mathbf{X'X}\hat{\boldsymbol{\beta}} + \mathbf{X'e} = \mathbf{X'X}\hat{\boldsymbol{\beta}}$$

即

$$\mathbf{X'Y} = \mathbf{X'X}\hat{\boldsymbol{\beta}} \quad (3.23)$$

由于模型满足古典假定条件，无多重共线性，故矩阵 **X** 满秩，即 $(\mathbf{X'X})^{-1}$ 存在，可得多元线性回归模型参数向量 β 最小二乘估计式的矩阵表达式为

$$\hat{\boldsymbol{\beta}} = (\mathbf{X'X})^{-1}\mathbf{X'Y} \quad (3.24)$$

对于二元线性回归模型 $Y_i = \beta_0 + \beta_1 X_{1i} + \beta_2 X_{2i} + \mu_i$，其参数最小二乘估计式的代数表达式如下

$$\hat{\beta}_0 = \bar{Y} - \hat{\beta}_1 \bar{X}_1 - \hat{\beta}_2 \bar{X}_2 \quad (3.25)$$

$$\hat{\beta}_1 = \frac{(\sum Y_i X_{1i})(\sum X_{2i}^2) - (\sum Y_i X_{2i})(\sum X_{1i}X_{2i})}{(\sum X_{1i}^2)(\sum X_{2i}^2) - (\sum X_{1i}X_{2i})^2} \quad (3.26)$$

$$\hat{\beta}_2 = \frac{(\sum Y_i X_{2i}) \cdot (\sum X_{1i}^2) - (\sum Y_i X_{1i}) \cdot (\sum X_{1i}X_{2i})}{(\sum X_{1i}^2)(\sum X_{2i}^2) - (\sum X_{1i}X_{2i})^2} \quad (3.27)$$

其中，小写字母表示样本观测值与其样本均值的离差，如 $Y_i = Y_i - \bar{Y}$。

【例 3-1】 国家的货币政策要考虑经济发展的需要，也要考虑控制通货膨胀。为研究中国的货币供应量与国内生产总值及其通货膨胀等因素的关系，从《中国统计年鉴 2017》中取 2000～2016 年中国货币供应量（M2）年底余额、国内生产总值（GDP）、居民消费价格指数（以 1978 年为 100 的定基指数）等数据作为样本，列于表 3-1 中。

表 3-1　2000～2016 年中国货币供应量等数据

年份	货币供应量（M2）年底余额（亿元）	国内生产总值（GDP）/（当年价格/亿元）	居民消费价格指数（1978 年 = 100）
2000	134610.3	100280.1	434.0
2001	158301.9	110863.1	437.0
2002	185007.0	121717.4	433.5
2003	221222.8	137422.0	438.7
2004	254107.0	161840.2	455.8

续表

年份	货币供应量（M2）年底余额（亿元）	国内生产总值（GDP）/（当年价格/亿元）	居民消费价格指数（1978 年 =100）
2005	298755.7	187318.9	464.0
2006	345577.9	219438.5	471.0
2007	403442.2	270232.3	493.6
2008	475166.6	319515.5	522.7
2009	610224.5	349081.4	519.0
2010	725851.8	413030.3	536.1
2011	851590.9	489300.6	565.0
2012	974148.8	540367.4	579.7
2013	1106525.0	595244.4	594.8
2014	1228374.8	643974.0	606.7
2015	1392278.1	689052.1	615.2

资料来源：中华人民共和国国家统计局，《中国统计年鉴 2017》，中国统计出版社 2017 年版。

建立如下模型：

$$Y_t = \beta_0 + \beta_1 X_{1t} + \beta_2 X_{2t} + \mu_t$$

其中，Y_t 表示 t 年的货币供应量，X_{1t} 和 X_{2t} 分别表示 t 年的国内生产总值和居民消费价格指数。根据上述模型，被解释变量观测值向量和解释变量数据矩阵分别为

$$\mathbf{Y} = \begin{bmatrix} 134610.3 \\ 158301.9 \\ \vdots \\ 1550066.7 \end{bmatrix} \quad \mathbf{X} = \begin{bmatrix} 1 & 100280.1 & 434.0 \\ 1 & 110863.1 & 437.0 \\ \vdots & \vdots & \vdots \\ 1 & 744127.2 & 627.5 \end{bmatrix}$$

根据表 3 - 1 中数据，利用式（3.24），得到

$$\hat{\boldsymbol{\beta}} = (\mathbf{X'X})^{-1}\mathbf{X'Y} = \begin{bmatrix} 2454225 \\ 4.083754 \\ -6332.294 \end{bmatrix}$$

所估计样本回归模型为

$$\hat{Y}_i = 2454225 + 4.083754 X_{1t} - 6332.294 X_{2t}$$

3.2.2 多元线性回归模型 OLS 回归直线的代数性质

运用普通最小二乘法得到了多元线性回归模型的样本方程，由这个方程决定

的直线具有与一元线性回归直线相同的性质，下面以二元线性回归直线为例进行说明。

（1）各变量的均值在回归直线上。

由式（3.25）即得 $\bar{Y} = \hat{\beta}_0 + \hat{\beta}_1 \bar{X}_1 + \hat{\beta}_2 \bar{X}_2$

（2）Y估计值的均值等于Y的实际值的均值，即$\bar{\hat{Y}} = \bar{Y}$。

由于$\hat{Y}_i = \hat{\beta}_0 + \hat{\beta}_1 X_{1i} + \hat{\beta}_2 X_{2i}$，将式（3.25）代入得

$$\hat{Y}_i = (\bar{Y} - \hat{\beta}_1 \bar{X}_1 - \hat{\beta}_2 \bar{X}_2) + \hat{\beta}_1 X_{1i} + \hat{\beta}_2 X_{2i} = \bar{Y} + \hat{\beta}_1 (X_{1i} - \bar{X}_1) + \hat{\beta}_2 (X_{2i} - \bar{X}_2)$$

对上式两端求和再平均，注意到$\sum (X_{ji} - \bar{X}_j) = 0$，故$\bar{\hat{Y}} = \bar{Y}$。

（3）残差的均值为0，即$\sum e_i = 0$。

（4）残差与解释变量不相关，即$\sum e_i X_{1i} = 0$、$\sum e_i X_{2i} = 0$。

（5）残差与Y的估计值不相关，即$\sum e_i \hat{Y}_i = 0$。

由于$\hat{Y}_i = \hat{\beta}_0 + \hat{\beta}_1 X_{1i} + \hat{\beta}_2 X_{2i}$，则有

$$\sum e_i \hat{Y}_i = \hat{\beta}_0 \sum e_i + \hat{\beta}_1 \sum e_i X_{1i} + \hat{\beta}_2 \sum e_i X_{2i}$$

再由性质（3）、性质（4）可得$\sum e_i \hat{Y}_i = 0$。

这些结果很容易推广到一般的多元线性OLS回归直线的情形。

3.3 多元线性回归模型的统计检验

对于已经估计出参数的多元线性回归模型的检验，除了对假定条件是否满足的检验以外，主要是所估计的模型拟合优度的检验、模型中各个参数显著性的检验，以及整个回归方程显著性的检验。

3.3.1 拟合优度检验

在一元线性回归模型中，用判定系数R^2来衡量估计的模型对观测值的拟合程度，在多元线性回归模型中，同样也需要讨论所估计的模型对观测值的拟合程度。

1. 多重判定系数

与一元线性回归类似，为了说明多元线性回归线对样本观测值的拟合情况，也可以考察在Y的总变差中由多个解释变量作出了解释的那部分变差的比重，即“回归平方和”与“总离差平方和”的比值。在多元回归中这一比值称为多重判定系数，用R^2表示。

多元线性回归中 Y 的变差分解式如下：

$$\sum(Y_i - \bar{Y})^2 = \sum(\hat{Y}_i - \bar{Y})^2 + \sum(Y_i - \hat{Y}_i)^2$$

$$TSS = ESS + RSS$$

$$(n-1) = (k-1) + (n-k) \tag{3.28}$$

其中，总离差平方和 TSS 反映了被解释变量观测值总变差的大小；回归平方和 ESS 反映了被解释变量回归估计值总变差的大小，它是被解释变量观测值总变差中由多个解释变量作出解释的那部分变差；残差平方和 RSS 反映了被解释变量观测值与估计值之间的变差，是被解释变量观测值总变差中未被列入模型的解释变量解释的那部分变差。显然，回归平方和 ESS 越大，残差平方和 RSS 就越小，从而被解释变量观测值总变差中能由解释变量解释的那部分变差就越大，模型对观测数据的拟合程度就越高。因此定义多重判定系数为

$$R^2 = \frac{ESS}{TSS} \tag{3.29}$$

或者表示为

$$R^2 = \frac{TSS - RSS}{TSS} = 1 - \frac{RSS}{TSS} = 1 - \frac{\sum e_i^2}{\sum(Y_i - \bar{Y})^2} \tag{3.30}$$

多重判定系数介于 0 和 1 之间，R^2 越接近 1，模型对数据的拟合程度就越好。

多重判定系数可用矩阵表示，因为

$$TSS = \sum(Y_i - \bar{Y})^2 = \sum Y_i^2 - n\bar{Y}^2 = Y'Y - n\bar{Y}^2 \tag{3.31}$$

$$ESS = \hat{\beta}'X'Y - n\bar{Y}^2 \tag{3.32}$$

所以

$$R^2 = \frac{ESS}{TSS} = \frac{\hat{\beta}'X'Y - n\bar{Y}^2}{Y'Y - n\bar{Y}^2} \tag{3.33}$$

2. 修正的判定系数

由式（3.33）可知，多重判定系数是模型中解释变量个数的不减函数，也就是说，在样本容量不变时，随着模型中解释变量的增加，总离差平方和 TSS 不会改变，而 ESS 可能增大，多重判定系数 R^2 的值会变大。当被解释变量相同而解释变量个数不同时，这给运用多重判定系数去比较两个模型的拟合程度带来缺陷。这时模型的解释变量个数不同，不能简单地直接对比多重判定系数。判定系数只涉及变差，没有考虑自由度。显然，如果用自由度去校正所计算的变差，可以纠正解释变量个数不同引起的对比困难。因为在样本容量一定的情况下，增加解释变量必定使得待估参数的个数增加，从而会损失自由度。为此，可以用自由度去修正多重判定系数 R^2 中的残差平方和与回归平方和，从而引入修正的判定系数 $\bar{R}^2$，其计算公式为

$$\bar{R}^2 = 1 - \frac{\sum \frac{e_i^2}{(n-k-1)}}{\sum \frac{(Y_i - \bar{Y})^2}{(n-1)}} = 1 - \frac{n-1}{n-k-1} \frac{\sum e_i^2}{\sum (Y_i - \bar{Y})^2} \tag{3.34}$$

修正判定系数与未经修正的多重判定系数之间有如下关系：

$$\bar{R}^2 = 1 - (1 - R^2)\frac{n-1}{n-k-1} \tag{3.35}$$

由式（3.35）可以看出，当 $k > 1$ 时，$\bar{R}^2 < R^2$，这意味着随着解释变量的增加，$\bar{R}^2$ 将小于 R^2。需要注意，判定系数 R^2 必定非负，但按式（3.35）计算的修正的判定系数 $\bar{R}^2$ 可能为负值，这时规定 $\bar{R}^2 = 0$。

例如，对于【例 3－1】，已知 $RSS = \sum e_i^2 = 7518882170$，可计算得 $TSS = \sum (Y_i - \bar{Y})^2 = 3427020132178$，所以判定系数为

$$R^2 = 1 - \frac{\sum e_i^2}{\sum (Y_i - \bar{Y})^2} = 1 - \frac{7518882170}{3427020132178} = 0.9978$$

修正的判定系数为

$$\bar{R}^2 = 1 - (1 - R^2)\frac{n-1}{n-k-1} = 1 - (1 - 0.9978)\frac{17-1}{17-3} = 0.9975$$

需要强调，对用样本估计的回归模型计算的判定系数和修正的判定系数，也是随抽样而变动的随机变量。在多元的条件下，一般会用修正的判定系数 $\bar{R}^2$ 判断拟合优度。

3.3.2　回归方程的显著性检验（F 检验）

由于多元线性回归模型包含多个解释变量，它们同被解释变量之间是否存在显著的线性关系，还需进一步作出判断。也就是要对模型中被解释变量与所有解释变量之间的线性关系在整体上是否显著作出推断。

对回归模型整体显著性的检验，所检验假设的形式为

原假设 H_0：$\beta_1 = \beta_2 = \cdots = \beta_k = 0$

备择假设 H_1：$\beta_j (j = 1, 2, \cdots, k)$ 不全为零

这种检验是在方差分析的基础上利用 F 检验进行的。可以证明，在 H_0 成立的条件下，统计量

$$F = \frac{ESS/k}{RSS/(n-k-1)} \sim F(k, n-k-1) \tag{3.36}$$

给定显著性水平 α，在 F 分布表中查出自由度为 k 和 $n-k-1$ 的临界值 $F_\alpha(k, n-k-1)$，将样本观测值代入式（3.36）计算 F 值，然后将 F 值与临界值 $F_\alpha(k, n-k-1)$ 进行比较。若 $F > F_\alpha(k, n-k-1)$，则拒绝原假设，说明回归方程显著，即列入模型的各个解释变量联合起来对被解释变量有显著影响；若

$F < F_{\alpha}(k, n-k-1)$，则不能拒绝原假设，说明回归方程不显著，即列入模型的各个解释变量联合起来对被解释变量的影响不显著。

F 检验也可以采用 p 值方法，在 Eviews 中可以得到 F 检验统计量的值和其对应的伴随概率（即 p 值），可以简便的做 F 检验。

事实上，F 检验与拟合优度检验都是在把总变差 TSS 分解为回归平方和 ESS 与残差平方和 RSS 的基础上构造统计量进行的检验，区别在于前者考虑了自由度，后者未考虑自由度。一般来说，模型对观测值的拟合程度越高，模型总体线性关系的显著性就越强。F 统计量与判定系数 R^2 之间有如下关系：

$$F = \frac{n-k-1}{k} \cdot \frac{R^2}{1-R^2} \tag{3.37}$$

可以看出，伴随着判定系数 R^2 和修正判定系数 $\bar{R}^2$ 的增加，F 统计量的值将不断增加。当 $R^2=0$ 时，$F=0$；当 R^2 越大时，F 值也越大；当 $R^2=1$ 时，$F\to\infty$。这说明两者之间具有一致性，对 H_0：$\beta_1=\beta_2=\cdots=\beta_k=0$ 的检验，实际等价于对 $R^2=0$ 的检验。

3.3.3 回归参数的显著性检验（t 检验）

多元线性回归不仅是要寻求方程整体的显著性，而且要对各个总体回归参数作出有意义的估计。因为方程的整体线性关系显著并不一定表示每个解释变量对被解释变量的影响都是显著的，因此，还必须分别对每个解释变量进行显著性检验。多元回归分析中对各个回归系数的显著性检验，目的在于分别检验当其他解释变量不变时，该回归系数对应的解释变量是否对被解释变量有显著影响。检验方法与一元线性回归的检验基本相同，具体步骤如下。

1. 提出原假设和备择假设

$$H_0: \beta_j = 0 \quad (j=1, 2, \cdots, k)$$
$$H_1: \beta_j \neq 0 \quad (j=1, 2, \cdots, k)$$

2. 计算统计量

$$t = \frac{\hat{\beta}_j}{se(\hat{\beta}_j)} \sim t(n-k-1) \tag{3.38}$$

3. 检验

给定显著性水平 α，查自由度为 n－k－1 的 t 分布表，得临界值 $t_{\frac{\alpha}{2}}$。如果 t 检验统计量的绝对值 $|t| > t_{\frac{\alpha}{2}}$，则拒绝原假设，说明 β_j 不为 0，对应的 X_j 显著的对 Y 做出解释；反之，则说明 X_j 没有显著的对 Y 做出解释。

t 检验也可以采用 p 值方法，在 Eviews 中可以直接得到 t 检验统计量的值和其对应的伴随概率（即 p 值），可以简便地做 t 检验。

一般来说，多元线性回归模型在经过参数估计和模型检验后，应对又回归分析结果作出分析判断，倘若某些解释变量对被解释变量的影响不显著，则应重新建立多元线性回归模型，对新模型参数进行估计和假设检验，直到获得较为满意的结果。

3.3.4　多元线性回归模型参数的区间估计

为了说明参数真实值的可能范围和可靠性，还需要在对参数点估计的基础上对多元线性回归模型参数做区间估计。由式（3.38）很容易推出，在 $1-\alpha$ 的显著水平下，β_j 的置信区间为

$$\hat{\beta}_j \pm t_{\frac{\alpha}{2}}(n-k-1)Se(\hat{\beta}_j) \tag{3.39}$$

3.4　多元线性回归模型的预测

多元线性回归模型用于经济预测，是指在各个解释变量给定样本以外的数值 $X_f=(1, X_{1f}, X_{2f}, \cdots, X_{kf})$ 的条件下，对预测期被解释变量 Y 的平均值 $E(Y_f)$ 及个别值 Y_f 进行估计，这种预测也分为点预测与区间预测。

3.4.1　点预测

设多元线性回归模型为 $\mathbf{Y}=\mathbf{X}\boldsymbol{\beta}+\boldsymbol{\mu}$，其样本回归方程为 $\hat{\mathbf{Y}}=\mathbf{X}\hat{\boldsymbol{\beta}}$，并且经过检验，样本回归方程是可靠的。将给定样本以外的各个解释变量的取值 $\mathbf{X}_f=(1, X_{1f}, X_{2f}, \cdots, X_{kf})$ 代入到样本回归方程得

$$\hat{Y}_f=\mathbf{X_f}\hat{\boldsymbol{\beta}}=\hat{\beta}_0+\hat{\beta}_1X_{1f}+\hat{\beta}_2X_{2f}+\cdots+\hat{\beta}_kX_{kf}$$

容易证明，这个点预测是对总体平均值 $E(Y_f)$ 的无偏估计，即 $E(\hat{Y}_f)=E(Y_f)$。

3.4.2　总体平均值的区间预测

对总体预期平均值 $E(Y_f)$ 做区间预测，必须确定点预测值与平均值 $E(Y_f)$ 的关系以及 $\hat{Y}_f$ 的分布。根据点预测的结果可知，$\hat{Y}_f$ 是 $E(Y_f)$ 的无偏估计量，而 $\hat{\mathbf{Y}}=\mathbf{X}\hat{\boldsymbol{\beta}}$，$\hat{\beta}$ 服从正态分布，所以 $\hat{\mathbf{Y}}_f$ 也服从正态分布。可以证明，$\hat{\mathbf{Y}}_f$ 的方差为

$$Var(\hat{\mathbf{Y}}_f)=\sigma^2\mathbf{X_f}(\mathbf{X'X})^{-1}\mathbf{X}'_f$$

因此

$$\hat{Y}_f \sim N[E(Y_f), \sigma^2\mathbf{X}_f(\mathbf{X'X})^{-1}\mathbf{X}'_f]$$

由于总体方差 σ^2 未知，故用其估计值 $\hat{\sigma}^2$ 代替，$\hat{\sigma}^2$ 的自由度为 $n-k-1$，则有

$$t=\frac{\hat{Y}_f-E(Y_f)}{se(\hat{Y}_f)}=\frac{\hat{Y}_f-E(Y_f)}{\hat{\sigma}\sqrt{\mathbf{X}_f(\mathbf{X}'\mathbf{X})^{-1}\mathbf{X}'_f}}\sim t(n-k-1)$$

从而得到总体预期平均值 $E(Y_f)$ 的预测区间

$$\hat{Y}_f-t_{\frac{\alpha}{2}}\hat{\sigma}\sqrt{\mathbf{X}_f(\mathbf{X}'\mathbf{X})^{-1}\mathbf{X}'_f}<E(Y_f)<\hat{Y}_f+t_{\frac{\alpha}{2}}\hat{\sigma}\sqrt{\mathbf{X}_f(\mathbf{X}'\mathbf{X})^{-1}\mathbf{X}'_f}$$

3.4.3 个别值 Y_f 的区间预测

要对预测期个别值 Y_f 作区间预测，除了已经得到的点预测值 $\hat{Y}_f$ 以外，还需要分析已知点预测值 $\hat{Y}_f$ 和预测期个别值 Y_f 的联系，并明确其概率分布性质。显然，与点预测值 $\hat{Y}_f$ 和预测期个别值 Y_f 有关的是残差：$e_f=Y_f-\hat{Y}_f$，则有 $E(e_f)=0$。可以证明，个别值 e_f 的方差为 $Var(e_f)=\sigma^2[1+\mathbf{X}_f(\mathbf{X}'\mathbf{X})^{-1}\mathbf{X}'_f]$。由于总体方差 σ^2 未知，故用其估计值 $\hat{\sigma}^2$ 代替，$\hat{\sigma}^2$ 的自由度为 $n-k-1$。

构造 t 统计量

$$t=\frac{\hat{Y}_f-Y_f}{se(e_f)}=\frac{\hat{Y}_f-Y_f}{\hat{\sigma}\sqrt{1+\mathbf{X}_f(\mathbf{X}'\mathbf{X})^{-1}\mathbf{X}'_f}}\sim t(n-k-1)$$

设显著性水平为 α，则置信水平为 $1-\alpha$，于是个别值 Y_f 的 $1-\alpha$ 置信区间为

$$\hat{Y}_f-t_{\frac{\alpha}{2}}\hat{\sigma}\sqrt{1+\mathbf{X}_f(\mathbf{X}'\mathbf{X})^{-1}\mathbf{X}'_f}<Y_f<\hat{Y}_f+t_{\frac{\alpha}{2}}\hat{\sigma}\sqrt{1+\mathbf{X}_f(\mathbf{X}'\mathbf{X})^{-1}\mathbf{X}'_f}$$

3.5 非线性模型的线性化

本书重点关注的是参数线性模型，并不要求变量线性，然而，对于许多经济现象，参数线性或者变量线性回归模型并不适合。本节将介绍回归模型的其他形式，这几种形式的模型都是参数线性的，或者可以通过简单的变换化为参数线性。

3.5.1 对数模型

在计量经济学中，有很多问题表现出曲线形式，故需要建立曲线模型，而其中用得最多的是对数模型。假设有如下模型：

$$\ln Y_i=\ln\beta_0+\beta_1\ln X_i+\mu_i \tag{3.40}$$

若令 $\ln Y_i=Y_i^*$，$\ln\beta_0=\beta_0^*$，$\ln X_i=X_i^*$，则有

$$Y_i^*=\beta_0^*+\beta_1X_i^*+\mu_i \tag{3.41}$$

式（3.41）是一个线性模型的回归模型，但它是由式（3.40）变形而来的，而

式（3.40）是一个由解释变量和被解释变量取对数得到的模型，这类模型称为对数模型。

由于模型中有两个变量，那么将变量取对数就可以变换成以下 3 种不同的模型。

双对数模型为

$$\ln Y_i = \beta_0 + \beta_1 \ln X_i + \mu_i \tag{3.42}$$

线性到对数的模型为

$$\ln Y_i = \beta_0 + \beta_1 X_i + \mu_i \tag{3.43}$$

对数到线性的模型为

$$Y_i = \beta_0 + \beta_1 \ln X_i + \mu_i \tag{3.44}$$

式（3.43）和式（3.44）中由于只有一个变量取了对数，故称为半对数模型。对数模型被广泛运用的一个重要原因是在对数模型中，斜率项系数有确定的经济学含义，例如，双对数模型中斜率项系数表示弹性。

下面以柯布－道格拉斯生产函数为例，说明双对数模型。1928 年美国数学家柯布和经济学家道格拉斯提出了柯布－道格拉斯生产函数模型，即

$$Y = AK^{\alpha}L^{\beta}$$

其中，Y 表示产出量，A，K，L 等分别表示技术、资本、劳动力等要素的投入量。柯布－道格拉斯生产函数反映了生产过程中投入要素与产出量之间的技术关系，根据产出弹性的定义可知

$$E_K = \frac{\partial Y}{\partial K} \cdot \frac{K}{Y} = \alpha，\ E_L = \frac{\partial Y}{\partial L} \cdot \frac{L}{Y} = \beta$$

即 α 和 β 分别为资本和劳动力的产出弹性，根据产出弹性的经济意义有

$$0 \leqslant \alpha \leqslant 1，\ 0 \leqslant \beta \leqslant 1$$

在柯布－道格拉斯生产函数 $Y = AK^{\alpha}L^{\beta}$ 基础上，引入随机扰动项形成了计量经济学模型

$$Y_i = AK_i^{\alpha}L_i^{\beta}e^{\mu_i}$$

为了估计弹性 α 和 β，必须将上述模型转换为线性模型。在模型两边同时取对数有

$$\ln Y_i = \ln A + \alpha \ln K_i + \beta \ln L_i + \mu_i$$

即将模型转化为线性形式，可以进行 OLS 估计。

3.5.2 倒数模型

有很多经济现象会表现出倒数的特性，如商品流通费用率与销售额、单位成本与产量、商品的需求量与商品的价格等，著名的菲利普斯曲线也是一个倒数模型，它描述的是工资变化率与失业率的关系。

倒数模型的一般形式为

$$Y_i = \beta_0 + \beta_1 \frac{1}{X_i} + \mu_i \tag{3.45}$$

虽然倒数模型中变量之间是非线性的关系，但是 Y 与 β_0、β_1 之间是线性关系，所以从计量经济学意义上还是一个线性回归模型。

3.5.3 多项式模型

多项式模型如下：

$$Y_i = \beta_0 + \beta_1 X_i + \beta_2 X_i^2 + \cdots + \beta_k X_i^k + \mu_i \tag{3.46}$$

令 $Z_{1i} = X_i$，$Z_{2i} = X_i^2$，…，$Z_{ki} = X_i^k$，则式（3.46）可转化为标准线性模型：

$$Y_i = \beta_0 + \beta_1 Z_{1i} + \beta_2 Z_{2i} + \cdots + \beta_k Z_{ki} + \mu_i \tag{3.47}$$

3.6 案例分析与软件操作

《国家中长期教育改革和发展规划纲要（2010－2020 年）》明确提出，“强国必先强教。优先发展教育、提高教育现代化水平，对实现全面建设小康社会奋斗目标、建设富强民主文明和谐的社会主义现代化国家具有决定性意义”。改革开放以来，随着经济的快速发展，各级政府增加财政教育投入，先后出台了一系列加大财政教育投入的政策措施，财政教育投入持续大幅增加。但是，由于各地区社会经济发展不平衡，各地区财政性教育经费支出的差异比较明显。为了研究影响中国各地区地方一般公共预算教育支出变动的主要原因，分析地方财政教育支出的数量规律，预测地方财政教育支出的增长趋势，可以建立计量经济模型（见表 3－2）。

表 3－2　2016 年各地区一般教育支出及主要影响因素数据

地区	地方一般公共预算教育支出 Y（亿元）	年末人口数 X_1（万人）	地方一般公共预算收入 X_2（亿元）	教育支出在地方公共预算支出中的比重 X_3（%）	教育消费价格指数 X_4	居民人均教育文化娱乐消费 X_5（元/人）
北京	887.37	2173	5081.26	13.85	101.2	3686.6
天津	502.49	1562	2723.5	13.58	100.8	2404
河北	1134.9	7470	2849.87	18.76	102.1	1449.2
山西	606.97	3682	1557	17.70	101.6	1810.7
内蒙古	554.97	2520	2016.43	12.30	101.1	2165.8

续表

地区	地方一般公共预算教育支出 Y（亿元）	年末人口数 X_1（万人）	地方一般公共预算收入 X_2（亿元）	教育支出在地方公共预算支出中的比重 X_3（%）	教育消费价格指数 X_4	居民人均教育文化娱乐消费 X_5（元/人）
辽宁	633.96	4378	2200.49	13.85	104.9	2422.1
吉林	499.7	2733	1263.78	13.93	100.8	1850.1
黑龙江	558.87	3799	1148.41	13.22	102.3	1688.3
上海	840.97	2420	6406.13	12.15	104.6	4174.6
江苏	1842.94	7999	8121.23	18.46	101.6	2514.5
浙江	1300.03	5590	5301.98	18.64	104	2794.3
安徽	910.87	6196	2672.79	16.49	103	1558.8
福建	789.11	3874	2654.83	18.46	101.6	1905.4
江西	848.88	4592	2151.47	18.38	102.7	1424.4
山东	1825.99	9947	5860.18	20.86	102.2	1754.6
河南	1343.76	9532	3153.47	18.03	104.1	1439.5
湖北	1047.37	5885	3102.06	16.31	103.5	1739.5
湖南	1032.37	6822	2697.88	16.29	100.5	2392.7
广东	2318.47	10999	10390.35	17.24	102.5	2451.2
广西	854.55	4838	1556.27	19.24	101.6	1444
海南	214.24	917	637.51	15.56	102.9	1544.9
重庆	575.18	3048	2227.91	14.37	101.3	1745.9
四川	1301.85	8262	3388.85	16.26	101.9	1284.8
贵州	843.54	3555	1561.34	19.79	101.9	1602.5
云南	871.14	4771	1812.29	17.36	102	1492.8
西藏	169.64	331	155.99	10.68	100.6	370.1
陕西	777.53	3813	1833.99	17.71	100.7	1785.2
甘肃	548.95	2610	786.97	17.43	100.2	1502.1
青海	171.36	593	238.51	11.24	102.8	1568.2
宁夏	152.57	673	387.66	12.16	103.2	1772.1
新疆	664.52	2398	1298.95	16.06	101.3	1471.2

资料来源：中华人民共和国国家统计局：《中国统计年鉴2017》，中国统计出版社2017年版。

3.6.1 模型设定

选择地方一般公共预算教育支出为被解释变量 Y。选择各地区的年末人口数 X_1、地方一般公共预算收入 X_2、教育支出在地方一般公共预算支出中的比重 X_3、教育消费价格指数 X_4、居民人均教育文化娱乐消费 X_5 为影响教育支出的主要因素。具体数据如表 3-2 所示。

将数据录入 Eviews 之后，为了初步观察数据的关系，在命令窗口输入“sort y”，实现数据按 Y 升序排列。同时选中 Y、X_1、X_2、X_3、X_4、X_5，右击“Open/as Group”，在数据表 Group 中单击“View/Graph/Line&Symbol”，点击“OK”，出现序列 Y、X_1、X_2、X_3、X_4、X_5 的线性图（见图 3-1）。可以看出各地区地方财政教育性支出及其影响因素的差异明显，但其变动的方向基本相同，各变量间可能具有一定的相关性。因此，建立多元线性回归模型。

$$Y_i = \beta_0 + \beta_1 X_{1i} + \beta_2 X_{2i} + \beta_3 X_{3i} + \beta_4 X_{4i} + \beta_5 X_{5i} + \mu_i$$

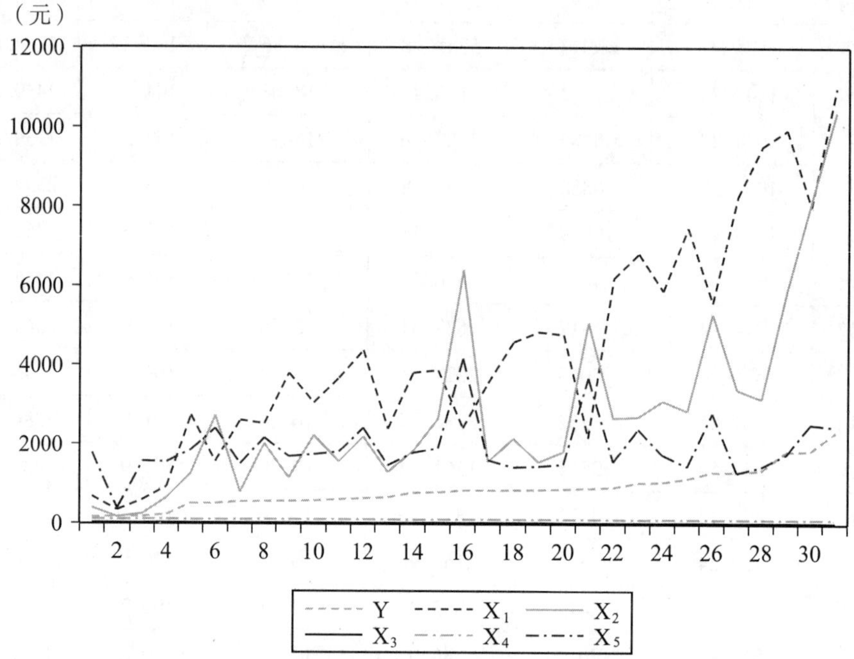

图 3-1 地方财政教育支出及影响因素的线性图

3.6.2 估计参数

在命令窗口输入命令“LS Y C X1 X2 X3 X4 X5”，回车，得到如表 3-3 所示结果。

表 3－3　　回归结果

Dependent Variable：Y				
Method：Least Squares				
Date：10/30/19　Time：13：20				
Sample：1 31				
Included observations：31				
Variable	Coefficient	Std. Error	t－Statistic	Prob
C	1812.000	969.3813	1.869233	0.0733
X1	0.078732	0.008010	9.829315	0.0000
X2	0.125572	0.010116	12.41341	0.0000
X3	25.80160	5.437644	4.744996	0.0001
X4	－19.26575	9.482515	－2.031713	0.0529
X5	－0.053817	0.025219	－2.134004	0.0428
R－squared	0.988586	Mean dependent var		858.8729
Adjusted R－squared	0.986303	S. D. dependent var		498.2165
S. E. of regression	58.30833	Akaike info criterion		11.14135
Sum squared resid	84996.54	Schwarz criterion		11.41890
Log likelihood	－166.6910	Hannan－Quinn criter		11.23183
F－statistic	433.0525	Durbin－Watson stat		2.132846
Prob（F－statistic）	0.000000			

根据表 3－3 的结果便可写出回归方程：

$$Y_i = 1812 + 0.0787X1 + 0.1256X2 + 25.8016X3 - 19.2658X4 - 0.0538X5$$

3.6.3　模型检验

1. 经济意义检验

模型估计结果表明，在假定其他变量不变的条件下，地区年末人口每增长 1 万人，平均说来地方一般公共预算教育支出会增长 0.0787 亿元；地区地方一般公共预算收入每增长 1 亿元，地方一般公共预算教育支出平均将增长 0.125787 亿元；教育支出在地方一般公共预算支出中的比重增加 1%，地方一般公共预算教育支出平均会增长 25.8016 亿元；教育消费价格指数增加 1 个百分点，地方一般公共预算教育支出平均会减少 19.2658 亿元；居民人均教育文化娱乐消费每增加 1 元，地方一般公共预算教育支出平均减少 0.0538 亿元；这与理论分析和经验判断基本相一致。

2. 统计检验

（1）拟合优度：从回归结果看，判定系数 $R^2=0.9886$，修正的判定系数为 $\bar{R}^2=0.9863$，都接近于1，表明模型的拟合优度很高。

（2）F 检验：原假设 H_0：$\beta_1=\beta_2=\cdots=\beta_5=0$，给定显著性水平 $\alpha=0.05$，在 F 分布表中查出临界值 $F_\alpha(5,25)=2.61$。由表 3-3 中得到 $F=433.0525$。由于 $F>F_\alpha(5,25)$，拒绝原假设，说明回归方程显著。

（3）t 检验：分别针对原假设 H_0：$\beta_j=0(j=0,1,\cdots,5)$，若给定显著性水平 $\alpha=0.1$，查 t 分布表得临界值 $t_{0.05}(25)=1.708$，由表 3-3 中数据可得各参数的估计值对应的 t 值，其绝对值均大于 $t_{0.05}(25)=1.708$，都可以拒绝原假设，即在显著性水平 $\alpha=0.1$ 下，解释变量对被解释变量显著。

利用所估计的地方一般公共预算教育支出模型，已知某地区相应的“年末人口数”“地区一般公共预算收入”“教育支出在地方一般公共预算支出中的比重”“教育消费价格指数”“居民人均教育文化娱乐消费”，可以对该地区“地方一般公共预算教育支出”作出预测。

思考与练习

1. 什么是偏回归系数？它与简单线性回归的回归系数有什么不同？

2. 多元线性回归中的古典假定与一元线性回归有什么不同？

3. 多元线性回归分析中，为什么要对判定系数加以修正？修正判定系数与 F 检验之间有何区别与联系？

4. 多元线性回归分析中，F 检验与 t 检验的关系是什么？为什么在做了 F 检验以后还要作 t 检验？

5. 表 3-4 给出了 2016 年我国 31 个省、市、自治区的粮食产量、灌溉面积和化肥施用量的数据。

表 3-4　　2016 年我国各地区粮食产量与相关因素数据

地区	粮食产量（万吨）	灌溉面积（千公顷）	化肥使用量（万吨）
北京	53.7	128.5	9.7
天津	196.4	306.6	21.4
河北	3460.2	4457.6	331.8
山西	1318.5	1487.3	117.1
内蒙古	2780.3	3131.5	234.6

续表

地区	粮食产量（万吨）	灌溉面积（千公顷）	化肥使用量（万吨）
辽宁	2100.6	1573	148.1
吉林	3717.2	1832.2	233.6
黑龙江	6058.5	5932.7	252.8
上海	99.2	189.8	9.2
江苏	3466	4054.1	312.5
浙江	752.2	1446.3	84.5
安徽	3417.4	4437.5	327
福建	650.9	1055.4	123.8
江西	2138.1	2036.8	142
山东	4700.7	5161.2	456.5
河南	5946.6	5242.9	715
湖北	2554.1	2905.6	328
湖南	2953.2	3132.4	246.4
广东	1360.2	1771.7	261
广西	1521.3	1646.1	262.1
海南	177.9	290	50.6
重庆	1166	690.6	96.2
四川	3483.5	2813.6	249
贵州	1192.4	1088.1	103.7
云南	1902.9	1809.4	235.6
西藏	101.9	251.5	5.9
陕西	1228.3	1251.4	233.1
甘肃	1140.6	1317.5	93.4
青海	103.5	202.4	8.8
宁夏	370.6	515.2	40.7
新疆	1512.3	4982	250.2

资料来源：中华人民共和国国家统计局：《中国统计年鉴2017》，中国统计出版社2017年版。

（1）建立粮食产量的计量经济模型。

（2）利用表3-4所示数据估计参数的值并解释各参数的经济意义。

（3）检验灌溉面积和化肥施用量对粮食产量是否有显著影响。

第 4 章 异方差性

在古典线性回归模型（CLRM）中，对随机扰动项 μ_i 的一个重要假定是同方差假定，即随机扰动项 μ_i 具有相同的方差 σ^2。如果 μ_i 的方差为 σ_i^2，即方差随观察值变化而变化，这就是异方差情形。虽然古典线性模型强调了同方差假定，但是，在实际经济问题中有时却无法保证总能够满足这一基本假定。因此本章主要讨论同方差假定不满足时会发生什么情况，并讨论异方差的性质、异方差产生的原因和后果、异方差的检验及修正。

4.1 异方差概述

4.1.1 异方差的概念

在经典线性回归模型中，对随机扰动项有同方差的要求，即随机扰动项围绕其均值具有相同的分散程度。对于所有的 i(i=1, 2, …, n)，有

$$\mathrm{Var}(\mu_i|X_i)=\mathrm{Var}(\mu_i)=E(\mu_i-E(\mu_i))^2=E(\mu_i^2)=\sigma^2 \quad (4.1)$$

假设对于有 k 个影响因素 X_{1i}，X_{2i}，…，X_{ki}的模型

$$Y_i=\beta_0+\beta_1X_{1i}+\beta_2X_{2i}+\cdots+\beta_kX_{ki}+\mu_i \quad (i=1, 2, \cdots, n) \quad (4.2)$$

如果其他假定均不变，但模型中随机扰动项 μ_i 的方差为

$$\mathrm{Var}(\mu_i|X_i)=\mathrm{Var}(\mu_i)=E(\mu_i^2)=\sigma_i^2 \quad (i=1, 2, \cdots, n) \quad (4.3)$$

即方差不再是一个固定的常数，而是互不相同的，则称 μ_i 具有异方差性（heteroscedasticity）。

由于异方差性指的是被解释变量观测值的分散程度，是随解释变量的变化而变化的，如图 4-1（b）所示，因此可以把异方差看作是由某个解释变量的变化而引起的，则

$$\mathrm{Var}(\mu_i)=\sigma_i^2=\sigma^2f(X_i) \quad (i=1, 2, \cdots, n) \quad (4.4)$$

下面通过一个一元线性回归模型来解释同方差和异方差的区别。其中，被解释变量 Y_i 为个人储蓄，解释变量 X_i 为个人可支配收入或税后收入（PDI）。

比较图 4-1（a）和图 4-1（b）。由图 4-1（a）可以看到，随着个人可支

配收入的增加，储蓄的平均水平也随之增加，但是对于不同水平的PDI，储蓄的方差保持不变。在前面曾指出，总体回归函数给出了解释变量在给定水平下被解释变量的均值，这就属于同方差（homoscedasticity）情形。由图4－1（b）可以看到，随着个人可支配收入的增加，平均储蓄水平也随之增加，但对于不同水平的PDI，储蓄的方差并不相同，它随着个人可支配收入的增加而变大，这就是异方差（heteroscedasticity）情形。图4－1（b）也表明这样一个事实：相对于低收入者，平均而言，高收入者的储蓄要更多一些，但是，高收入者的储蓄变动也相对比较大。因为对于低收入者而言，他们能够剩下用于储蓄的收入是非常有限的。因此，在收入对储蓄的回归分析中，高收入家庭的误差方差（也就是 μ_i 的方差）比低收入家庭的误差方差要大一些。

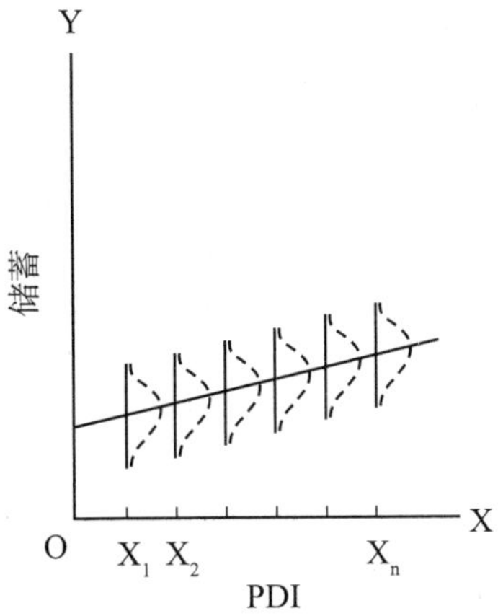

（a）同方差

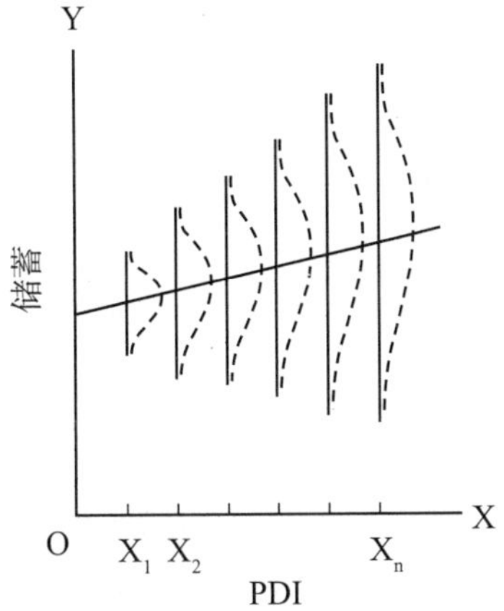

（b）异方差

图4－1　同方差与异方差比较

通过研究发现，异方差问题大多存在于截面数据。因为，在截面数据中，通常处理的是某个时点上的样本，例如，个体消费者或其家庭、企业、行业，或按区域划分的州、县、市等。而且，这些样本规模不同，例如，小公司、中等公司或者大公司，或是低收入、中等收入或者高收入。也就是说，可能会存在规模效应。时间序列数据中也会出现异方差，但是截面数据比时间序列数据更容易产生异方差。

4.1.2　异方差的类型

（1）单调递增型，即 σ_i^2 随着 X_i 的增大而增大。例如，用截面数据研究居民家庭的储蓄行为时，建立模型

$$Y_i = \beta_0 + \beta_1 X_i + \mu_i \tag{4.5}$$

其中，Y_i 为第 i 个家庭的储蓄额；X_i 为第 i 个家庭的可支配收入。在其他条件不

变的情况下，可支配收入的增加往往可以使人们对其储蓄行为有更多的选择，即随机扰动项 μ_i 的方差随家庭可支配收入 X_i 的增加而增加，呈现单调递增型变化。

递增型异方差的来源主要是因为随着解释变量值的增大，被解释变量取值的差异性增大，经济时间序列中的异方差常表现为递增型异方差（见图4-2）。

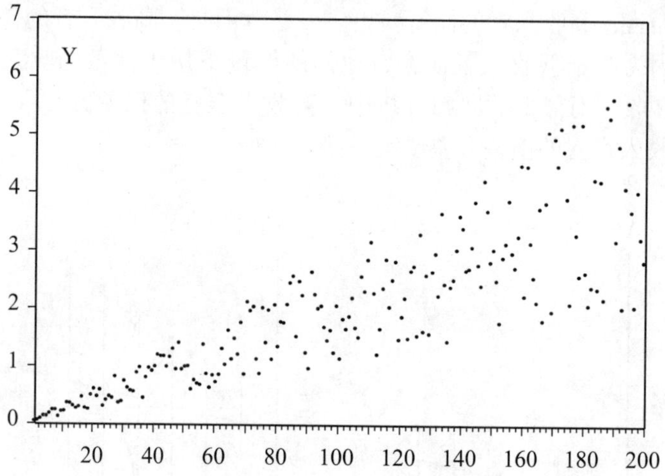

图4-2　递增型异方差

（2）单调递减型。即 σ_i^2 随着 X_i 的增大而减小。例如，按照边错边改的学习模型，人们在学习过程中，其行为误差随时间而减少。在这种情况下，随机扰动项 μ_i 的方差会减小（见图4-3）。

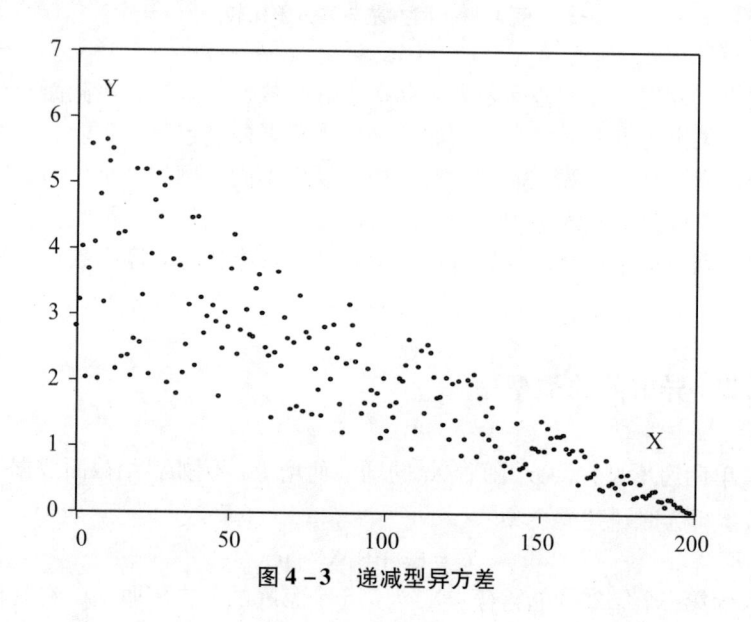

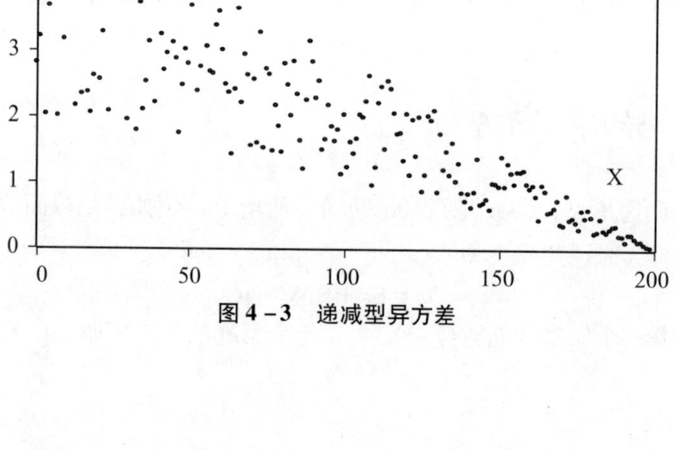

图4-3　递减型异方差

（3）复杂型。即 σ_i^2 与 X_i 的变化呈现复杂形式。例如，以截面数据为样本建立居民消费模型

$$C_i = \beta_0 + \beta_1 X_i + \mu_i \tag{4.6}$$

其中，C_i 为第 i 个家庭的消费额，X_i 为第 i 个家庭的可支配收入。如果将居民按照收入的级差（即最大值与最小值之差）等距离分成 n 组，取每组平均数为样本观测值。一般情况下，居民收入服从正态分布，即中等收入组人数多，两端收入组人数少。根据统计学原理，人数多的组的平均数误差小，人数少的组的平均数误差大。在这种情况下，μ_i 的方差随着解释变量的观测值的增大而呈 U 型变化，呈现为复杂型的一种。

4.2 异方差产生的原因与后果

4.2.1 异方差产生的原因

由于各种经济活动的错综复杂性，一些经济现象的变动经常无法满足同方差性的假定。在计量经济分析中，某些因素随其观测值的变化往往会对被解释变量产生不同的影响，导致随机扰动项的方差不同。产生异方差的原因通常有以下几个方面。

1. 模型设定的偏误

模型设定的偏误主要包括变量设定偏误和函数形式设定偏误，这两种情形都有可能产生异方差。模型中如果忽略了重要解释变量常常会导致异方差，这实际上是模型设定问题。异方差性表现在随机误差上，但它的产生却与解释变量的变化有紧密的关系。比如模型正确的形式应为 $Y_i = \beta_0 + \beta_1 X_{1i} + \beta_2 X_{2i} + \mu_i$，并且 μ_i 满足古典假定条件，具有同方差性。如果在设定模型时忽略了 X_{2i}，则模型就变成：

$$Y_i = \beta_0 + \beta_1 X_{1i} + \mu_i^* \tag{4.7}$$

当被忽略的 X_{2i} 与 X_{1i} 呈同方向或反方向变化的趋势时，X_{2i} 随 X_{1i} 的变化会体现在式（4.7）的 μ_i^* 中。如果将某些未在模型中出现的重要影响因素归入随机扰动项，而这些因素的变化又具有差异性，就会对被解释变量产生不同的影响，从而导致随机扰动项的方差随之变化，产生异方差性。此外，模型函数的形式不正确，比如把变量间本来为非线性的关系设定为线性，也有可能会产生异方差性。

2. 截面数据中各总体的差异

截面数据要比时间序列数据更容易产生异方差，因为截面数据是同一时间点

上来自不同总体的数据，由于不同总体可能会有不同的分布，故其方差可能会不同，从而产生异方差。例如，用截面数据建立消费模型，由于各地区的收入水平差异较大，则消费数据也会表现出不同的差异，从而可能产生异方差。虽然异方差性在截面数据中比在时间序列数据中可能更常出现，但是在时间序列数据发生较大变化的情况下，也可能出现比截面数据更严重的异方差。

3. 数据测量误差

样本数据也是产生异方差的原因。如出现异常值（非常大或非常小）时，会产生异方差，特别是当样本容量比较小时更是如此。另外，样本数据的观测误差有可能随研究范围的扩大而增加，或随时间的推移逐步积累，也可能随着观测技术的提高而逐步减小。例如，用时间序列数据估计 C－D 生产函数时，由于抽样技术和数据收集处理方法的改进，观测误差有可能会随着时间的推移而降低。

4.2.2 异方差性产生的后果

由本书第 2 章知道，当线性回归模型中的随机扰动项 μ_i 满足古典假定条件时，利用 OLS 得到的参数估计量是最优线性无偏估计量。如果模型中存在异方差，则会对模型产生如下后果。

1. OLS 估计量仍是线性和无偏的

参数 OLS 估计的无偏性仅依赖于古典假定中的随机扰动项的零均值假定，并且解释变量是非随机变量，所以模型中存在异方差并不会影响参数估计式的无偏性。

2. OLS 估计量的方差不是有效的

OLS 估计量不再具有最小方差性，即不再是有效的。无论是小样本还是大样本，OLS 估计量都不再是最优线性无偏估计量。

以一元线性回归模型 $Y_i = \beta_0 + \beta_1 X_i + \mu_i$ 为例，参数 β_0 的 OLS 估计量的方差为 $\mathrm{Var}(\hat{\beta}_0) = \dfrac{\sum X_i^2}{n\sum X_i^2}\sigma^2$，参数 β_1 的 OLS 估计量的方差为 $\mathrm{Var}(\hat{\beta}_1) = \dfrac{\sigma^2}{\sum X_i^2}$，如果随机扰动项存在异方差，则参数估计值的方差不再是常数，因而也不再是最小的。因此，参数估计值不再有效。

3. OLS 估计量的方差通常是有偏的

无法先验地辨别偏差是正的还是负的，如果 OLS 高估了估计量的真实方差，则产生正的偏差，如果 OLS 低估了估计量的真实方差，则产生负的偏差。

4. 建立在 t 分布和 F 分布之上的置信区间和假设检验是不可靠的

当随机扰动项存在异方差时，会严重破坏 t 检验和 F 检验的有效性。在出现异方差的情况下，一元线性回归模型参数 β_1 的 OLS 估计量的方差 $Var(\hat{\beta}_1) \neq \frac{\sigma^2}{\sum X_i^2}$，如果仍然用 $\frac{\sigma^2}{\sum X_i^2}$ 去估计其方差，则得到的统计量不再服从 t 分布，使用大样本也无法解决这个问题。同理，F 检验中的统计量也不再服从 F 分布。在这种情况下，建立在 t 分布和 F 分布之上的参数置信区间和显著性检验是不可靠的。

5. 模型预测失效

尽管参数的 OLS 估计量仍然是无偏的，并且基于此的预测也是无偏的，但是由于参数估计量不是有效的，对 Y 的预测也不再是有效的。此外 $Var(\hat{\beta}_k)$ 会增大，Y 预测值的精确度也将会下降。

上述分析表明，异方差是一个潜在的严重问题，它可能破坏常用的 OLS 估计以及假设检验过程。因此，在计量经济分析中，尤其是涉及截面数据时，有必要检验模型是否存在异方差性。

4.3 异方差的诊断

尽管理论上容易列举异方差的后果，但在实践中诊断异方差却并不是一件容易的事，如果要检验模型中是否存在异方差，就需要了解随机扰动项的概率分布。由于随机扰动项很难直接观测，只能对随机扰动项的分布特征进行某种推测，目前，对异方差性的检验还没有确定的方法，只能借助一些诊断工具判断异方差的存在。因为随机扰动项很难直接观测，所以大多数诊断异方差的方法都是基于 OLS 估计得到的残差 e_i 的分析，只有样本容量比较大时，残差 e_i 才可能是随机扰动项 μ_i 的良好估计，诊断方法的运用才能有实际意义。下面介绍一些最常用的诊断方法。

4.3.1 图示检验法

图示检验法是诊断异方差性最直观的方法。由于异方差性是指随机扰动项的方差随着解释变量的变化而变化，因此，可以在无异方差性的假定下做回归分析，然后通过残差的图形对异方差性作出诊断。例如，一元线性回归模型 $Y_i = \beta_0 + \beta_1 X_i + \mu_i$，首先利用 OLS 估计得到残差的平方 e_i^2，然后做 e_i^2 对 X_i 的散点图。图 4-4 给出了 e_i^2 对 X_i 的散点图常见的 5 种模式。

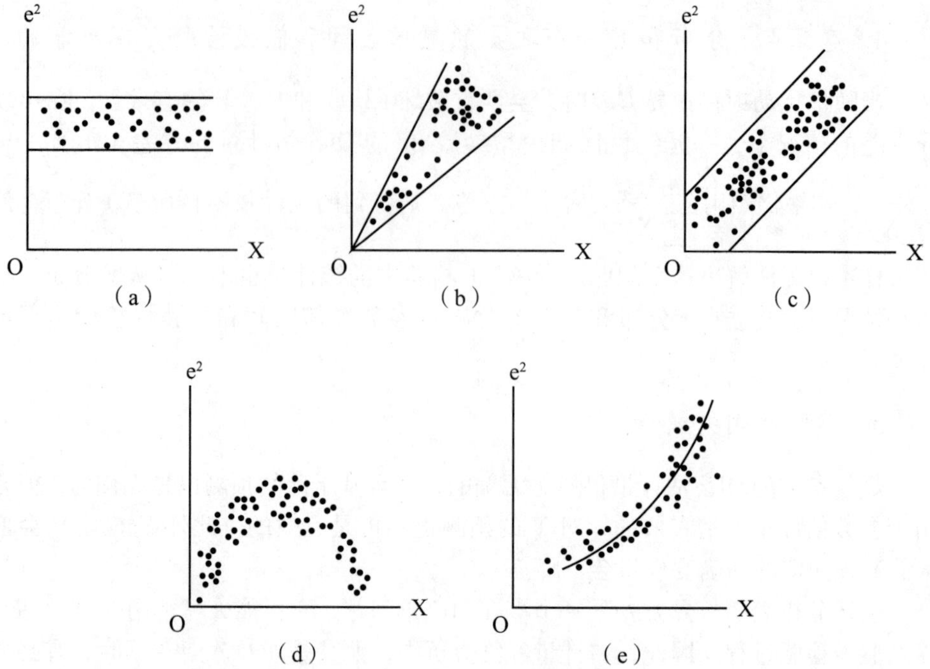

图 4 -4　$e_i^2 - X_i$ 的散点

图 4 -4（a）中，e_i^2 与 X_i 之间没有可识别的系统模式，表明数据中可能不存在异方差。而图 4 -4（b）至图 4 -4（e）可以看出残差平方与解释变量之间呈现出系统关系；例如，图 4 -4（c）表明，两者之间存在线性关系，图 4 -4（d）和图 4 -4（e）则表明存在二次关系。因此，在实践中，如果残差平方呈现出图 4 -4（b）至图 4 -4（e）中的任意一种样式，则表明随机扰动项很可能存在异方差。

需要注意的是，图示检验法只是一个简单的诊断工具，虽然简单直观，不足之处是对异方差的判定比较粗糙。因此，一旦怀疑存在异方差，则需要用正规的方法加以验证。

还有一个需要说明的问题，假设现有一个多元回归模型，那么如何利用图形诊断异方差呢？最直观的方法就是用 e_i^2 对每个变量作图。然而，在多个解释变量中，可能只有一个变量表现出图 4 -4 中的某种模式。比较简便的方法是用 e_i^2 对 Y 的估计值 $\hat{Y}_i$ 做散点图，而不是对每个解释变量作图。考虑到 $\hat{Y}_i$ 是解释变量 X 的线性组合，如果 e_i^2 对 $\hat{Y}_i$ 的散点图可能呈现出图 4 -4（b）至 4 -4（e）的某种形式，则说明数据中可能存在异方差。如果模型中有多个解释变量，那么这种做法就避免了将残差平方对单个变量作图。

4.3.2　Goldfeld - Quandt 检验

Goldfeld - Quandt 检验方法是戈德菲尔德和奈德（Goldfeld and Quandt）于

1965 年提出的，可用于检验单调型异方差。使用 Goldfeld - Quandt 检验需要满足以下条件：

（1）样本容量较大；

（2）除了同方差假定不成立以外，其他古典假定条件均满足；

（3）异方差是单调类型（递增或递减）。

Goldfeld - Quandt 检验法的基本思想：将样本分为两部分，然后分别对两个样本进行回归，并比较两个回归的残差平方和是否有明显差异，以此判断是否存在异方差。

Goldfeld - Quandt 检验法的具体步骤（以递增型异方差为例）：

（1）将 n 组样本观测值按某一个解释变量（如 X）进行升序排列。在多元线性模型中，可选择与残差平方关系密切的解释变量进行排序。

（2）将排序后的数据序列删除中间 c（为样本个数 n 的 1/5 ~ 1/4）个观测值，并将剩下的数据分成两个子样本，每个子样本的样本容量均为$\frac{n-c}{2}$。通常情况下，c 的选取依据样本容量的大小。

（3）对每个子样本分别做回归，得到各自的残差平方和，其中 $\sum e_{1i}^2$ 表示 X 值较小的子样本的残差平方和，$\sum e_{2i}^2$ 表示 X 值较大的子样本的残差平方和。$\sum e_{1i}^2$ 和 $\sum e_{2i}^2$ 的自由度均为$\frac{n-c}{2}-k-1$，其中 k 为模型中解释变量的个数。

（4）提出原假设 H_0 和备择假设 H_1：

H_0：μ_i 是同方差的，即两个子样本的随机扰动项方差相等。

H_1：μ_i 是异方差的，即两个子样本的随机扰动项方差不相等。

（5）在同方差假设下，构造检验统计量：

$$F=\frac{\dfrac{\sum e_{2i}^2}{\left(\dfrac{n-c}{2}-k-1\right)}}{\dfrac{\sum e_{1i}^2}{\left(\dfrac{n-c}{2}-k-1\right)}}=\frac{\sum e_{2i}^2}{\sum e_{1i}^2}\sim F\left(\frac{n-c}{2}-k-1,\ \frac{n-c}{2}-k-1\right) \tag{4.8}$$

（6）给定显著性水平 α，查 F 分布表，得到临界值 $F_\alpha\left(\frac{n-c}{2}-k-1,\ \frac{n-c}{2}-k-1\right)$，计算 F 统计量的值，如果 $F>F_\alpha$，则拒绝原假设，认为模型中的随机扰动项存在异方差；如果 $F<F_\alpha$，则不拒绝原假设，认为模型中的随机扰动项不存在异方差；显然，F 值越大，异方差性越强。

对于递减型异方差，只需将式（4.8）的分子与分母对调即可。

由上面描述可知，Goldfeld - Quandt 检验要求对观测值进行排序，并且检验的结果与删除数据的个数 c 有关。经验表明，当 n = 30 时，c 通常取 4 ~ 6；当

n =60 时，c 通常取 10 ~ 14。需要注意的是，这种方法得到的 F 分布是近似的，并且只是对是否存在异方差进行判断，当模型中有两个或两个以上解释变量时，对判断是哪一个变量以什么函数形式引起异方差还存在局限性。

4.3.3 White 检验

White 检验可以对任何类型的异方差进行检验，且不需要对数据按某个解释变量进行排序，操作起来比较简单，但 White 检验同样需要大样本。

以二元线性回归模型为例，说明如何利用 White 检验来检验多元线性回归模型的异方差性。模型的形式如下：

$$Y_i = \beta_0 + \beta_1 X_{1i} + \beta_2 X_{2i} + \mu_i \tag{4.9}$$

如果上述模型中存在异方差，则有 $\sigma_i^2 = \sigma^2 f(X_{ji})$。通常情况下，$\sigma_i^2$ 与 X 最多的相关形式是线性和平方关系，或者在多元线性模型中与交叉项相关，即

$$\sigma_i^2 = \alpha_0 + \alpha_1 X_{1i} + \alpha_2 X_{2i} + \alpha_3 X_{1i}^2 + \alpha_4 X_{2i}^2 + \alpha_5 X_{1i} X_{2i} + \nu_i \tag{4.10}$$

其中，ν_i 为随机扰动项。

通过判断 σ_i^2 与 X_{1i}、X_{2i}、X_{1i}^2、X_{2i}^2 以及交叉项 $X_{1i}X_{2i}$ 是否有关系来判断模型中是否存在异方差。如果 σ_i^2 与解释变量有某种形式的联系，则模型中存在异方差。由于总体 σ_i^2 一般情况下是未知的，可以利用 OLS 估计的残差平方 e_i^2 代替 σ_i^2，做 e_i^2 与 X_{1i}、X_{2i}、X_{1i}^2、X_{2i}^2 以及交叉项 $X_{1i}X_{2i}$ 的辅助回归，利用辅助回归相应的检验统计量，可以判断是否存在异方差。

White 检验的具体步骤如下：

（1）首先用 OLS 法估计式（4.9），获得残差 e_i，并求 e_i^2。

（2）用 e_i^2 作为 σ_i^2 的估计，并做辅助回归

$$e_i^2 = \hat{\alpha}_0 + \hat{\alpha}_1 X_{1i} + \hat{\alpha}_2 X_{2i} + \hat{\alpha}_3 X_{1i}^2 + \hat{\alpha}_4 X_{2i}^2 + \hat{\alpha}_5 X_{1i} X_{2i} + \varepsilon_i \tag{4.11}$$

其中，ε_i 是辅助回归方程中的残差项。

检验残差平方与解释变量可能组合的显著性。辅助回归方程中还可引入解释变量的更高次方，但是，在多元回归模型中，由于辅助回归方程中可能有太多解释变量，从而使自由度减少，在这种情况下，有时可以去掉交叉项。

（3）提出原假设 H_0 和备择假设 H_1：

H_0：$\alpha_1 = \alpha_2 = \alpha_3 = \alpha_4 = \alpha_5 = 0$，即模型为同方差；

H_1：α_j（j =1，2，…，5）不全为 0，即模型存在异方差。

（4）求辅助回归方程式（4.11）的 R^2 值。在不存在异方差的假设下，White 证明了 nR^2 渐进地服从 χ^2 分布：$nR^2 \sim \chi^2$（m）。其中，n 为样本容量，自由度 m 等于辅助回归方程式（4.11）中解释变量的个数，不包括截距项。本例中，辅助回归共有 5 个解释变量，即 m =5。

（5）给定显著性水平 α，查 χ^2 分布表得到临界值 $\chi_\alpha^2(m)$。若 $nR^2 > \chi_\alpha^2(m)$，则拒绝原假设，说明模型中存在异方差，否则就是同方差。

综上所述，White 检验不仅能够检验异方差的存在性，同时在多个解释变量的情形下，还能判断出是哪一个变量引起的异方差。此法不需要异方差的先验信息，但是同 G－Q 检验相同，要求观测值为大样本。

White 检验的一个缺陷就是解释变量过多，对于包含多个解释变量的回归模型，运用该检验会丧失较多的自由度。为了弥补这一缺陷，可以用多元线性回归函数的拟合值 $\hat{Y}_i$，作 e_i^2 对 $\hat{Y}_i$ 和 $\hat{Y}_i^2$ 的辅助回归，即 $e_i^2 = \hat{\alpha}_0 + \hat{\alpha}_1\hat{Y}_i + \hat{\alpha}_2\hat{Y}_i^2 + \nu_i$，其中，$\nu_i$ 为随机扰动项。提出原假设 H_0：$\alpha_1 = \alpha_2 = 0$，利用 F 检验就可判断模型中的异方差性。这时即使原模型解释变量的个数再多，要检验的辅助回归模型中只有两个约束，因此对自由度的影响不大。

4.3.4　Park 检验

由图示法可知，如果存在异方差问题，那么异方差 σ_i^2 可能与一个或多个解释变量系统相关，利用这一原理，Park 做 σ_i^2 对一个或多个解释变量的回归。例如，在一元线性回归模型中，对如下函数进行回归：

$$\ln\sigma_i^2 = \alpha_0 + \alpha_1\ln X_i + \nu_i \tag{4.12}$$

其中，ν_i 为随机扰动项，这就是 Park 检验。需要注意的是，在 Park 检验中，模型的函数形式并不是唯一的。

同 White 检验一样，由于总体 σ_i^2 一般情况下是未知的，实际应用中，Park 建议利用 OLS 估计的残差平方 e_i^2 代替 σ_i^2，得到下面的回归模型：

$$\ln e_i^2 = \alpha_0 + \alpha_1\ln X_i + \nu_i \tag{4.13}$$

在式（4.12）和式（4.13）中，也可以不用对数形式的回归，特别是当解释变量 X 有负值的时候，直接做 e_i^2 对 X 的回归。

以一元线性回归模型为例，Park 检验的具体步骤如下：

（1）首先，不考虑异方差问题，用 OLS 法估计一元线性回归模型，获得残差 e_i，并求 e_i^2。

（2）利用一元线性回归模型中的解释变量做形如式（4.13）的回归，或者做 e_i^2 对被解释变量 Y 的估计值 $\hat{Y}$ 的回归。

（3）提出原假设 H_0 和备择假设 H_1：

H_0：$\alpha_1 = 0$，即模型为同方差；

H_1：$\alpha_1 \neq 0$，即模型存在异方差。

（4）利用式（4.13）的回归结果做 t 检验，如果 α_1 显著地不为 0，则说明原模型中存在异方差问题，否则是同方差。

4.3.5　Glejser 检验

Glejser 检验实质上与 Park 检验类似。对原始模型利用 OLS 法估计后，获得

残差 e_i，取 e_i 的绝对值 $|e_i|$，然后将 $|e_i|$ 对某个解释变量 X_i 回归，根据回归模型的显著性和拟合优度来判断是否存在异方差。Glejser 检验的优点是不仅能检验模型中是否存在异方差，而且能对异方差与某个解释变量的函数形式进行诊断，该检验同样要求变量的观测值为大样本。

Glejser 检验的具体步骤如下：

（1）利用 OLS 法对原始模型进行回归，获得残差 e_i。

（2）用残差绝对值 $|e_i|$ 对解释变量 X_i 进行回归，由于事先并不知道 $|e_i|$ 与 X_i 的真实函数形式，只能用各种函数形式去试验，从中选择最佳形式。Glejser 建议采用以下的函数形式：

$$|e_i| = \alpha_0 + \alpha_1 X_i + \nu_i \qquad |e_i| = \alpha_0 + \alpha_1 \sqrt{X_i} + \nu_i$$

$$|e_i| = \alpha_0 + \alpha_1 \left(\frac{1}{X_i}\right) + \nu_i \qquad |e_i| = \alpha_0 + \alpha_1 \frac{1}{\sqrt{X_i}} + \nu_i$$

其中，ν_i 为随机扰动项。

（3）根据选择的函数形式作 $|e_i|$ 与 X_i 的回归，用回归所得结果做检验，如果 α_1 显著地不为 0，则说明原模型中存在异方差问题，否则是同方差。

4.3.6 ARCH 检验

异方差一般存在于截面数据模型中，但有时时间序列数据模型中也会存在异方差。恩格尔在 1982 年提出了 ARCH 检验法，这种方法可以观测时间序列方差的变动。ARCH 检验的基本思想是，在时间序列数据中，异方差为自回归条件异方差（ARCH）过程，通过检验这一过程是否成立来判断时间序列数据是否存在异方差。ARCH 过程的表现形式为

$$\sigma_t^2 = \alpha_0 + \alpha_1 \sigma_{t-1}^2 + \cdots + \alpha_p \sigma_{t-p}^2 + \nu_t \tag{4.14}$$

其中，p 是 ARCH 过程的阶数，$\alpha_0 > 0$，$\alpha_i \geqslant 0$（$i = 1, 2, \cdots, p$），ν_t 为随机扰动项。如果式（4.14）中 α_i（$i = 1, 2, \cdots, p$）不全为 0，则模型中存在异方差，反之就是同方差。

ARCH 检验的具体步骤如下：

（1）提出原假设 H_0 和备择假设 H_1：

H_0：$\alpha_1 = \alpha_2 = \cdots = \alpha_p = 0$（同方差）

H_1：α_i 不全为 0（$i = 1, 2, \cdots, p$）（异方差）。

（2）对原模型做最小二乘回归，得到残差 e_t，并计算残差平方序列 e_t^2，e_{t-1}^2，…，e_{t-p}^2，分别作为 σ_t^2，σ_{t-1}^2，…，σ_{t-p}^2 的估计。

（3）做辅助回归

$$\hat{e}_t^2 = \hat{\alpha}_0 + \hat{\alpha}_1 e_{t-1}^2 + \cdots + \hat{\alpha}_p e_{t-p}^2 \tag{4.15}$$

其中，$\hat{e}_t^2$ 为 e_t^2 的估计值。

（4）计算式（4.15）辅助回归的可决系数 R^2，可以证明，在大样本及原假

设 H_0 成立的条件下，统计量 $(n-p)R^2$ 近似的服从 $\chi^2(p)$，p 为自由度，即式（4.14）中变量的滞后期数；对于给定的显著性水平 α，查 χ^2 分布表得临界值 $\chi_\alpha^2(p)$，如果 $(n-p)R^2 > \chi_\alpha^2(p)$，则拒绝原假设，说明模型中存在异方差，反之是同方差。

上述讨论的各种异方差检验方法，很难说哪一种方法最为有效，这些检验方法的共同点是，基于不同的假设，分析随机扰动项的方差与解释变量之间的相关性，以判断随机扰动项的方差是否随解释变量的变化而变化。事实上，利用 Eviews 等统计软件很容易进行异方差检验，具体操作详见案例分析。

4.4 异方差的修正

异方差的存在并不破坏普通最小二乘估计量的无偏性，但是估计量却不是有效的，即使对大样本也是如此。缺乏有效性就使得通常的假设检验值不可靠，因此，如果怀疑存在异方差或者已经检测到存在异方差，那么就要积极地寻求补救措施，方法主要有模型变换法、加权最小二乘法和对数变换法。

4.4.1 模型变换法

如果可以确定模型中异方差的具体形式，那么对模型做适当变换就有可能消除或减轻异方差的影响。以一元线性回归为例说明模型变换的具体过程。假设一元线性回归模型形式如下：

$$Y_i = \beta_0 + \beta_1 X_i + \mu_i \tag{4.16}$$

如果已知 $Var(\mu_i) = \sigma_i^2 = \sigma^2 f(X_i)$，其中 σ^2 为常数，$f(X_i)$ 为 X_i 的函数，并且 $f(X_i) > 0$。在式（4.16）两边同时除以 $\sqrt{f(X_i)}$ 得

$$\frac{Y_i}{\sqrt{f(X_i)}} = \beta_0 \frac{1}{\sqrt{f(X_i)}} + \beta_1 \frac{X_i}{\sqrt{f(X_i)}} + \frac{\mu_i}{\sqrt{f(X_i)}} \tag{4.17}$$

记 $Y_i^* = \frac{Y_i}{\sqrt{f(X_i)}}$，$X_i^* = \frac{X_i}{\sqrt{f(X_i)}}$，$\beta_0^* = \frac{\beta_0}{\sqrt{f(X_i)}}$，$\mu_i^* = \frac{\mu_i}{\sqrt{f(X_i)}}$，则

$$Y_i^* = \beta_0^* + \beta_1 X_i^* + \mu_i^* \tag{4.18}$$

式（4.18）中的随机扰动项 μ_i^* 的方差为：

$$Var(\mu_i^*) = Var\left(\frac{\mu_i}{\sqrt{f(X_i)}}\right) = \frac{1}{f(X_i)} Var(\mu_i) = \frac{1}{f(X_i)} \sigma^2 f(X_i) = \sigma^2 \tag{4.19}$$

经过变换后，随机扰动项为同方差。

那么如何确定 $f(X_i)$ 呢？可以根据图示法或 Glejser 检验的信息来设定 $f(X_i)$，常见的有以下三种形式：

$$f(X_i)=X_i，f(X_i)=X_i^2，f(X_i)=(a+bX_i)^2$$

（1）假设 $f(X_i)=X_i$，则 $Var(\mu_i)=\sigma^2X_i$，在式（4.16）两边同时除以 $\sqrt{X_i}$ 得

$$\frac{Y_i}{\sqrt{X_i}}=\beta_0\frac{1}{\sqrt{X_i}}+\beta_1\frac{X_i}{\sqrt{X_i}}+\frac{\mu_i}{\sqrt{X_i}} \tag{4.20}$$

令 $\mu_i^*=\frac{\mu_i}{\sqrt{X_i}}$，则 $Var(\mu_i^*)=Var\left(\frac{\mu_i}{\sqrt{X_i}}\right)=\frac{1}{X_i}Var(\mu_i)=\frac{1}{X_i}\cdot\sigma^2X_i=\sigma^2$，即随机扰动项 μ_i^* 为同方差。

（2）假设 $f(X_i)=X_i^2$，则 $Var(\mu_i)=\sigma^2X_i^2$，在式（4.16）两边同时除以 X_i 得

$$\frac{Y_i}{X_i}=\beta_0\frac{1}{X_i}+\beta_1\frac{X_i}{X_i}+\frac{\mu_i}{X_i} \tag{4.21}$$

令 $\mu_i^*=\frac{\mu_i}{X_i}$，则 $Var(\mu_i^*)=Var\left(\frac{\mu_i}{X_i}\right)=\frac{1}{X_i^2}Var(\mu_i)=\frac{1}{X_i^2}\cdot\sigma^2X_i^2=\sigma^2$，即随机扰动项 μ_i^* 为同方差。

（3）假设 $f(X_i)=(a+bX_i)^2$，则 $Var(\mu_i)=\sigma^2(a+bX_i)^2$，在式（4.16）两边同时除以 $a+bX_i$ 得

$$\frac{Y_i}{a+bX_i}=\beta_0\frac{1}{a+bX_i}+\beta_1\frac{X_i}{a+bX_i}+\frac{\mu_i}{a+bX_i} \tag{4.22}$$

令 $\mu_i^*=\frac{\mu_i}{a+bX_i}$，则

$$Var(\mu_i^*)=Var\left(\frac{\mu_i}{a+bX_i}\right)=\frac{1}{(a+bX_i)^2}Var(\mu_i)=\frac{1}{(a+bX_i)^2}\cdot\sigma^2(a+bX_i)^2=\sigma^2$$

即随机扰动项 μ_i^* 为同方差。

如果模型是多元的情况，还会涉及解释变量的选择问题，这个问题比较复杂。如果 $f(X)$ 不止一个解释变量，那么 $f(X)$ 就是一个多元函数；如果 $f(X)$ 只选取了一个解释变量，那么 $f(X)$ 就是一个一元函数。

4.4.2 加权最小二乘法

仍然以一元线性回归模型为例，模型形式同式（4.16），模型中存在异方差，形式为 $Var(\mu_i)=\sigma_i^2=\sigma^2f(X_i)$，其中 σ^2 为常数，$f(X_i)$ 为 X_i 的函数。按照普通最小二乘法的基本原则，是使残差平方和 $\sum e_i^2=\sum(Y_i-\hat{\beta}_0-\hat{\beta}_1X_i)^2$ 最小。在同方差的假定下，普通最小二乘法是把每个残差平方 $e_i^2(i=1, 2, \cdots, n)$ 都同等看待，即赋予相同的权数1。但是，当模型中存在异方差时，方差 σ_i^2 越小，其样本值偏离均值的程度越小，其观测值越应受到重视，即方差越小，在确定回归线时的作用应当越大；反之，方差 σ_i^2 越大，其样本值偏离均值的程度越大，其观测值所起的作用应当越小。也就是说，在拟合存在异方差的模型的回归线时，

对不同的 σ_i^2 应该区别对待。于是，当 σ_i^2 较小时，应该赋予其对应的残差平方较大的权重，反之则赋予较小的权重，从而能更好地反映 σ_i^2 对残差平方的影响，这就是加权最小二乘法的基本思想。具体操作方法是：当 σ_i^2 已知时，通常可将权数取为 $\omega_i=\frac{1}{\sigma_i^2}(i=1, 2, \cdots, n)$，这样 σ_i^2 越大，ω_i 就越小。将权数与残差平方相乘以后再求和，得

$$\sum \omega_i e_i^2 = \sum \omega_i (Y_i - \hat{\beta}_0 - \hat{\beta}_1 X_i)^2 \tag{4.23}$$

称式（4.23）为加权残差平方和。根据最小二乘法原理，能使加权残差平方和取得最小值的 $\hat{\beta}_0^*$，$\hat{\beta}_1^*$ 所决定的直线是最佳直线，并且可以有效的消除异方差的影响。

分别对式（4.23）中的 $\hat{\beta}_0$ 和 $\hat{\beta}_1$ 求偏导数，并令其等于0，得到正规方程组。解这个方程组得

$$\hat{\beta}_0^* = \bar{Y}^* - \hat{\beta}_1^* \bar{X}^*$$

$$\hat{\beta}_1^* = \frac{\sum w_i (X_i - \bar{X}^*)(Y_i - \bar{Y}^*)}{\sum w_i (X_i - \bar{X}^*)^2} \tag{4.24}$$

其中，$\bar{X}^* = \frac{\sum \omega_i X_i}{\sum \omega_i}$，$\bar{Y}^* = \frac{\sum \omega_i Y_i}{\sum \omega_i}$，这样估计出的参数 $\hat{\beta}_0^*$ 和 $\hat{\beta}_1^*$ 称为加权最小二乘估计，这种求解参数估计式的方法称为加权最小二乘（weighted least squares, WLS）法。可以证明，前面所说的模型变换法与加权最小二乘法是等价的。

例如，以式（4.16）所示的一元线性模型为例，如果已知存在异方差，且 $Var(\mu_i)=\sigma_i^2=\sigma^2 f(X_i)$，变换后的模型为

$$\frac{Y_i}{\sqrt{f(X_i)}} = \frac{\beta_0}{\sqrt{f(X_i)}} + \beta_1 \frac{X_i}{\sqrt{f(X_i)}} + \frac{\mu_i}{\sqrt{f(X_i)}} \tag{4.25}$$

由前面的讨论可知，式（4.25）的随机扰动项 $\frac{\mu_i}{\sqrt{f(X_i)}}$ 是同方差的。用 OLS 法估式（4.25）的参数，其残差平方和为

$$\sum e_i^2 = \sum \left(\frac{Y_i}{\sqrt{f(X_i)}} - \frac{\hat{\beta}_0}{\sqrt{f(X_i)}} \quad \hat{\beta}_1 \frac{X_i}{\sqrt{f(X_i)}} \right)^2 - \sum \frac{1}{f(X_i)} (Y_i - \hat{\beta}_0 - \hat{\beta}_1 X_i)^2 \tag{4.26}$$

如果对式（4.16）采用加权最小二乘法，取权数为

$$\omega_i = \frac{1}{\sigma_i^2} = \frac{1}{\sigma^2 f(X_i)} \quad (i=1, 2, \cdots, n)$$

则加权残差平方和为

$$\sum \left(\frac{e_i^2}{\sigma_i^2} \right) = \sum \frac{1}{\sigma_i^2} (Y_i - \hat{\beta}_0 - \hat{\beta}_1 X_i)^2 = \sum \frac{1}{\sigma^2 f(X_i)} (Y_i - \hat{\beta}_0 - \hat{\beta}_1 X_i)^2 \tag{4.27}$$

比较式（4.26）和式（4.27）可以看出，两者的残差平方和只相差常数因

子σ^2，能使其中一个残差平方最小的$\hat{\beta}_0^*$，$\hat{\beta}_1^*$一定也能使得另一个残差平方和最小。因此，对模型变换后用OLS估计其参数，实际上与应用加权最小二乘法估计的参数是一致的，这也间接证明了加权最小二乘法可以消除异方差。

4.4.3 对数变换法

在经济意义成立的条件下，为模型选择不同的函数形式也可以消除异方差。例如，对模型进行对数变换，可以达到消除异方差的目的。如在一元线性回归模型中，对解释变量和被解释变量都取对数得

$$\ln Y_i = \alpha_0 + \alpha_1 \ln X_i + \nu_i \tag{4.28}$$

由于对数变换压缩了变量的度量规模，变量值间的差异会缩小，则对应的误差也会减小，从而降低了异方差的影响。

4.5 案例分析与软件操作

粮食是人类最基本的生活消费品，一个国家的粮食问题是关系到本国的国计民生的头等大事，随着经济的发展和技术水平的提高，我国的粮食总产量不断上升。众所周知，影响粮食总产量的因素有很多，本例题选取灌溉面积和化肥施用量两个因素，利用2016年我国31个省、市、自治区的粮食总产量与灌溉面积和化肥施用量的数据，分析我国的粮食总产量与灌溉面积和化肥施用量的关系。具体数据如表4-1所示。

表4-1　　2016年我国各地区粮食总产量及相关数据

地区	粮食总产量 Y（万吨）	灌溉面积 X_1（千公顷）	化肥施用量 X_2（万吨）	地区	粮食总产量 Y（万吨）	灌溉面积 X_1（千公顷）	化肥施用量 X_2（万吨）
北京	53.7	128.5	9.7	湖北	2554.1	2905.6	328
天津	196.4	306.6	21.4	湖南	2953.2	3132.4	246.4
河北	3460.2	4457.6	331.8	广东	1360.2	1771.7	261
山西	1318.5	1487.3	117.1	广西	1521.3	1646.1	262.1
内蒙古	2780.3	3131.5	234.6	海南	177.9	290	50.6
辽宁	2100.6	1573	148.1	重庆	1166	690.6	96.2
吉林	3717.2	1832.2	233.6	四川	3483.5	2813.6	249
黑龙江	6058.5	5932.7	252.8	贵州	1192.4	1088.1	103.7
上海	99.2	189.8	9.2	云南	1902.9	1809.4	235.6
江苏	3466	4054.1	312.5	西藏	101.9	251.5	5.9
浙江	752.2	1446.3	84.5	陕西	1228.3	1251.4	233.1

续表

地区	粮食总产量 Y（万吨）	灌溉面积 X_1（千公顷）	化肥施用量 X_2（万吨）	地区	粮食总产量 Y（万吨）	灌溉面积 X_1（千公顷）	化肥施用量 X_2（万吨）
安徽	3417.4	4437.5	327	甘肃	1140.6	1317.5	93.4
福建	650.9	1055.4	123.8	青海	103.5	202.4	8.8
江西	2138.1	2036.8	142	宁夏	370.6	515.2	40.7
山东	4700.7	5161.2	456.5	新疆	1512.3	4982	250.2
河南	5946.6	5242.9	715				

资料来源：中华人民共和国国家统计局：《中国统计年鉴2017》，中国统计出版社2017年版。

4.5.1 模型设定

建立粮食总产量关于灌溉面积和化肥施用量的多元线性回归模型，假设Y为粮食总产量，X_1为灌溉面积，X_2为化肥施用量。建立二元线性回归模型

$$Y_i = \beta_0 + \beta_1 X_{1i} + \beta_2 X_{2i} + \mu_i$$

将数据录入Eviews之后，在命令窗口输入命令“LS Y C X1 X2”，回车，得到如表4-2所示结果。

表4-2　回归结果

Dependent Variable: Y				
Method: Least Squares				
Date: 10/26/19 Time: 18: 21				
Sample: 1 31				
Included observations: 31				
Variable	Coefficient	Std. Error	t - Statistic	Prob
C	3.521635	215.9682	0.016306	0.9871
X1	0.570737	0.133584	4.272492	0.0002
X2	3.876185	1.516832	2.555448	0.0163
R - squared	0.826254	Mean dependent var		1987.910
Adjusted R - squared	0.813844	S. D. dependent var		1672.001
S. E. of regression	721.3984	Akaike info criterion		16.09203
Sum squared resid	14571638	Schwarz criterion		16.23080
Log likelihood	-246.4264	Hannan - Quinn criter		16.13726
F - statistic	66.57757	Durbin - Watson stat		0.953506
Prob (F - statistic)	0.000000			

从回归结果来看，X_1 和 X_2 系数的 t 检验非常显著，但是校正后的判定系数 $\bar{R}^2$ 的值为 0.814，结果不是特别好。又考虑到这个结果是截面数据得到的结果，因此很可能存在异方差。

4.5.2 检验模型的异方差

下面利用前面介绍的方法对模型中的异方差进行检验。

1. 图示法

点击"Quick/Generate Series"，键入"e2 = resid^2"（这里的 e2 表示残差的平方），如此便生成了残差平方的序列（见图 4－5）。

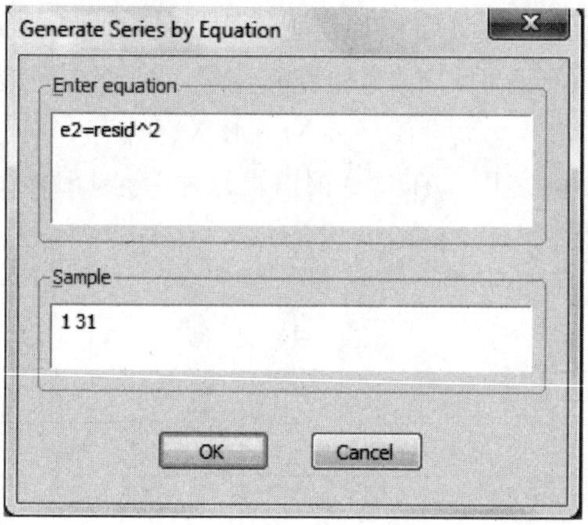

图 4－5 生成残差平方对话框

在工作文件窗口下，先后选中 X1 和 e2，点右键"Open/as Group"，弹出新的窗口，在新窗口中点击"View/Graph"，在"Specific"中选择"Scatter"，单击"OK"，便可得到残差平方 e_i^2 和 X_1 的散点图，如图 4－6 所示。按照同样的方法可以做出 e_i^2 和 X_2 的散点图，如图 4－7 所示。

从图 4－6 中可以看出，残差平方 e_i^2 对解释变量 X_1 的散点图主要分布在图形中的下三角部分，大致看出残差平方 e_i^2 随 X_1 的增大似乎呈现增大的趋势，因此，模型很可能存在异方差。相比之下，残差平方 e_i^2 随解释变量 X_2 增大的变化趋势不是特别明显。但是，模型中是否存在异方差还需要用其他方法做进一步的检验。

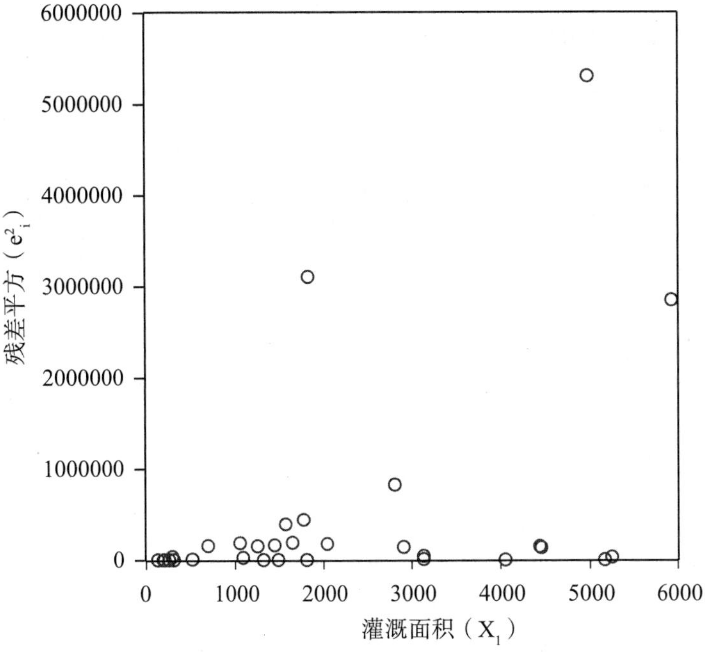

图4－6　$e_i^2-X_1$ 散点图

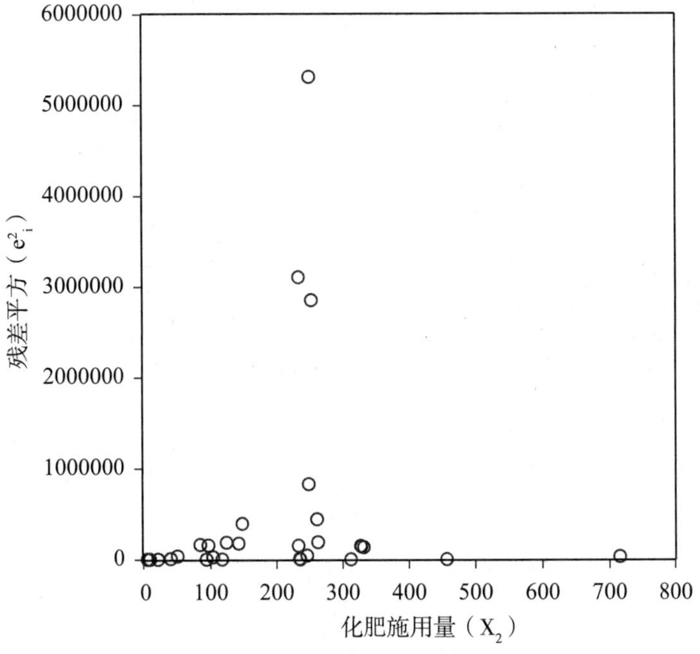

图4－7　$e_i^2-X_2$ 散点图

2. Goldfeld – Quandt 检验

首先，对解释变量进行排序。在工作文件下点击“Proc/Sort Current Page”，弹出新的对话框，如果以递增型排列，选择“Ascending”；如果以递减型排列，选择“Descending”，本例选递增型排列。在弹出对话框的空白处键入“X1”，点击“OK”后，便实现了对应解释变量的排序。

其次，构造子样本区间，建立子回归模型。在本例中样本容量为 31，删去中间 1/4 的观察值，大约 7 个，余下部分分为两个子样本区间：1 ~ 12 和 20 ~ 31，其样本容量都是 12，即 $n_1 = n_2 = 12$。在输出表 4 – 2 结果的界面下，点击“Estimate”，将 Sample 里面的“1 31”改为“1 12”，点击“OK”就得到了表 4 – 3 的结果。

表 4 – 3　　第一个子样本的回归结果

Dependent Variable：Y				
Method：Least Squares				
Date：10/26/19　Time：19：29				
Sample：1 12				
Included observations：12				
Variable	Coefficient	Std. Error	t – Statistic	Prob
C	– 55. 27973	112. 6239	– 0. 490835	0. 6353
X1	0. 827060	0. 288463	2. 867122	0. 0186
X2	1. 403605	1. 926405	0. 728613	0. 4848
R – squared	0. 839028	Mean dependent var		540. 1167
Adjusted R – squared	0. 803256	S. D. dependent var		500. 4914
S. E. of regression	221. 9968	Akaike info criterion		13. 85552
Sum squared resid	443543. 4	Schwarz criterion		13. 97675
Log likelihood	– 80. 13313	Hannan – Quinn criter		13. 81064
F – statistic	23. 45518	Durbin – Watson stat		3. 247601
Prob（F – statistic）	0. 000269			

再次，点击“Estimate”，将 Sample 里面的“1 12”改为“20 31”，点击“OK”就得到了如表 4 – 4 所示的结果。

表 4－4 第二个子样本的回归结果

Dependent Variable：Y				
Method：Least Squares				
Date：10/26/19 Time：19：30				
Sample：20 31				
Included observations：12				
Variable	Coefficient	Std. Error	t－Statistic	Prob
C	221.8508	1095.874	0.202442	0.8441
X1	0.515357	0.305284	1.688124	0.1257
X2	3.880380	2.522076	1.538565	0.1583
R－squared	0.551395	Mean dependent var		3539.242
Adjusted R－squared	0.451705	S. D. dependent var		1397.472
S. E. of regression	1034.786	Akaike info criterion		16.93409
Sum squared resid	9637038	Schwarz criterion		17.05532
Log likelihood	－98.60457	Hannan－Quinn criter		16.88921
F－statistic	5.531089	Durbin－Watson stat		1.414753
Prob（F－statistic）	0.027126			

计算 F 统计量的值。从表 4－3 和表 4－4 中的 Sum squared resid 便可获得两个子样本的残差平方和的值。从表 4－3 可知，$\sum e_{1i}^2 = 443543.4$；从表 4－4 可知，$\sum e_{2i}^2 = 9637038$，根据 Goldfeld－Quandt 检验，F 统计量为

$$F = \frac{\sum e_{2i}^2}{\sum e_{1i}^2} = \frac{9637038}{443543.4} \approx 21.73$$

在 5% 的显著水平下，查分子和分母自由度均为 9 的 F 分布表可得，$F_{0.05}(9, 9) = 3.18$。因此 $F > F_{0.05}(9, 9)$，所以拒绝原假设，认为模型存在异方差性。

3. White 检验

在输出表 4－2 结果的界面下，点击“View/Residual Diagnostics/Heteroskedasticity Test”，弹出新的对话框。在“Test type”中选择“White”。根据 White 检验中辅助回归函数的构造，函数里面存在解释变量的交叉项，因此应该选中“Include White cross terms”复选框，单击“OK”，输出结果如表 4－5 所示。

表 4-5　　**White 检验的输出结果**

Heteroskedasticity Test：White				
F - statistic	5.081728	Prob. F（5，25）		0.0024
Obs * R - squared	15.62565	Prob. Chi - Square（5）		0.0080
Scaled explained SS	37.61343	Prob. Chi - Square（5）		0.0000
Test Equation：				
Dependent Variable：RESID^2				
Method：Least Squares				
Date：10/26/19　Time：19：42				
Sample：1 31				
Included observations：31				
Variable	Coefficient	Std. Error	t - Statistic	Prob
C	-173849.3	388313.8	-0.447703	0.6582
X1^2	0.311686	0.120329	2.590273	0.0158
X1 * X2	-7.554573	2.588427	-2.918597	0.0073
X1	389.4703	767.6704	0.507341	0.6164
X2^2	33.88664	16.25645	2.084504	0.0475
X2	812.3200	6133.774	0.132434	0.8957
R - squared	0.504053	Mean dependent var		470052.8
Adjusted R - squared	0.404864	S. D. dependent var		1160748
S. E. of regression	895459.8	Akaike info criterion		30.42005
Sum squared resid	2.00E+13	Schwarz criterion		30.69759
Log likelihood	-465.5107	Hannan - Quinn criter		30.51052
F - statistic	5.081728	Durbin - Watson stat		2.049124
Prob（F - statistic）	0.002381			

由表 4-5 可以看出，X^2 统计量 Obs * R - squared 的值为 15.62565，对应的 Prob 值为 0.008。在 5% 的显著水平下，查 X^2 分布表，得临界值

$$X_{\alpha}^{2}(5)=11.071<nR^{2}=15.62565$$

则拒绝原假设，认为模型存在异方差性。

4. Park 检验

根据式（4.13），做残差平方的对数与 X_1 的对数的回归，函数具体形式如下：

$$\ln e_i^2=\alpha_0+\alpha_1\ln X_1+(\nu_i)$$

在命令窗口输入"LS LOG(E2) C LOG(X1)"，回车，得表4-6所示结果。

表4-6 **Park检验的输出结果**

Dependent Variable：LOG (E2)				
Method：Least Squares				
Date：10/26/19 Time：19：55				
Sample：1 31				
Included observations：31				
Variable	Coefficient	Std. Error	t – Statistic	Prob
C	3.707815	3.110352	1.192089	0.2429
LOG (X1)	0.939759	0.425151	2.210414	0.0351
R – squared	0.144188	Mean dependent var		10.50701
Adjusted R – squared	0.114677	S. D. dependent var		2.728568
S. E. of regression	2.567354	Akaike info criterion		4.785969
Sum squared resid	191.1478	Schwarz criterion		4.878485
Log likelihood	–72.18252	Hannan – Quinn criter		4.816127
F – statistic	4.885931	Durbin – Watson stat		2.484101
Prob (F – statistic)	0.035122			

由表4-6可知，在5%的显著水平下，lnX1的系数显著的不为0，认为模型中存在异方差。

通过上述检验可知，模型中存在异方差，可能对OLS估计结果产生严重的影响，接下来对异方差性进行修正。

4.5.3 异方差的修正

1. 加权最小二乘法

在运用加权最小二乘法对模型进行异方差修正时，可以分别选取各种权数做比较，从中选择较为理想的权数。用权重$\frac{1}{\sqrt{X_1}}$、$\frac{1}{X_1}$和$\frac{1}{X_1^2}$进行试算。在输出表4-2结果的界面下，点击"Quick/Estimate equation"中输入"Y C X1 X2"，然后点击"Options"，弹出新的对话框如图4-8所示，在"Coefficient covariance matrix"栏中选"White"，在"Weights"中的"Type"一项选择"Inverse std. dev."，在"Weight series"中输入"1/x1 ^0.5"$\left(\text{表示权重}\frac{1}{\sqrt{X_1}}\right)$，单击"OK"，即可得到如表4-7所示的进行异方差修正后加权最小二乘估计的结果。

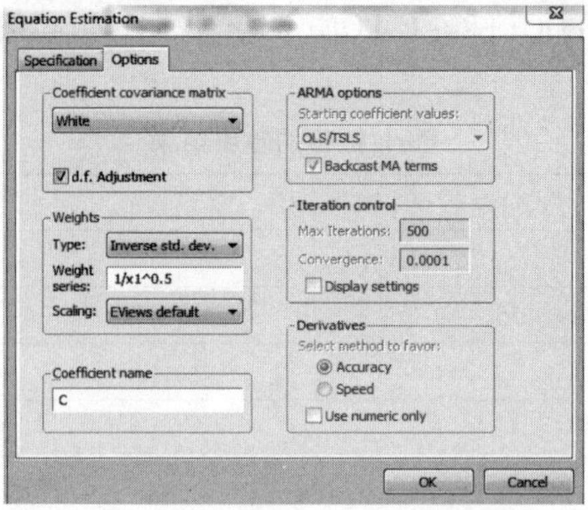

图 4 – 8　加权最小二乘法对话框

表 4 – 7　　权重为$\frac{1}{\sqrt{X_1}}$的加权最小二乘法的估计结果

Dependent Variable：Y				
Method：Least Squares				
Date：10/26/19　Time：20：15				
Sample：1 31				
Included observations：31				
Weighting series：1/X1^0. 5				
Weight type：Inverse standard deviation(Eviews default scaling)				
White heteroskedasticity-consistent standard errors & covariance				
Variable	Coefficient	Std. Error	t – Statistic	Prob
C	–54. 37623	32. 38167	–1. 679229	0. 1042
X1	0. 602895	0. 214692	2. 808180	0. 0090
X2	3. 815308	2. 014618	1. 893812	0. 0686
Weighted Statistics				
R – squared	0. 886453	Mean dependent var		1234. 387
Adjusted R – squared	0. 878343	S. D. dependent var		730. 7643
S. E. of regression	430. 7977	Akaike info criterion		15. 06092
Sum squared resid	5196427	Schwarz criterion		15. 19969
Log likelihood	–230. 4443	Hannan – Quinn criter		15. 10616
F – statistic	109. 2972	Durbin – Watson stat		1. 776997
Prob（F – statistic）	0. 000000	Weighted mean dep		635. 7214
Wald F – statistic	129. 1808	Prob(Wald F – statistic)		0. 000000
Unweighted Statistics				
R – squared	0. 825411	Mean dependent var		1987. 910
Adjusted R – squared	0. 812941	S. D. dependent var		1672. 001
S. E. of regression	723. 1465	Sum squared resid		14642342
Durbin – Watson stat	1. 551796			

表4-8和表4-9分别列示了权重为$\frac{1}{X_1}$和$\frac{1}{X_1^2}$的试算结果。

表4-8 权重为$\frac{1}{X_1}$的加权最小二乘法的估计结果

Dependent Variable: Y				
Method: Least Squares				
Date: 10/26/19 Time: 20: 22				
Sample: 1 31				
Included observations: 31				
Weighting series: 1/X1				
Weight type: Inverse standard deviation (Eviews default scaling)				
White heteroskedasticity-consistent standard errors & covariance				
Variable	Coefficient	Std. Error	t - Statistic	Prob
C	-73.99312	18.79985	-3.935836	0.0005
X1	0.708560	0.152012	4.661210	0.0001
X2	2.972957	1.596489	1.862184	0.0731
Weighted Statistics				
R - squared	0.882548	Mean dependent var		635.7214
Adjusted R - squared	0.874158	S. D. dependent var		261.0059
S. E. of regression	223.9104	Akaike info criterion		13.75213
Sum squared resid	1403804	Schwarz criterion		13.89091
Log likelihood	-210.1581	Hannan - Quinn criter		13.79737
F - statistic	105.1971	Durbin - Watson stat		2.032640
Prob (F - statistic)	0.000000	Weighted mean dep		175.7493
Wald F - statistic	105.9130	Prob(Wald F - statistic)		0.000000
Unweighted Statistics				
R - squared	0.817594	Mean dependent var		1987.910
Adjusted R - squared	0.804565	S. D. dependent var		1672.001
S. E. of regression	739.1593	Sum squared resid		15297980
Durbin - Watson stat	1.486644			

表 4-9　权重为$\frac{1}{X_1^2}$的加权最小二乘法的估计结果

Dependent Variable: Y				
Method: Least Squares				
Date: 10/26/19 Time: 20: 23				
Sample: 1 31				
Included observations: 31				
Weighting series: 1/X1^2				
Weight type: Inverse standard deviation (Eviews default scaling)				
White heteroskedasticity-consistent standard errors & covariance				
Variable	Coefficient	Std. Error	t-Statistic	Prob
C	-56.47891	12.75615	-4.427582	0.0001
X1	0.720447	0.097985	7.352647	0.0000
X2	1.558532	1.249994	1.246832	0.2228
Weighted Statistics				
R-squared	0.844671	Mean dependent var		175.7493
Adjusted R-squared	0.833576	S. D. dependent var		169.1451
S. E. of regression	60.59200	Akaike info criterion		11.13797
Sum squared resid	102798.9	Schwarz criterion		11.27674
Log likelihood	-169.6385	Hannan-Quinn criter		11.18321
F-statistic	76.13107	Durbin-Watson stat		1.898292
Prob (F-statistic)	0.000000	Weighted mean dep		75.98490
Wald F-statistic	47.70803	Prob (Wald F-statistic)		0.000000
Unweighted Statistics				
R-squared	0.798999	Mean dependent var		1987.910
Adjusted R-squared	0.784642	S. D. dependent var		1672.001
S. E. of regression	775.9206	Sum squared resid		16857479
Durbin-Watson stat	1.425761			

综合比较发现，权重为$\frac{1}{\sqrt{X_1}}$的试算结果最好。

再对表 4-7 所示结果进行 White 检验，具体做法不再赘述，其检验的输出结果如表 4-10 所示。

表4-10 模型修正后的 White 检验

Heteroskedasticity Test: White			
F - statistic	0.811893	Prob. F(5, 25)	0.5524
Obs * R - squared	4.330546	Prob. Chi - Square(5)	0.5029
Scaled explained SS	8.098165	Prob. Chi - Square(5)	0.1509

Test Equation:				
Dependent Variable: WGT_RESID^2				
Method: Least Squares				
Date: 10/26/19 Time: 20: 33				
Sample: 1 31				
Included observations: 31				
White heteroskedasticity-consistent standard errors & covariance				
Collinear test regressors dropped from specification				
Variable	Coefficient	Std. Error	t - Statistic	Prob
C	50261.67	137349.0	0.365941	0.7175
X1^2 * WGT^2	0.258762	0.179620	1.440609	0.1621
X1 * X2 * WGT^2	-4.895984	3.343476	-1.464339	0.1556
X2^2 * WGT^2	19.85158	15.51054	1.279877	0.2123
X2 * WGT^2	1668.322	1280.579	1.302788	0.2045
WGT^2	-32940.71	25402.20	-1.296766	0.2066
R - squared	0.139695	Mean dependent var		167626.7
Adjusted R - squared	-0.032366	S. D. dependent var		364841.3
S. E. of regression	370698.5	Akaike info criterion		28.65615
Sum squared resid	3.44E+12	Schwarz criterion		28.93370
Log likclihood	-438.1703	Hannan - Quinn criter		28.74662
F - statistic	0.811893	Durbin - Watson stat		2.222629
Prob (F - statistic)	0.552355			

由表4-10可知，X^2 统计量 Obs * R - squared 的值为4.330546，在5%的显著水平下，查 χ^2 分布表，得临界值

$$X_{\alpha}^2(5) = 11.071 > nR^2 = 15.62565$$

则接受原假设，说明原模型的异方差性已得到修正。最终得到加权最小二乘法的估计方程为

$$\hat{Y}_i = -54.376 + 0.603X_{1i} + 3.815X_{2i}$$

2. 对数变换法

在输出表 4 - 3 结果的界面下，点击“Estimate”，将“Y C X1 X2”改为“LOG(Y) C LOG(X1) LOG(X2)”点击“OK”，得到如表 4 - 11 所示的结果。

表 4 - 11　　对数变换后的估计结果

Dependent Variable：LOG(Y)

Method：Least Squares

Date：10/26/19　Time：20：42

Sample：1 31

Included observations：31

Variable	Coefficient	Std. Error	t - Statistic	Prob
C	-0.016557	0.562297	-0.029445	0.9767
LOG(X1)	0.690065	0.152086	4.537349	0.0001
LOG(X2)	0.431315	0.132404	3.257573	0.0029
R - squared	0.942311	Mean dependent var		7.031339
Adjusted R - squared	0.938190	S. D. dependent var		1.324477
S. E. of regression	0.329287	Akaike info criterion		0.707990
Sum squared resid	3.036032	Schwarz criterion		0.846762
Log likelihood	-7.973838	Hannan - Quinn criter		0.753226
F - statistic	228.6789	Durbin - Watson stat		1.930694
Prob（F - statistic）	0.000000			

上述估计结果可以通过 White 检验，模型已经不存在异方差性。可见，对变量取对数确实可以消除异方差性。

思考与练习

1. 简述什么是异方差？为什么异方差的出现总是与模型中某个解释变量的变化有关？

2. 产生异方差的原因是什么？试举例说明经济现象中的异方差性。

3. 什么是加权最小二乘法，它的基本思想是什么？

4. 为了确定某大众餐饮连锁店的最佳位置，某研究者经过调查发现，在诸如成本和价格及其他条件相同的情况下，可以用销售额作为确定地理位置属性的变量。如果可以找到影响销售额的因素和对应的函数关系，那么就可以用方程去决定餐饮店的选址位置。影响餐饮店的总销售额的三个最重要因素分别是，附近居住的人口密度、当地居民的一般收入水平以及在周围类似餐饮店的数量。表4-12给出了餐饮店的数据。其中，N表示2千米范围内类似餐饮店的数量，P表示3千米内居住人口数，I表示附近居民平均收入水平，Y表示餐饮店的总销售额。试检验模型中是否存在异方差性。

表4-12　　餐饮店选址数据

观测值	Y（美元）	N（家）	P（人）	I（美元）	观测值	Y（美元）	N（家）	P（人）	I（美元）
1	107919	3	65044	13240	18	125343	6	149894	15289
2	118866	5	101376	22554	19	121886	3	57386	16702
3	98579	7	124989	16916	20	134594	6	185105	19093
4	122015	2	55249	20967	21	152937	3	114520	26502
5	152827	3	73775	19576	22	109622	3	52933	18760
6	91259	5	48484	15039	23	149884	5	203500	33242
7	123550	8	138809	21857	24	98388	4	39334	14988
8	160931	2	50244	26435	25	140791	3	95120	18505
9	98496	6	104300	24024	26	101260	3	49200	16839
10	108052	2	37852	14987	27	139517	4	113566	28915
11	144788	3	66921	30902	28	115236	9	194125	19033
12	164571	4	166332	31573	29	136749	7	233844	19200
13	105564	3	61951	19001	30	105067	7	83416	22833
14	102568	5	100441	20058	31	136872	6	183953	14409
15	103342	2	39462	16194	32	117146	3	60457	20307
16	127030	5	139900	21384	33	163538	2	65065	20111
17	166755	6	171740	18800					

资料来源：施图德蒙德：《应用计量经济学》，机械工业出版社2007年版。

5. 表4-13给出了2012年我国31个省、市和自治区工业企业的资产总计（Y）、流动资产周转次数（X_1）和产品销售率（X_2）的数据。

表 4-13　　2012 年我国 31 个省、市和自治区工业企业的相关数据

地区	Y（万亿）	X_1（次）	X_2（%）	地区	Y（万亿）	X_1（次）	X_2（%）
北京	28613.16	1.5	99.04	湖北	26877.66	2.71	97.08
天津	19986.14	2.26	98.89	湖南	17784.25	3.8	98.45
河北	33567.18	3.27	97.79	广东	71343.84	2.33	98.07
山西	25342.08	1.71	97.34	广西	11759.56	2.83	95.49
内蒙古	21754.23	2.29	97.1	海南	2023.16	2.15	103
辽宁	34779.77	3.09	97.79	重庆	11113.36	2.45	97.84
吉林	13896.98	3.53	98.28	四川	30362.89	2.38	97.4
黑龙江	13223.14	2.31	97.52	贵州	8302.29	1.89	94.3
上海	31160.89	1.93	98.94	云南	13076.97	1.83	95.21
江苏	84550.41	2.62	98.82	西藏	506.86	0.6	101.96
浙江	55654.17	1.81	97.45	陕西	20591.16	1.9	96.34
安徽	22797.65	2.95	97.74	甘肃	9146.01	2.21	93.14
福建	21385.98	2.58	97.83	青海	4041.92	1.58	92.99
江西	11967.66	4.12	99.27	宁夏	4860.19	1.73	97.77
山东	71107.66	3.58	98.61	新疆	11669.17	2.11	97.55
河南	35174.81	3.35	98.32				

资料来源：中华人民共和国国家统计局：《中国统计年鉴 2013》，中国统计出版社 2013 年版。

要求：

（1）试根据资料用 OLS 法建立一个回归模型；

（2）选用适当的方法检验模型中是否存在异方差；

（3）如果存在异方差，采用适当的方法加以修正。

第 5 章　序列相关性

经典线性回归模型只有满足经典假设，利用普通最小二乘法得到的估计量才是最佳线性无偏估计量。但是，在实际经济系统中，这些假设条件却不一定都被满足。第 4 章已经讨论了一种不满足经典假设的情形——异方差性，也就是模型中随机扰动项的方差不再是一个固定常数。当模型中存在异方差时，OLS 估计量就不再是最佳线性无偏估计量。如果模型中其他的假设条件不被满足时，会出现什么情况呢？众所周知，一些经济变量前后期之间很可能有关联，使得随机扰动项不能满足无自相关性的假定，从而带来严重后果。本章将探讨随机扰动项不满足无自相关性时的相关问题。

5.1　序列相关性概述

5.1.1　序列相关性概念

序列相关（serial correlation）又称自相关，是指总体回归模型中的不同随机扰动项 μ_t 之间存在相关关系。在回归模型的古典假定中假设随机扰动项是无自相关的，即 μ_t 在不同观测点之间是不相关的，即

$$\mathrm{Cov}(\mu_i,\ \mu_j)=E(\mu_i-E(\mu_i))(\mu_j-E(\mu_j))=E(\mu_i\mu_j)=0(i\neq j) \tag{5.1}$$

这个假定意味着任一观测值的扰动项不受其他观测值扰动项的影响。例如，在分析产出对劳动和资本投入回归（也即生产函数）的季度时间序列数据时，某个季度工人的罢工影响了季度产出，但却没有理由认为这一“中断”会持续到下个季度。换句话说，本季度产出较低并不意味着下个季度产出也一定较低。类似地，在分析家庭消费支出与收入的截面数据时，“某个家庭收入增加对其消费支出的影响并不会影响另一家庭的消费支出”。但是，如果存在这种依赖关系，就产生了自相关问题。

如果其他假设条件仍然满足，只有随机扰动项序列不满足无自相关假定的情形就是序列相关，即

$$\mathrm{Cov}(\mu_i,\ \mu_j)=E(\mu_i\mu_j)\neq 0(i\neq j) \tag{5.2}$$

在这种情形下，本季度由于罢工引起的生产“中断”会对下个季度的产出产生影响（事实上，产出可能增加，以弥补上一季度生产的不足）；由于相互攀比，某个家庭消费支出的增加可能会导致另一个家庭也增加消费支出。

如果仅存在 $Cov(\mu_{t-1}, \mu_t) = E(\mu_{t-1}\mu_t) \neq 0 (t = 2, 3, \cdots, n)$，其中，$\mu_{t-1}$ 为 μ_t 滞后一期的随机扰动项，称模型存在一阶序列相关或自相关（autocorrelation），这是最常见的序列相关性问题。

一阶自相关的程度可以用自相关系数表示

$$\rho = \frac{Cov(\mu_t, \mu_{t-1})}{\sqrt{Var(\mu_t)Var(\mu_{t-1})}} = \frac{E(\mu_t\mu_{t-1})}{\sqrt{E(\mu_t^2)E(\mu_{t-1}^2)}} \tag{5.3}$$

其中，ρ 称为一阶自相关系数，ρ 的取值范围为 $[-1, 1]$。根据自相关系数 ρ 的符号可以判断自相关的状态，如果 $\rho < 0$，则 μ_t 与 μ_{t-1} 为负相关；如果 $\rho > 0$，则 μ_t 与 μ_{t-1} 为正相关；如果 $\rho = 0$，则 μ_t 与 μ_{t-1} 不相关。并且，ρ 的绝对值越接近 1，线性相关程度越高；如果 ρ 的绝对值等于 1，则为完全自相关。

由于总体的 μ_t 不能观测，只能用样本线性相关系数来估计 ρ。假设有样本数据并做 OLS 回归，得到残差 e_t，则样本的一阶自相关系数为

$$\hat{\rho} = \frac{\sum_{t=2}^{n} e_t e_{t-1}}{\sqrt{\sum_{t=2}^{n} e_t^2 \sum_{t=2}^{n} e_{t-1}^2}} \tag{5.4}$$

同理，可以定义二阶或更高阶的自相关系数。

如果 μ_t 存在一阶自相关，其表现形式为

$$\mu_t = \rho\mu_{t-1} + \nu_{1t}, \quad |\rho| \leqslant 1 \tag{5.5}$$

其中，ρ 为一阶自相关系数，ν_{1t} 是满足古典假定的随机扰动项，即 $E(\nu_{1t}) = 0$（零均值），$Var(\nu_{1t}) = \sigma_\nu^2$（同方差），$Cov(\nu_{1i}, \nu_{1j}) = 0$，$(i \neq j)$（无自相关）。式（5.5）称为马尔可夫一阶自回归模式，记为 AR(1)。

同理，可以定义二阶或更高阶自回归模式。如 AR(2) 为

$$\mu_t = \rho_1\mu_{t-1} + \rho_2\mu_{t-2} + \nu_{2t} \tag{5.6}$$

其中，ρ_1、ρ_2 分别为一阶和二阶自相关系数，ν_{2t} 是满足古典假设的随机扰动项。

一般地，AR(m) 为

$$\mu_t = \rho_1\mu_{t-1} + \rho_2\mu_{t-2} + \cdots + \rho_m\mu_{t-m} + \nu_{mt} \tag{5.7}$$

其中，ρ_1、ρ_2、$\cdots$、ρ_m 分别为一阶、二阶、$\cdots$、m 阶自相关系数，ν_{mt} 是满足古典假定的随机扰动项。在实践中，经常遇到的是一阶自回归。

异方差的产生通常与截面数据有关，而自相关性通常与时间序列数据有关，但是，截面数据也可能会产生自相关问题。

5.1.2 自相关的模式

图 5-1 给出了模型存在自相关和无自相关的几种类型。纵轴同时给出了 μ_t

(总体的随机扰动项) 及相应的 e_t (残差), 可以从图中看出 μ_t 和 e_t 随时间变化的趋势。与异方差情形相同, 由于无法观察到 μ_t, 因此只能通过残差 e_t 推断随机扰动项 μ_t 的变化。图 5－1 (a) 至图 5－1 (d) 说明 μ_t 中存在明显的自相关, 而图 5－1 (e) 则表明 μ_t 中不存在自相关。

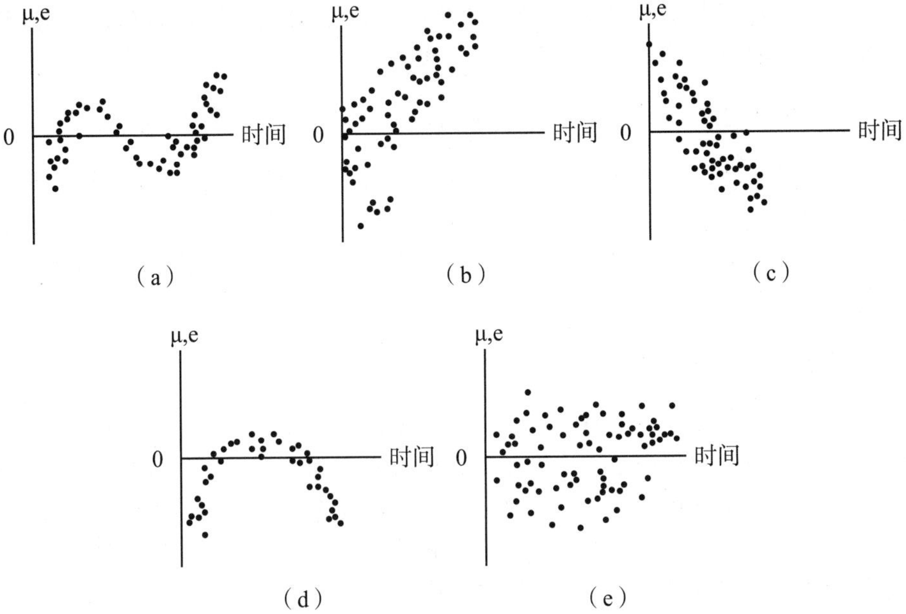

图 5－1　自相关的模式

5.2　序列相关性产生的原因与后果

5.2.1　序列相关性产生的原因

产生序列相关性的原因主要有以下几点。

1. 惯性

序列相关现象大多出现在时间序列数据中, 而大多数经济时间序列的一个显著特征就是惯性 (inertia)。例如, GDP、就业、价格指数、就业等经济数据, 都会随经济系统的周期而波动。又如, 在经济高涨时期, 较高的经济增长率会持续一段时间, 而在经济衰退期, 较高的失业率也会持续一段时间, 这种情况下经济数据很可能表现为自相关。

2. 数据处理造成的影响

在实证分析中，原始数据通常需要加工，即数据处理（data manipulation）。例如，在利用季度数据进行回归分析时，将月度数据调整为季度数据，即把3个月的数据加总再除以3，修匀了月度数据的波动，使季度数据具有平滑性，这种平滑性可能产生自相关。对缺失的历史资料，采用特定统计方法进行内插处理，也可能使得数据前后期相关，而产生自相关。

3. 滞后效应

滞后效应是指某一变量对另一变量的影响不仅限于当期，而是延续若干期，由此带来变量的自相关。例如，居民当期可支配收入的增加，不会使居民的消费水平在当期就达到应有水平，而是要经过若干期才能达到，因为人的消费观念的改变存在一定的适应期。

4. 模型设定误差

回归模型中的序列相关有可能是因为模型没有正确地被设定。例如，模型中省略了某些重要的解释变量或者模型函数形式不正确，都会产生系统误差，这种误差存在于随机扰动项中，从而带来了自相关。如果想知道模型中的序列相关是由什么原因引起，一个简单的检验方法是将遗漏变量纳入模型，判断残差是否存在序列相关，如果不存在序列相关，则序列相关就可能是由于模型设定错误引起。

5. 蛛网现象

蛛网现象是微观经济学中的一个概念，它表示某种商品供给量 Y_i 受前一期价格 P_{t-1} 影响而表现出来的规律性，即呈蛛网状收敛或发散于供需的均衡点。许多农产品的供给呈现蛛网现象，供给价格的反应要滞后一段时间，因为供给的调整需要经过一定的时间才能实现。如果时期 t 的价格 P_t 低于上一期的价格 P_{t-1}，农民就会减少时期 t+1 的生产量。如此则形成蛛网现象，此时的供给模型为

$$Y_t = \beta_0 + \beta_1 P_{t-1} + \mu_t \tag{5.8}$$

这时，式（5.8）中的随机扰动项 μ_t 就可能会产生序列相关。

5.2.2 序列相关性产生的后果

当计量经济学模型中出现序列相关性，如果仍然采用普通最小二乘法（OLS）估计参数，将会产生严重后果，自相关产生的后果与异方差情形类似。

1. OLS 估计量仍是线性和无偏的

以一元线性回归模型为例，$Y_t = \beta_0 + \beta_1 X_t + \mu_t$，当模型的随机扰动项 μ_t 存

在序列相关时，$\hat{\beta}_1$ 仍然是无偏的，即 $E(\hat{\beta}_1)=\beta_1$，因为在普通最小二乘法无偏性的证明中并不需要 μ_t 满足无自相关的假定。

2. OLS 估计量的方差不是有效的

当存在序列相关时，普通最小二乘估计量不再是最佳线性无偏估计量，即它在线性无偏估计量中不是方差最小的。

3. OLS 估计量的方差通常是有偏的

4. 通常所用的 t 检验和 F 检验是不可靠的

用来计算方差和 OLS 估计量标准差的公式会严重低估真实的方差和标准差，而 OLS 估计量的 $t=\dfrac{\hat{\beta}_1}{se(\hat{\beta}_1)}$ 就可能被高估，从而拒绝了本不该拒绝的原假设，因此回归系数表面上看显著不为零，但事实却并非如此。

当模型中存在序列相关时，OLS 估计量可能会高估 R^2 和 F 统计量，从而在 F 检验时更容易拒绝原假设，可能会得到一个误导性结论。

5. 对区间估计与预测的影响

由于区间估计和预测都与估计量的方差有关，而存在自相关时，OLS 估计量的方差可能是有偏误的估计，所以用这样的方差所做的区间估计和预测也可能是有偏误的。

5.3　序列相关性的检验

从上面的讨论可知，模型中的随机扰动项存在序列相关会给普通最小二乘法的应用带来严重的后果，因此，必须设法检验模型中是否存在自相关。接下来介绍检验回归模型是否存在序列相关的常用方法。

5.3.1　图示检验法

图示检验法是一种直观的诊断方法，它是对给定的回归模型直接用普通最小二乘法估计其参数，求出残差项 e_t，以 e_t 作为随机扰动项 μ_t 的估计值，再描绘 e_t 的散点图，根据散点图来判断 e_t 的序列相关性，残差 e_t 的散点图通常有两种绘制方式。

1. 绘制 e_{t-1} 和 e_t 的散点图

用 (e_{t-1}, e_t) $(t=2, 3, \cdots, n)$ 作散点图（见图5-2）。如果大部分点

落在第Ⅰ、第Ⅲ象限，表明随机扰动项 μ_t 存在着正序列相关，如图 5－2（a）所示。如果大部分点落在第Ⅱ、第Ⅳ象限，表明随机扰动项 μ_t 存在着负序列相关，如图 5－2（b）所示。

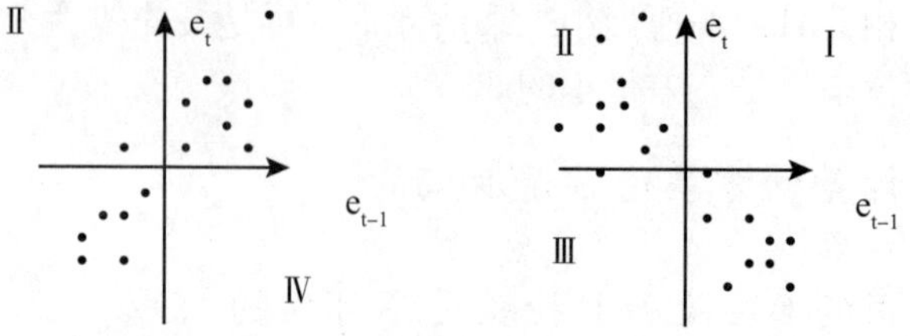

（a）正序列相关　　（b）负序列相关

图 5－2　残差项的序列相关性

2. 按照时间顺序绘制回归残差项 e_t 的图形

如果 $e_t(t=1, 2, \cdots, n)$ 随着 t 的变化逐次有规律地变化，呈现锯齿形或循环形状的变化，就可判断 e_t 存在序列相关，表明 μ_t 存在着序列相关。如果 e_t 随着 t 的变化逐次变化并不频繁地改变符号，而是几个正的 e_t 后面跟着几个负的，则表明随机扰动项 μ_t 存在正自相关，如图 5－3（b）所示。如果 e_t 随着 t 的变化交替地改变符号，那么随机扰动项 μ_t 存在负自相关，如图 5－3（a）所示。

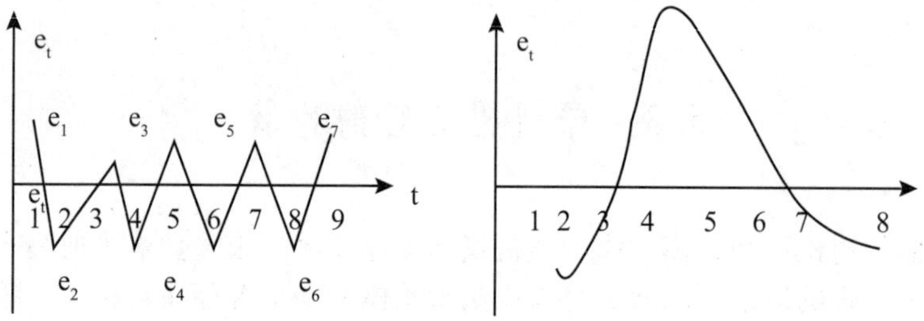

（a）负序列相关　　（b）正序列相关

图 5－3　残差项 e_t 随时间 t 变化的图形

5.3.2　杜宾—沃森检验法

杜宾—沃森检验法是由统计学家杜宾和沃森（Durbin and Watson）在 1951 年提出的检验序列相关性的方法，简称 DW 检验，它是诊断序列相关性最著名的检验方法。DW 检验利用残差构成的统计量推断随机扰动项是否存在序列相关性。

运用 DW 检验，需要满足以下条件：

（1）解释变量 X 是非随机变量，即重复抽样中变量 X 取值是固定的。

（2）随机扰动项 μ_t 的自相关为一阶自回归形式，即

$$\mu_t = \rho\mu_{t-1} + v_t \quad |\rho| \leqslant 1 \tag{5.9}$$

（3）线性模型的解释变量中不包含滞后的被解释变量，即不能出现以下形式：

$$Y_t = \beta_0 + \beta_1 X_t + \beta_2 Y_{t-1} + \mu_t$$

（4）截距项不为零，即只适用于有常数项的回归模型。

（5）数据序列无缺失项。

DW 检验步骤如下：

（1）提出原假设和备择假设：

H_0: $\rho=0$（不存在一阶自相关），

H_1: $\rho\neq0$（存在一阶自相关）

（2）计算回归估计式的残差 e_t，用残差值构造 DW 统计量

$$DW = \frac{\sum_{t=2}^{n}(e_t - e_{t-1})^2}{\sum_{t=1}^{n} e_t^2} \tag{5.10}$$

由式（5.10）可得

$$DW = \frac{\sum_{t=2}^{n} e_t^2 + \sum_{t=2}^{n} e_{t-1}^2 - 2\sum_{t=2}^{n} e_t e_{t-1}}{\sum_{t=1}^{n} e_t^2} \tag{5.11}$$

其中，分子是残差的一阶差分平方和，分母是残差平方和。如果认为

$$\sum_{t=2}^{n} e_t^2 \approx \sum_{t=2}^{n} e_{t-1}^2 \approx \sum_{t=1}^{n} e_t^2$$

则式（5.11）可写成

$$DW \approx \frac{2\sum_{t=2}^{n} e_{t-1}^2 - 2\sum_{t=2}^{n} e_t e_{t-1}}{\sum_{t=2}^{n} e_{t-1}^2} = 2\left(1 - \frac{\sum_{t=2}^{n} e_t e_{t-1}}{\sum_{t=2}^{n} e_{t-1}^2}\right) = 2(1-\hat{\rho}) \tag{5.12}$$

注意，当认为 $\sum_{t=2}^{n} e_t^2 \approx \sum_{t=2}^{n} e_{t-1}^2 \approx \sum_{t=1}^{n} e_t^2$ 时，有

$$\hat{\rho} \approx \frac{\sum_{t=2}^{n} e_t e_{t-1}}{\sum_{t=2}^{n} e_{t-1}^2} \tag{5.13}$$

因此，

$$DW \approx 2(1-\hat{\rho}) \tag{5.14}$$

因为 $\hat{\rho}$ 的取值范围是 [−1，1]，所以 DW 统计量的取值范围是 [0，4]。$\hat{\rho}$ 与 DW 值的对应关系如表 5－1 所示。

表 5-1　　DW 值与 $\hat{\rho}$ 的对应关系

$\hat{\rho}$	DW
-1	4
(-1, 0)	(2, 4)
0	2
(0, 1)	(0, 2)
1	0

DW 统计量值的分布与出现在给定样本中的 X 值有非常复杂的关系，因而很难导出它的准确分布。然而，杜宾和沃森却成功地导出了临界值的上限 d_U 和下限 d_L，这些临界值只与样本容量 n 和解释变量的个数 k 有关，而与解释变量的取值无关。因此，只需按照式（5.14）计算出 DW 统计量的值，再根据观测值的个数 n，查自由度为 k（不包括常数项）的 DW 分布表，得出临界值 d_U 和 d_L，再结合图 5-4 就可以判断出模型是否存在一阶自相关。事实上，Eviews 在给出回归结果的时候给出了 DW 统计量。

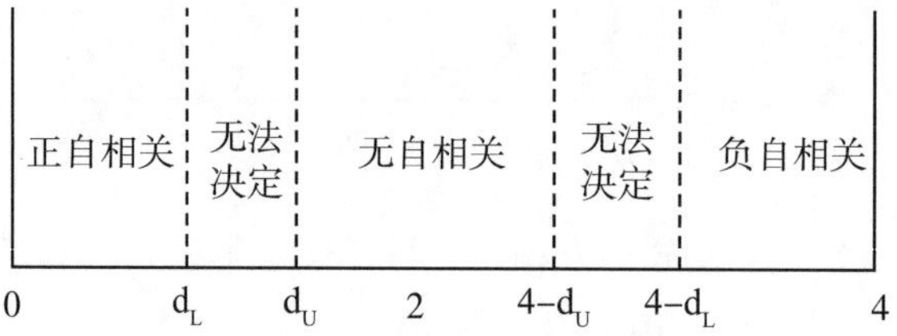

图 5-4　DW 检验示意图

结合图 5-4，根据 DW 值落入的区域做出决策，决策规则有以下几点：

（1）若 DW 取值在（0，d_L）之间，即 $\hat{\rho}$ 接近 1 时，拒绝原假设 H_0，μ_t 存在一阶正自相关；

（2）若 DW 取值在（$4-d_L$，4）之间，即 $\hat{\rho}$ 接近 -1 时，拒绝原假设 H_0，μ_t 存在一阶负自相关；

（3）若 DW 取值在（d_U，$4-d_U$）之间，即 $\hat{\rho}$ 接近 0 时，不拒绝原假设 H_0，μ_t 不存在一阶自相关；

（4）若 DW 取值在（d_L，d_U）或（$4-d_U$，$4-d_L$）之间，这种检验没有结论，即无法判断 μ_t 是否存在一阶自相关。

由式（5.14）可得以下结论：

$$\begin{cases} \hat{\rho}=-1,\ DW=4, & \text{存在一阶负自相关。} \\ \hat{\rho}=0,\ DW=2, & \text{不存在一阶自相关。} \\ \hat{\rho}=1,\ DW=0, & \text{存在一阶正自相关。} \end{cases}$$

需要注意的是，DW 检验尽管有着广泛的应用，但也有明显的缺点和局限性。

（1）DW 检验有两个不能确定的区域，一旦 DW 值落在这两个区域，就无法判断模型中是否存在自相关。这时，只有增大样本容量或选取其他方法。

（2）DW 统计量的上、下界表要求 $n \geq 15$。

（3）DW 检验只适合随机扰动项存在一阶序列相关的情形。

5.3.3　Breusch – Godfrey 检验法

为了克服 DW 检验的缺陷，统计学家布罗施和戈弗雷（Breusch and Godfrey）于 1978 年提出了 BG 检验法。布罗施和戈弗雷利用拉格朗日乘数（Lagrange multiplier）原理，提出了检验序列相关的方法，因此，BG 检验法又称为 LM 检验。LM 检验的思想，是基于所分析模型普通最小二乘估计的残差对解释变量和一定数量滞后残差的辅助回归，如果滞后残差足以解释当前残差的变异，就拒绝随机扰动项无自相关的原假设，这种方法既可检验一阶自相关，也可检验高阶自相关。

设多元线性回归模型

$$Y_t = \beta_0 + \beta_1 X_{1t} + \beta_2 X_{2t} + \cdots + \beta_k X_{kt} + \mu_t \qquad (5.15)$$

假设其随机扰动项 $\mu_t \sim N(0, \sigma^2)$，并且 μ_t 存在 p 阶自回归形式

$$\mu_t = \rho_1 \mu_{t-1} + \rho_2 \mu_{t-2} + \cdots + \rho_p \mu_{t-p} + \nu_{pt} \qquad (5.16)$$

其中，随机扰动项 ν_{pt} 满足古典假定条件。

BG 检验法的具体步骤如下：

（1）提出原假设和备择假设：

H_0: $\rho_1 = \rho_2 = \cdots = \rho_p = 0$（$\mu_t$ 不存在自相关），

H_1: ρ_i（$i = 1, 2, \cdots, p$）不全为 0、（μ_t 存在某阶自相关）。

（2）用 OLS 估计原模型（式 5.15），得到残差 e_t。

（3）用残差 e_t 对解释变量 X 及滞后残差 e_{t-i} 建立辅助回归函数

$$e_t = \alpha_0 + \alpha_1 X_{1t} + \cdots + \alpha_k X_{kt} + \rho_1 e_{t-1} + \rho_2 e_{t-2} + \cdots + \rho_p e_{t-p} + \nu_t \qquad (5.17)$$

（4）估计式（5.17）得到可决系数 R^2。计算检验统计量

$$LM = nR^2 \qquad (5.18)$$

其中，n 为样本容量，p 为 μ_t 的自回归阶数。

可以证明，当样本容量 n 足够大时，有

$$LM = nR^2 \sim X^2(p) \qquad (5.19)$$

（5）决策。设显著性水平为 α，得到临界值 $X_\alpha^2(m)$。如果有 $LM > X_\alpha^2(p)$，则拒绝原假设，说明模型中存在某阶自相关；若 $LM < X_\alpha^2(p)$，则不拒绝原假设，说明模型中不存在自相关。

BG 检验比 DW 检验有更广泛的适用性，但是，BG 检验也存在以下缺陷。

(1) 滞后期长度 p 事先不能明确确定，这可能需要进行多次辅助回归才能得到满意结果；

(2) 如果拒绝了原假设，只能说明模型中存在某阶自相关，但具体是哪一阶还不能确定。

5.4 序列相关性的修正

由于序列相关性可能导致非常严重的后果，而且进一步检验的成本也很高，因此，如果根据 5.3 节讨论的方法检验发现模型中存在自相关问题，那么就需要修正自相关性，下面就介绍序列相关性的修正方法。

5.4.1 广义差分法

广义差分法是消除序列相关性最常用的一种方法。广义差分法的思想是将原模型转化为对应的差分形式，消除序列相关性，再用 OLS 法对变换后的模型进行估计，间接得到原模型的参数估计值。

多元回归模型与一元回归模型的广义差分法原理相同，下面就以一元回归模型为例介绍广义差分法的具体步骤。设一元回归模型

$$Y_t = \beta_0 + \beta_1 X_t + \mu_t \tag{5.20}$$

如果式 (5.20) 中存在一阶自相关 AR(1)，即

$$\mu_t = \rho\mu_{t-1} + \nu_t,\quad -1 \leqslant \rho \leqslant 1,\ \rho \neq 0$$

ν_t 为满足古典假设的随机扰动项。

将式 (5.20) 滞后一期后，则有

$$Y_{t-1} = \beta_0 + \beta_1 X_{t-1} + \mu_{t-1} \tag{5.21}$$

在式 (5.21) 两边同乘以 ρ 得

$$\rho Y_{t-1} = \rho\beta_0 + \rho\beta_1 X_{t-1} + \rho\mu_{t-1} \tag{5.22}$$

用式 (5.20) 减去式 (5.22) 得

$$Y_t - \rho Y_{t-1} = \beta_0(1-\rho) + \beta_1(X_t - \rho X_{t-1}) + (\mu_t - \rho\mu_{t-1}) \tag{5.23}$$

由 AR(1) 可知，$\mu_t - \rho\mu_{t-1} = \nu_t$ 为满足古典假设的随机扰动项，因此式 (5.23) 满足古典假定，并且随机扰动项无自相关。

令 $Y_t^* = Y_t - \rho Y_{t-1}$，$X_t^* = Y_t - \rho X_{t-1}$，$\beta_0^* = \beta_0(1-\rho)$，则式 (5.23) 可以写成

$$Y_t^* = \beta_0^* + \beta_1 X_t^* + \nu_t \tag{5.24}$$

即式 (5.24) 中的自相关得到了修正。运用普通最小二乘法对式 (5.24) 进行估计，可得到参数的最佳线性无偏估计量。因为式 (5.23) 中被解释变量与解释变量均为当期值减去前期值的一部分，所以称为广义差分方程。如果随机扰动项

的自相关形式是 AR(p)，即 p 阶自相关，则需要使用 p 阶广义差分。

特别需要说明的是，式（5.24）与原模型式（5.20）的斜率项系数没有发生变化，这是非常好的结果。通过广义差分，不仅修正了自相关，而且非常重要的斜率项系数没有发生变化。但是，广义差分法也存在一些缺陷：一是 ρ 事先不知道；二是经过广义差分后会丢失一项，如果样本容量较小时会影响估计的结果，此时可采用普莱斯 - 温斯滕（Prais - Winsten）变换，将第一个观测值分别变换为 $Y_1\sqrt{1-\rho^2}$ 和 $X_1\sqrt{1-\rho^2}$ 补充到差分序列 Y_t^*、X_t^* 中，再使用普通最小二乘法估计参数。

如果取 ρ = 1，即假定随机扰动项存在完全的正自相关，可得

$$Y_t - Y_{t-1} = \beta_1(X_t - X_{t-1}) + (\mu_t - \mu_{t-1}) \tag{5.25}$$

记 $\Delta Y_t = Y_t - Y_{t-1}$，$\Delta X_t = X_t - X_{t-1}$，$\Delta\mu_t = \mu_t - \mu_{t-1}$，则式（5.25）可写成

$$\Delta Y_t = \beta_1 \Delta X_t + \Delta\mu_t \tag{5.26}$$

式（5.26）称为一阶差分模型。当 $\hat{\rho}$ 的值接近 1 且大样本条件下，一阶差分方法能较好地修正自相关，但其没有常数项，故这种方法有一定的局限性。

在实际应用中，自相关系数 ρ 往往是未知的，必须通过一定的方法去估计 ρ。最简单的方法是依据 DW 统计量去估计 ρ。由式（5.14）可知 DW 与 ρ 的关系

$$\hat{\rho} = 1 - \frac{DW}{2} \tag{5.27}$$

但是，式（5.27）得到的只是一个粗略的结果，为了得到 ρ 的更精确的估计值，可采用 Cochrane - Orcutt 迭代法或杜宾两步法。

5.4.2　Cochrane - Orcutt 迭代法

Cochrane - Orcutt 迭代法的基本思想是通过逐次迭代的方法来找到更合适的 ρ 的估计值，然后再采用广义差分法。这种方法实际上就是进行一系列的迭代，每一次迭代都能得到比前一次更好的 ρ 的估计值。

以一元线性回归模型式（5.20）和 AR(1) 来说明具体的方法。操作步骤如下：

（1）对模型式（5.20）做 OLS 估计，并得到第一次残差 $e_t^{(1)}$；

（2）利用 $e_t^{(1)}$ 做以下回归：

$$e_t^{(1)} = \hat{\rho}^{(1)} e_{t-1}^{(1)} + \nu_t^{(1)} \tag{5.28}$$

（3）用 OLS 法估计式（5.28）中的 $\hat{\rho}^{(1)}$，对式（5.20）进行广义差分，即

$$Y_t - \hat{\rho}^{(1)} Y_{t-1} = \beta_0(1 - \hat{\rho}^{(1)}) + \beta_1(X_t - \hat{\rho}^{(1)} X_{t-1}) + (\mu_t - \hat{\rho}^{(1)}\mu_{t-1}) \tag{5.29}$$

令：$Y_t^* = Y_t - \hat{\rho}^{(1)} Y_{t-1}$，$X_t^* = Y_t - \hat{\rho}^{(1)} X_{t-1}$，$\beta_0^* = \beta_0(1 - \hat{\rho}^{(1)})$，$\beta_1^* = \beta_1$，对式（5.29）使用 OLS 法，可得样本回归函数：

$$\hat{Y}_t^* = \hat{\beta}_0^* + \hat{\beta}_1^* X_t^* + e_t^{(2)} \tag{5.30}$$

（4）上一步估计的结果为 $\hat{\beta}_0 = \hat{\beta}_0^*(1 - \hat{\rho}^{(1)})$ 和 $\hat{\beta}_1 = \hat{\beta}_1^*$，将 $\hat{\beta}_0$、$\hat{\beta}_1$ 代入原

回归模型［式（5.20）］，得到残差的第三次估计值 $e_t^{(3)}$：

$$e_t^{(3)} = Y_t - \hat{\beta}_0 - \hat{\beta}_1 X_t \tag{5.31}$$

（5）利用残差 $e_t^{(3)}$ 做回归

$$e_t^{(3)} = \rho^{(2)} e_{t-1}^{(3)} + \nu_t \tag{5.32}$$

用 OLS 法估计的 $\hat{\rho}^{(2)}$ 是对 ρ 的第二轮估计值。当不能确认 $\hat{\rho}^{(2)}$ 是否是 ρ 的最佳估计值时，继续迭代估计 ρ 的第三轮估计值 $\hat{\rho}^{(3)}$。直到估计的 $\hat{\rho}^{(k)}$ 与 $\hat{\rho}^{(k-1)}$ 相差很小时，回归所得 DW 统计量说明已不存在自相关时为止。

5.4.3 Durbin 两步法

将广义差分方程式（5.23）写成

$$Y_t = \beta_0(1-\rho) + \beta_1 X_t - \rho\beta_1 X_{t-1} + \rho Y_{t-1} + \nu_t \tag{5.33}$$

将式（5.33）看作一个多元回归模型，做 OLS 估计，则 Y_{t-1} 对应的系数即为一阶自相关系数的估计值 $\hat{\rho}$，$\hat{\rho}$ 是 ρ 的一个有偏、一致估计。再利用 $\hat{\rho}$ 做广义差分，求得序列 $Y_t^* = Y_t - \hat{\rho}Y_{t-1}$，$X_t^* = X_t - \hat{\rho}X_{t-1}$，然后使用 OLS 法对广义差分方程估计参数，即可求出相应的参数估计值，并且该估计值为最佳线性无偏估计。

在实际的运用过程中，不必按照上面的步骤去计算自相关系数的估计值，因为在 Eviews 中可以采用很简单的方法实现基于 Cochrane - Orcutt 迭代法的广义差分法，当确认了模型中存在序列相关性，就可通过广义差分法予以消除。

5.5 案例分析与软件操作

改革开放以来，中国农村的居民收入和消费支出都在快速增长。2015 年农村居民人均可支配收入 11422 元，农村居民人均消费 9223 元，中国农村人口占总人口的 43.90%，农村居民收入和消费的状况是令人关注的经济问题。为了研究和预测农村居民消费水平的发展趋势，需要分析中国农村居民收入—消费模型。

5.5.1 模型设定

同其他消费群体的消费行为一样，影响农村居民消费行为可能会有很多因素，但其中最主要的因素还是农村居民的收入水平，因此本案例引入农村居民收入作为解释变量，即消费模型可设定为

$$Y_t = \beta_0 + \beta_1 X_t + \mu_t$$

其中，Y_t 为农村居民人均消费支出，X_t 为农村居民人均收入或可支配收入，μ_t

为随机扰动项。具体数据如表 5 - 2 所示。

表 5 - 2　　1990 ~ 2015 年农村居民人均收入和消费

年份	全年农村居民人均纯收入或可支配收入/元（现价）	全年农村居民人均消费支出/元（现价）	消费价格指数（1990 年为 100）	农村居民实际人均纯收入或可支配收入（X）/元（1990 年可比价）	农村居民人均实际消费支出（Y）/元（1990 年可比价）
1990	686. 31	584. 63	100	686. 31	584. 63
1991	708. 55	619. 79	102. 3	692. 61	605. 85
1992	783. 99	659. 01	107. 1	732. 11	615. 40
1993	921. 62	769. 65	121. 7	757. 01	632. 19
1994	1220. 98	1016. 81	150. 2	812. 84	676. 92
1995	1577. 74	1310. 36	176. 5	893. 91	742. 42
1996	1926. 07	1572. 08	190. 4	1101. 43	825. 54
1997	2090. 13	1617. 15	195. 2	1070. 68	828. 39
1998	2161. 98	1590. 33	193. 3	1118. 59	822. 83
1999	2210. 34	1577. 42	190. 4	1161. 08	828. 61
2000	2253. 40	1670. 10	190. 2	1184. 83	878. 13
2001	2366. 40	1741. 10	191. 7	1234. 42	908. 23
2002	2475. 60	1834. 30	190. 9	1296. 71	960. 80
2003	2622. 20	1943. 30	193. 9	1352. 05	1002. 00
2004	2936. 40	2184. 70	201. 5	1457. 17	1084. 14
2005	3254. 90	2555. 40	205. 1	1586. 61	1245. 63
2006	3587. 00	2829. 00	208. 2	1722. 55	1358. 55
2007	4140. 36	3223. 90	218. 2	1897. 23	1477. 29
2008	4760. 60	3660. 70	231. 1	2060. 22	1584. 22
2009	5153. 20	3993. 50	229. 4	2246. 02	1740. 57
2010	5919. 00	4381. 80	237. 0	2497. 39	1848. 80
2011	6977. 30	5221. 10	249. 8	2792. 61	2089. 71
2012	7619. 58	5908. 02	256. 1	3091. 27	2306. 97
2013	9429. 60	7485. 20	263. 3	3581. 78	2843. 21
2014	10488. 90	8382. 60	268	3913. 71	3127. 79
2015	11421. 70	9222. 60	271. 5	4207. 07	3397. 05

资料来源：中华人民共和国国家统计局：《中国统计年鉴 2016》，中国统计出版社 2016 年版。

为消除价格变动因素对农村居民收入和消费支出的影响，这里使用对消费价格指数进行调整后的1990年可比价格计算的人均纯收入和人均消费支出数据进行回归。根据表5－2中调整后的1990年可比价格计算的农村居民人均纯收入或可支配收入（X）和农村居民人均消费支出（Y）的数据，采用普通最小二乘法，对消费模型进行回归。

将数据录入Eviews之后，在命令窗口输入命令“LS Y C X”，回车。得到如表5－3所示结果。

表5－3 回归结果

Dependent Variable：Y				
Method：Least Squares				
Date：10/27/19　Time：17：16				
Sample：1990 2015				
Included observations：26				
Variable	Coefficient	Std. Error	t－Statistic	Prob
X	0.785385	0.011618	67.60065	0.0000
C	－17.03257	23.33069	－0.730050	0.4724
R－squared	0.994776	Mean dependent var		1346.764
Adjusted R－squared	0.994558	S. D. dependent var		809.9703
S. E. of regression	59.75177	Akaike info criterion		11.09208
Sum squared resid	85686.57	Schwarz criterion		11.18885
Log likelihood	－142.1970	Hannan－Quinn criter		11.11995
F－statistic	4569.848	Durbin－Watson stat		0.574773
Prob（F－statistic）	0.000000			

回归结果为

$$\hat{Y}_t = -17.0326 + 0.7854X_t$$

表5－3回归结果中判定系数为0.9948，F统计量为4569.85，回归系数的t检验很显著。

5.5.2　检验模型的序列相关性

1. 图示法

（1）e_t 与t的关系图。利用Eviews软件画出残差项 e_t 与时间t以及 e_t 与

e_{t-1}的关系图。在估计出结果后，返回工作文件打开"resid"（残差的数据就存储在这里），点击"View/Graph"，弹出图表选择对话框，在"Specific"中选择"Line & Symbol"，单击"OK"，就出现了残差项 e_t 与时间 t 的关系图，如图5－5（a）所示。图5－5（a）中残差的变动呈现明显的系统模式，连续为正和连续为负，表明残差项存在一阶正自相关。

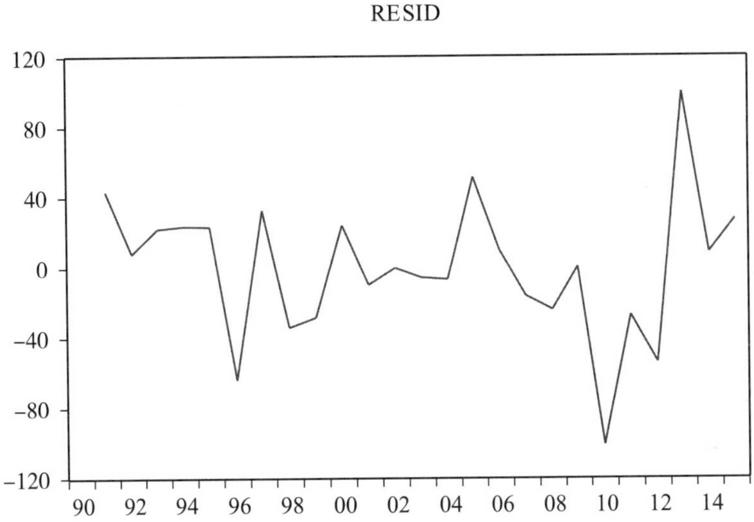

（a）e_t-t关系

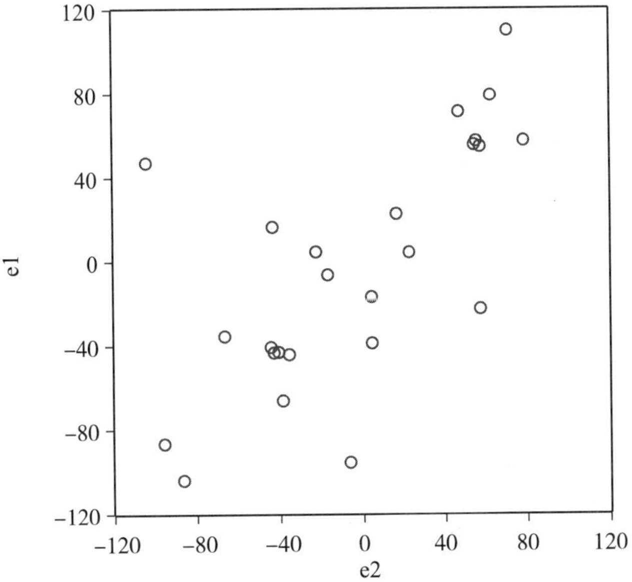

（b）e_t-e_{t-1}关系

图5－5 残差关系

（2）e_{t-1}与 e_t 的关系图。在工作文件下，点击“Quick/Generate Series”，在空白处键入“el = resid”，点击“OK”，再点击“Quick/Generate Series”，在空白处键入“e2 = resid(-1)”，点击“OK”。其中 el 表示残差 e_t，e2 表示滞后 1 期的残差 e_{t-1}。回到工作文件窗口，选中 el 和 e2，点右键“Open/as Group”，弹出新的窗口，在新窗口界面下点“View/Graph”，在“Specific”中选择“Scatter”，单击“OK”，便得到 e_{t-1}与 e_t 的关系图，如图 5 - 5（b）所示，明显看出残差项存在正的序列相关性。

2. DW 检验法

由表 5 - 3 的回归结果中可知 DW = 0. 5748，对于样本量为 26，一个解释变量的模型，在 5% 的显著水平下查 DW 统计表可知，$d_L = 1.302$，$d_U = 1.361$，模型中 $DW = 0.5748 < d_L$，显然此消费模型中存在正的一阶自相关。

3. BG 检验法

为了验证是否存在更高阶的序列相关性，接下来采用 BG 检验法来做进一步检测，回到表 5 - 3 的界面，点击“View/Residual Diagnostics/serial Correlation LM Test”，出现图 5 - 6 所示对话框，将滞后期（Lags to include）填写为 2，回车，便得到如表 5 - 4 的结果。

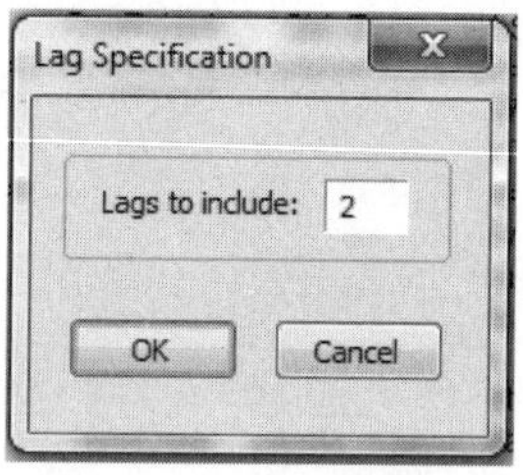

图 5 - 6　滞后期阶数

表 5 - 4　　BG 检验结果

Breusch - Godfrey Serial Correlation LM Test:			
F - statistic	10. 03801	Prob. F（2，22）	0. 0008
Obs * R - squared	12. 40556	Prob. Chi - Square（2）	0. 0020
Test Equation:			
Dependent Variable: RESID			
Method: Least Squares			
Date: 10/27/19　Time: 17: 59			
Sample: 1990 2015			

续表

Included observations：26				
Presample missing value lagged residuals set to zero				
Variable	Coefficient	Std. Error	t - Statistic	Prob
X	0.009005	0.009856	0.913732	0.3708
C	-12.58107	18.75816	-0.670699	0.5094
RESID(-1)	0.791814	0.216284	3.660989	0.0014
RESID(-2)	-0.041812	0.245340	-0.170426	0.8662
R - squared	0.477137	Mean dependent var		-1.89E-13
Adjusted R - squared	0.405837	S. D. dependent var		58.54454
S. E. of regression	45.12726	Akaike info criterion		10.59749
Sum squared resid	44802.34	Schwarz criterion		10.79104
Log likelihood	-133.7674	Hannan - Quinn criter		10.65322
F - statistic	6.692010	Durbin - Watson stat		1.917801
Prob (F - statistic)	0.002227			

表5-4显示 $LM = nR^2 = 12.40556$，其p值为0.0020，也表明存在自相关。RESID(-1)系数显著，说明存在1阶序列相关性。RESID(-2)系数不显著，因而不存在2阶序列相关性。在存在明显相关的情况下，违反了线性回归模型的古典假设条件，可见，此模型中的t统计量和F统计量的结论并不可靠，所估计的边际消费倾向不一定符合实际，需要修正模型中的自相关。

5.5.3　序列相关性的修正

为了解决自相关问题，可利用多种方法确定自相关系数，采用广义差分法。

1. 由DW统计量计算 $\hat{\rho}$

由表5-3的回归结果中可知DW=0.5748，根据式（5.27）可计算 $\hat{\rho}$：

$$\hat{\rho} \approx 1 - \frac{DW}{2} = 1 - \frac{0.5748}{2} = 0.7126$$

广义差分回归

$$Y_t - 0.7126Y_{t-1} = \beta_0(1 - 0.7126) + \beta_1(X_t - 0.7126X_{t-1})$$

在Eviews命令栏中输入“LS Y-0.7126*Y(-1) C X-0.7126*X(-1)”，可得到表5-5所示结果。

表 5-5　　广义差分回归结果（1）

Dependent Variable：Y-0.7126*Y(-1)

Method：Least Squares

Date：10/27/19　Time：18：21

Sample（adjusted）：1991 2015

Included observations：25 after adjustments

Variable	Coefficient	Std. Error	t-Statistic	Prob
C	-23.76121	16.09927	-1.475918	0.1535
X-0.7126*X(-1)	0.817263	0.022517	36.29539	0.0000
R-squared	0.982840	Mean dependent var		475.9868
Adjusted R-squared	0.982094	S. D. dependent var		311.7387
S. E. of regression	41.71444	Akaike info criterion		10.37619
Sum squared resid	40022.16	Schwarz criterion		10.47370
Log likelihood	-127.7024	Hannan-Quinn criter		10.40324
F-statistic	1317.355	Durbin-Watson stat		1.935437
Prob（F-statistic）	0.000000			

由此可得回归方程

$$Y_t - 0.7126Y_{t-1} = -23.7612 + 0.8173(X_t - 0.7126X_{t-1})$$

由于使用了广义差分，样本容量减少了 1 个，为 25 个。在 5% 的显著水平下查 DW 统计表可知，$d_L = 1.288$，$d_U = 1.454$，模型中 $d_U < DW = 1.9354 < 4 - d_U$，显然此消费模型中已经无自相关。判定系数 R^2、t 统计量、F 统计量也都达到合理水平。

可以计算出 $\hat{\beta}_0 = \frac{-23.7612}{1-0.7126} = -82.6764$，所以，由 DW 统计量计算 $\hat{\rho}$ 回归结果为

$$\hat{Y}_t = -82.6764 + 0.8173X_t$$

2. 用残差序列估计 $\hat{\rho}$

由农村居民人均消费支出和农村居民人均纯收入或可支配收入的回归，已得到回归残差序列“resid”，为估计自相关系数 ρ，已经生成变量“e1 = resid”，在 Eviews 命令中输入“ls e1 e2”，可得回归方程 $\hat{e}_t = 0.7209e_{t-1}$，则可知 $\hat{\rho} = 0.7209$，对原模型进行广义差分回归：

$$Y_t - 0.7209Y_{t-1} = \beta_0(1-0.7209) + \beta_1(X_t - 0.7209X_{t-1})$$

在 Eviews 命令栏直接输入“LS Y-0.7209*Y(-1) C X-0.7209*X(-1)”，回车，可得到表 5-6 所示结果。则可得回归方程为

$$Y_t - 0.7209Y_{t-1} = -23.7074 + 0.8182(X_t - 0.7209X_{t-1})$$

表5-6　　广义差分回归结果（2）

Dependent Variable：Y-0.7209*Y(-1)				
Method：Least Squares				
Date：10/27/19　Time：18：40				
Sample（adjusted）：1991 2015				
Included observations：25 after adjustments				
Variable	Coefficient	Std. Error	t-Statistic	Prob
C	-23.70743	16.05620	-1.476528	0.1534
X-0.7209*X(-1)	0.818195	0.022952	35.64832	0.0000
R-squared	0.982223	Mean dependent var		465.4893
Adjusted R-squared	0.981450	S. D. dependent var		306.0154
S. E. of regression	41.67877	Akaike info criterion		10.37448
Sum squared resid	39953.76	Schwarz criterion		10.47199
Log likelihood	-127.6810	Hannan-Quinn criter		10.40152
F-statistic	1270.803	Durbin-Watson stat		1.954445
Prob（F-statistic）	0.000000			

由于使用了广义差分数据，样本容量减少了1个，为25个。查5%显著水平的DW统计表可知，$d_L = 1.288$，$d_U = 1.454$，模型中 $d_U < DW = 1.9544 < 4 - d_U$，显然此广义差分模型中已经无自相关。判定系数 R^2、t统计量、F统计量也都达到合理水平。

由 $Y_t - 0.7209Y_{t-1} = \beta_0(1 - 0.7209) + \beta_1(X_t - 0.7209X_{t-1})$ 可知

$$\hat{\beta}_0 = \frac{-23.7074}{1 - 0.7209} = -84.9423$$

所以，用残差序列估计 $\hat{\rho}$ 得到的农村居民消费模型为

$$\hat{Y}_t = -84.9423 + 0.8182X_t$$

3. 杜宾两步法估计 $\hat{\rho}$

首先，做回归 $Y_t = b_0 + \rho Y_{t-1} + b_1X_t + b_2X_{t-1} + \nu_t$，在Eviews的命令栏输入“LS Y C Y(-1)X X(-1)”，得到表5-7的回归结果。

表5-7　回归结果

Dependent Variable：Y				
Method：Least Squares				
Date：10/27/19　Time：18：56				
Sample (adjusted)：1991 2015				
Included observations：25 after adjustments				
Variable	Coefficient	Std. Error	t-Statistic	Prob
C	-26.37302	19.61426	-1.344584	0.1931
Y(-1)	0.777425	0.166766	4.661780	0.0001
X	0.785959	0.138420	5.678061	0.0000
X(-1)	-0.596855	0.215173	-2.773832	0.0114
R-squared	0.997494	Mean dependent var		1377.250
Adjusted R-squared	0.997137	S.D. dependent var		811.3059
S.E. of regression	43.41428	Akaike info criterion		10.52510
Sum squared resid	39580.80	Schwarz criterion		10.72012
Log likelihood	-127.5638	Hannan-Quinn criter		10.57919
F-statistic	2786.791	Durbin-Watson stat		2.084552
Prob (F-statistic)	0.000000			

样本回归函数为 $Y_t = -26.3730 + 0.7774Y_{t-1} + 0.7860X_t - 0.5969X_{t-1}$，得到 $\hat{\rho} = 0.7774$。

然后做广义差分结果为

$$Y_t - 0.7774Y_{t-1} = -23.3331 + 0.8257(X_t - 0.7774X_{t-1})$$

$DW = 2.0767$，$d_L = 1.288$，$d_U = 1.454$，模型中 $d_U < DW < 4 - d_U$，显然在5%显著性水平下此广义差分后模型中已经无自相关。

同理可计算出：$\hat{\beta}_0 = \dfrac{-23.3331}{1-0.7774} = -104.3715$。所以，用杜宾两部法得到的农村居民消费模型为

$$\hat{Y}_t = -104.3715 + 0.8257X_t$$

4. Cochrane-Orcutt 迭代法

若使用 Cochrane-Orcutt 迭代法作广义差分回归，可在 Eviews 的命令栏输入“LS Y C X AR(1)”回车，即自动迭代得 Cochrane-Orcutt 迭代法估计结果（见表5-8）。

表 5－8　**Cochrane－Orcutt 迭代法估计结果**

Dependent Variable：Y				
Method：Least Squares				
Date：10/27/19　Time：19：13				
Sample（adjusted）：1991 2015				
Included observations：25 after adjustments				
Convergence achieved after 6 iterations				
Variable	Coefficient	Std. Error	t－Statistic	Prob
C	－103.4178	99.76213	－1.036644	0.3112
X	0.825314	0.036958	22.33134	0.0000
AR(1)	0.775119	0.163091	4.752675	0.0001
R－squared	0.997484	Mean dependent var		1377.250
Adjusted R－squared	0.997255	S. D. dependent var		811.3059
S. E. of regression	42.50423	Akaike info criterion		10.44925
Sum squared resid	39745.41	Schwarz criterion		10.59552
Log likelihood	－127.6156	Hannan－Quinn criter		10.48982
F－statistic	4361.061	Durbin－Watson stat		2.072059
Prob（F－statistic）	0.000000			
Inverted AR Roots	0.78			

由表 5－8 知 $DW=2.0721$，$d_L=1.288$，$d_U=1.454$，模型中 $d_U<DW<4-d_U$，显然在 5% 显著性水平下此广义差分模型中已经无自相关。由科克伦－奥克特（Cochrane－Orcutt）迭代法得到农村居民消费模型：$\hat{Y}_t=-103.4178+0.8253X_t$。

对比四种处理自相关方法的结果，虽然几种方法都能消除自相关，但是 DW 统计量和残差估计的 $\hat{\rho}$ 只是精度不高的估计，而本案例中样本数量有限，对自相关系数 $\hat{\rho}$ 估计的精度也受限。相对来说，本案例中采用杜宾两步法和 Cochrane－Orcutt 迭代法处理自相关的效果可能更好。因此，可以认为 1990～2015 年中国农村居民更为接近实际的边际消费倾向应在 0.83 左右，即消除价格变动因素后，以 1990 年可比价格计算的农民人均纯收入每增加 1 元，平均来说人均消费支出将增加 0.83 元左右。

思考与练习

1. 简述什么是相关性？
2. 判断以下陈述是否正确，并给出合理的解释。

（1）当回归模型随机扰动项有自相关时，普通最小二乘估计量是有偏误的和非有效的。

（2）DW 检验假定随机扰动项的方差是同方差。

（3）当自相关为非 AR(1) 自相关时，应使用 BG 检验。

（4）当回归模型随机扰动项有自相关时，普通最小二乘估计的预测值的方差和标准差不再是有效的。

3. 如何使用 DW 统计量来进行自相关检验？该检验方法的前提条件和局限性有哪些？

4. 宏观经济学中，进出口的自发支出乘数为：$K = \frac{1}{1 - b(1 - t) + m}$，其中，m 为边际进口率。在其他参数已知的条件下，要计算自发支出乘数，就必须估计出边际进口率。采用 1978 ~ 2016 年的进口总额数据和国内生产总值数据来估算边际进口率。相关数据如表 5 - 9 所示。

表 5 - 9　中国 1978 ~ 2016 年进口总额与国内生产总值　单位：亿元

年份	国内生产总值	进口总额	年份	国内生产总值	进口总额
1978	3678.7	187.40	1998	85195.5	11626.10
1979	4100.5	242.90	1999	90564.4	13736.40
1980	4587.6	298.80	2000	100280.1	18638.80
1981	4935.8	367.70	2001	110863.1	20159.20
1982	5373.4	357.50	2002	121717.4	24430.30
1983	6020.9	421.80	2003	137422.0	34195.60
1984	7278.5	620.50	2004	161840.2	46435.80
1985	9098.9	1257.80	2005	187318.9	54273.70
1986	10376.2	1498.30	2006	219438.5	63376.86
1987	12174.6	1614.20	2007	270232.3	73300.10
1988	15180.4	2055.10	2008	319515.5	79526.53
1989	17179.7	2199.90	2009	349081.4	68618.37
1990	18872.9	2574.30	2010	413030.3	94699.30
1991	22005.6	3398.70	2011	489300.6	113161.40
1992	27194.5	4443.30	2012	540367.4	114800.96
1993	35673.2	5986.20	2013	595244.4	121037.46
1994	48637.5	9960.10	2014	643974.0	120358.03
1995	61339.9	11048.10	2015	689052.1	104336.10
1996	71813.6	11557.40	2016	744127.2	104936.00
1997	79715.0	11806.50			

资料来源：国泰安信息技术有限公司开发的《中国宏观经济数据库》。

试回答以下问题：

（1）用 GDP 代表国内生产总值，用 IM 代表进口总额，建立一元回归模型 $IM_t = \beta_0 + \beta_1 GDP_t + \mu_t$（$\beta_1$ 为边际进口率），利用 OLS 估计模型。

（2）根据图示法、DW 检验法和 LM 检验法检验模型是否存在自相关性。

（3）如果存在1阶自相关性，用 DW 值来估计自相关系数 $\hat{\rho}$。

（4）利用估计的 $\hat{\rho}$，用 OLS 估计广义差分方程。

5. 表5－10 给出的是 1990～2016 年中国四川省城镇居民人均消费 CONSUM、人均可支配收入 INCOME，以及消费价格指数 PRICE 数据。定义人均实际消费性支出 y＝CONSUM/PRICE，人均实际可支配收入 X＝INCOME/PRICE。

表5－10　1990～2016年四川省城镇居民人均消费与人均可支配收入数据

年份	CONSUM（元）	INCOME（元）	PRICE	年份	CONSUM（元）	INCOME（元）	PRICE
1990	1281	1490	102.9	2003	5759.21	7041.87	97.6
1991	1488	1691	102.4	2004	6371.14	7709.87	98.1
1992	1651	1989	101.9	2005	6891.27	8385.96	99.3
1993	2034	2408	101.6	2006	7524.81	9350.11	101.3
1994	2806	3297	103.8	2007	8691.99	11098.28	106.1
1995	3429	4002.92	110.4	2008	9679.14	12633.38	101.6
1996	3787.59	4482.7	118.8	2009	10860.2	13839.4	101.8
1997	4092.59	4763.26	117.3	2010	12105.09	15461.16	105.9
1998	4382.59	5127.08	120.3	2011	13696.3	17899.12	105.4
1999	4499.19	5477.89	108.2	2012	15049.54	20306.99	100.5
2000	4855.78	5894.27	104.6	2013	16343.45	22367.63	103.8
2001	5176.17	6360.47	102.4	2014	17759.92	24234.25	104.8
2002	5413.08	6610.8	98.8	2015	19276.84	26205.38	103.1

资料来源：国泰安数据库。

试回答以下问题：

（1）利用 OLS 估计模型 $Y_t = \beta_0 + \beta_1 X_t + \mu_t$（$\beta_1$ 为边际进口率）。

（2）根据图示法、DW 检验法和 LM 检验法检验模型是否存在自相关性。

（3）如果存在1阶自相关性，用 DW 值来估计自相关系数 $\hat{\rho}$。

（4）利用估计的 $\hat{\rho}$，用 OLS 估计广义差分方程。

（5）利用 OLS 估计模型 $\ln Y_t = \beta_0 + \beta_1 \ln X_t + \mu_t$，检验此模型是否存在自相关性，如果存在，请消除。

第 6 章　多重共线性

多元线性回归模型的经典假设条件之一是不存在多重共线性，即多元回归模型中的解释变量之间不存在线性关系。本章主要讨论这一假定被违背的情况，主要内容包括多元回归模型中的多重共线性的性质、多重共线性产生的原因和后果、多重共线性的检验及修正。

6.1　多重共线性概述

多元线性回归模型

$$Y_i = \beta_0 + \beta_1 X_{1i} + \beta_2 X_{2i} + \cdots + \beta_k X_{ki} + \mu_i (i = 1, 2, \cdots, n) \tag{6.1}$$

其中，k 为解释变量的数目，β_j（j = 1，2，…，k）为偏回归系数（regression coefficient），μ_i 为随机扰动项。如果式（6.1）中某两个或两个以上解释变量之间出现较强的近似相关性，并且是线性相关性，则称为多重共线性（multicollinearity）。

如果存在一组不全为零的数 λ_1，λ_2，…，λ_k，使得

$$\lambda_1 X_{1i} + \lambda_2 X_{2i} + \cdots + \lambda_k X_{ki} = 0 \tag{6.2}$$

成立，则称解释变量之间存在完全的多重共线性（perfect multicollinearity），也就是说解释变量之间存在严格的线性关系，表明至少有一个变量可由其他变量线性表示。

如果存在一组不全为零的数 λ_1，λ_2，…，λ_k，使得

$$\lambda_1 X_{1i} + \lambda_2 X_{2i} + \cdots + \lambda_k X_{ki} + \nu_i = 0 \tag{6.3}$$

成立，则称解释变量之间存在近似的多重共线性（approximate multicollinearity）或交互相关（intercorrelated）。式（6.3）中，ν_i 为随机扰动项。

如果解释变量之间不存在完全或近似的线性关系，则称无多重共线性。

这里需要强调，如果解释变量之间不存在线性关系，并不是不存在非线性关系，当解释变量存在非线性关系时，并不违反无多重共线性假定。

假设 r_{ij} 表示解释变量 X_i 和 X_j 的线性相关系数，在回归模型中，解释变量的关系可能表现为以下三种情形。

（1）当 $|r_{ij}| = 0$ 时，解释变量间不存在线性关系，变量间相互正交。这种情

况已经不需要作多元回归，每个参数 β_j 都可以通过 Y 对 X 的一元回归来估计。

（2）当 $|r_{ij}| = 1$ 时，解释变量间存在完全共线性。此时模型参数将无法确定。直观地看，当两个变量按同一方式变化时，要区别每个解释变量对被解释变量的影响程度非常困难。

（3）当 $0 < |r_{ij}| < 1$ 时，解释变量间存在一定程度的线性关系。实际中经常遇到的是这种情形。这时模型的参数是否能正确地被估计，要看 X_i 和 X_j 之间相关程度的高低，如果相关程度高，可能会对参数估计的结构产生很大的影响。

在只有两个解释变量的情形下，相关系数可用于共线性程度的度量。但当解释变量多于两个时，相关系数则不适合度量共线性程度。

6.2　多重共线产生的原因与后果

6.2.1　多重共线产生的原因

由于经济现象的变化涉及多个影响因素，而影响因素之间常常存在一定的相关性。多重共线性产生的原因有以下几点。

1. 经济变量之间具有共同变化趋势

经济运行的特点之一就是经济变量在一定时期表现出共同的变化趋势。例如，对于时间序列数据收入、消费、就业率等，在经济上升时期均呈现增长的趋势，而在经济收缩期，又都呈现下降趋势。当这些变量同时作为解释变量进入模型时就会带来多重共线性问题。

2. 经济变量的内在联系

在经济系统中，各变量之间是相互依存、相互制约的，所以它们的数据一定会存在某种程度的相关关系。例如，生产函数中的劳动投入与资金投入就会表现出一定的相关关系。而且这种关系无论是时间序列数据还是截面数据都会表现出来，从这个意义上讲，多重共线性是不可避免的。

3. 模型中包含了滞后变量

当建立的模型中引入了解释变量的滞后变量时，如 X_t、X_{t-1} 等，而 X 变量与其滞后期变量常常高度相关，于是就可能出现多重共线性。例如，消费模型中，消费不仅依赖于本期收入，而且还依赖于上期收入，即

$$C_t = \alpha + \beta Y_t + \gamma Y_{t-1} + \mu_t$$

由于变量前后期之值存在相互关联性，而滞后变量又作为单独的新解释变量包含

在模型中，因此，滞后变量模型几乎都存在多重共线性。

4. 样本数据自身的原因

例如，抽样仅仅限于总体中解释变量取值的一个有限范围，使得变量变异不大；或者由于总体受限，多个解释变量的样本数据之间相关，这种情况就可能会出现多重共线性。

6.2.2 多重共线产生的后果

如果模型中存在多重共线性，则会对 OLS 估计量产生重要影响。下面分别就完全多重共线性和近似多重共线性两种情形来讨论多重共线性对 OLS 估计量的影响。

1. 完全多重共线性的情形

以二元线性回归模型为例来说明完全多重共线性对 OLS 估计量的影响。对于二元线性回归模型的样本回归方程 $\hat{Y}_i=\hat{\beta}_0+\hat{\beta}_1X_{1i}+\hat{\beta}_2X_{2i}$，用普通最小二乘法得到参数的估计结果为

$$\hat{\beta}_0=\bar{Y}-\hat{\beta}_1\bar{X}_1-\hat{\beta}_2\bar{X}_2 \tag{6.4}$$

$$\hat{\beta}_1=\frac{\sum Y_iX_{1i}\sum X_{2i}^2-\sum Y_iX_{2i}\sum X_{1i}X_{2i}}{\sum X_{1i}^2\sum X_{2i}^2-(\sum X_{1i}X_{2i})^2} \tag{6.5}$$

$$\hat{\beta}_2=\frac{\sum Y_iX_{1i}\sum X_{2i}^2-\sum Y_iX_{2i}\sum X_{1i}X_{2i}}{\sum X_{1i}^2\sum X_{2i}^2-(\sum X_{1i}X_{2i})^2} \tag{6.6}$$

其中，$\bar{Y}$、$\bar{X}_1$、$\bar{X}_2$ 为 Y_i、X_{1i}、X_{2i}的平均值，Y_i、X_{1i}、X_{2i}为 Y_i、X_{1i}、X_{2i}的离差。

如果 X_1 与 X_2 存在完全的多重共线性，则存在 $\lambda\neq0$，使 $X_{2i}=\lambda X_{1i}$，则 $X_{2i}=\lambda X_{1i}$，将其代入式（6.5）和式（6.6）可得

$$\begin{aligned}\hat{\beta}_1&=\frac{\sum Y_iX_{1i}\sum X_{2i}^2-\sum Y_iX_{2i}\sum X_{1i}X_{2i}}{\sum X_{1i}^2\sum X_{2i}^2-(\sum X_{1i}X_{2i})^2}\\&=\frac{\lambda^2\sum Y_iX_{1i}\sum X_{1i}^2-\lambda^2\sum Y_iX_{1i}\sum X_{1i}^2}{\lambda^2(\sum X_{1i}^2)^2-\lambda^2(\sum X_{1i}^2)^2}=\frac{0}{0}\end{aligned} \tag{6.7}$$

$$\begin{aligned}\hat{\beta}_2&=\frac{\sum Y_iX_{2i}\sum X_{1i}^2-\sum Y_iX_{1i}\sum X_{1i}X_{2i}}{\sum X_{1i}^2\sum X_{2i}^2-(\sum X_{1i}X_{2i})^2}\\&=\frac{\lambda\sum Y_iX_{1i}\sum X_{1i}^2-\lambda\sum Y_iX_{1i}\sum X_{1i}^2}{\lambda^2(\sum X_{1i}^2)^2-\lambda^2(\sum X_{1i}^2)^2}=\frac{0}{0}\end{aligned} \tag{6.8}$$

可见，式（6.7）和式（6.8）都是不定式，这说明当解释变量之间存在多重共线性时，不可能获得所有参数的唯一估计值，也就不能根据样本进行任何统

计推断。另外，如果 X_1 与 X_2 存在完全的多重共线性，就没有办法在保持 X_1 不变的情况下，分析 X_2 对 Y 的影响。或者说，没有办法能从样本中把 X_1 和 X_2 各自的影响分解开来。

完全的多重共线性还会将 OLS 估计量的方差变为无穷大。二元线性回归方程的 OLS 估计量的方差为

$$\mathrm{Var}(\hat{\beta}_0)=\left[\frac{1}{n}+\frac{\bar{X}_1^2\sum X_{2i}^2+\bar{X}_2^2\sum X_{1i}^2-2\bar{X}_1\bar{X}_2\sum X_{1i}X_{2i}}{\sum X_{1i}^2\sum X_{2i}^2-(\sum X_{1i}X_{2i})^2}\right]\sigma^2 \tag{6.9}$$

$$\mathrm{Var}(\hat{\beta}_1)=\frac{\sum X_{2i}^2}{\sum X_{1i}^2\sum X_{2i}^2-(\sum X_{1i}X_{2i})^2}\sigma^2 \tag{6.10}$$

$$\mathrm{Var}(\hat{\beta}_2)=\frac{\sum X_{1i}^2}{\sum X_{1i}^2\sum X_{2i}^2-(\sum X_{1i}X_{2i})^2}\sigma^2 \tag{6.11}$$

将 $X_{2i}=\lambda X_{1i}$ 代入式（6.10）和式（6.11）可得

$$\mathrm{Var}(\hat{\beta}_1)=\frac{\sum X_{2i}^2}{\sum X_{1i}^2\sum X_{2i}^2-(\sum X_{1i}X_{2i})^2}\sigma^2=\frac{\lambda^2\sum X_{1i}^2}{\lambda^2(\sum X_{1i}^2)-\lambda^2(\sum X_{1i}^2)^2}\sigma^2$$

$$=\frac{\lambda^2\sum X_{1i}^2}{0}\sigma^2$$

$$\mathrm{Var}(\hat{\beta}_2)=\frac{\sum X_{1i}^2}{\sum X_{1i}^2\sum X_{2i}^2-(\sum X_{1i}X_{2i})^2}\sigma^2=\frac{\sum X_{1i}^2}{\lambda^2(\sum X_{1i}^2)-\lambda^2(\sum X_{1i}^2)^2}\sigma^2$$

$$=\frac{\sum X_{1i}^2}{0}\sigma^2$$

这说明，当解释变量之间存在完全多重共线性时，参数估计值的方差会变成无穷大。

2. 近似的多重共线性的影响

完全多重共线性是一个极端情形。在用经济数据进行分析时，两个或两个以上解释变量之间常常表现出近似的线性相关。仍然以二元线性回归模型为例，说明当 X_1 与 X_2 相关程度很高时，对估计结果产生的影响。

（1）OLS 估计量接近不定式。假设存在不为 0 的常数 λ，使 $X_{2i}=\lambda X_{1i}+\nu_i$，其中 ν_i 是随机扰动项，并且满足 $\sum X_{1i}\nu_i=0$，也即 X_{1i} 与 ν_i 不相关。将 $X_{2i}=\lambda X_{1i}+\nu_i$ 代入式（6.10）和式（6.11）可得

$$\hat{\beta}_1=\frac{\sum Y_iX_{1i}(\lambda^2\sum X_{1i}^2+\sum\nu_i^2)-(\lambda\sum Y_iX_{1i}+\sum Y_i\nu_i)\lambda\sum X_{1i}^2}{\sum X_{1i}^2(\lambda^2\sum X_{1i}^2+\sum\nu_i^2)-(\lambda\sum X_{1i}^2)^2}$$

$$=\frac{\sum Y_iX_{1i}\sum\nu_i^2-\lambda\sum Y_i\nu_i\sum X_{1i}^2}{\sum X_{1i}^2\sum\nu_i^2}$$

$$\hat{\beta}_2 = \frac{(\lambda \sum Y_i X_{1i} + \sum Y_i \nu_i) \sum X_{1i}^2 - \sum Y_i X_{1i} \lambda \sum X_{1i}^2}{\sum X_{1i}^2 (\lambda^2 \sum X_{1i}^2 + \sum \nu_i^2) - (\lambda \sum X_{1i}^2)^2}$$

$$= \frac{\sum Y_i \nu_i}{\sum \nu_i^2}$$

X_1 与 X_2 相关程度很高时，ν_i 就会足够小，以至于趋近于 0。这样的话，OLS 估计量就会趋于不定式。

（2）OLS 估计量的方差变大。在存在近似的多重共线性的条件下，OLS 估计量的方差与变量之间的相关系数有关。仍然以二元线性回归模型 $Y_i = \beta_0 + \beta_1 X_{1i} + \beta_2 X_{2i} + \mu_i$ 为例，X_1 与 X_2 近似的多重共线性的关系为 $X_{2i} = \lambda X_{1i} + \nu_i$，式中符号含义同前。将 $X_{2i} = \lambda X_{1i} + \nu_i$ 代入式（6.11），得

$$\hat{\beta}_2 = \frac{\sum Y_i X_{2i} (\lambda^2 \sum X_{2i}^2 + \sum \nu_i^2) - (\lambda \sum Y_i X_{2i} + \sum Y_i \nu_i)(\lambda \sum X_{2i}^2)}{(\lambda^2 \sum X_{2i}^2 + \sum \nu_i^2)(\sum X_{2i}^2) - \lambda^2 (\sum X_{2i}^2)^2}$$

其中利用关系式 $\sum X_{2i} \nu_i = 0$。因此，X_1 与 X_2 存在近似共线性时，β_2 是可以估计的。但是，如果 X_1 与 X_2 共线程度越高，ν_i 会充分的小，此时 $\hat{\beta}_2$ 会趋于不确定。对于 $\hat{\beta}_1$ 也可推出类似的表达式，并得到类似结论。

在 X_1 与 X_2 存在不完全的多重共线性时，设 r_{12} 为 X_1 与 X_2 的相关系数，则有

$$r_{12} = \frac{\sum (X_{1i} - \bar{X}_1)(X_{2i} - \bar{X}_2)}{\sqrt{\sum (X_{1i} - \bar{X}_1)^2 \sum (X_{2i} - \bar{X}_2)^2}} = \frac{\sum X_{1i} X_{2i}}{\sqrt{\sum X_{1i}^2 \sum X_{2i}^2}} \tag{6.12}$$

将式（6.12）代入式（6.10）和式（6.11）得

$$\mathrm{Var}(\hat{\beta}_1) = \frac{\sum X_{2i}^2}{\sum X_{1i}^2 \sum X_{2i}^2 - (\sum X_{1i} X_{2i})^2} \sigma^2 = \frac{1}{\sum X_{1i}^2 \left[1 - \frac{(\sum X_{1i} X_{2i})^2}{\sum X_{1i}^2 \sum X_{2i}^2}\right]} \sigma^2$$

$$\mathrm{Var}(\hat{\beta}_2) = \frac{\sum X_{1i}^2}{\sum X_{1i}^2 \sum X_{2i}^2 - (\sum X_{1i} X_{2i})^2} \sigma^2 = \frac{1}{\sum X_{2i}^2 \left[1 - \frac{(\sum X_{1i} \sum X_{2i})^2}{\sum X_{1i}^2 \sum X_{2i}^2}\right]} \sigma^2$$

又因为 $r_{12}^2 = \frac{(\sum X_{1i} \sum X_{2i})^2}{\sum X_{1i}^2 \sum X_{2i}^2}$，记

$$\mathrm{VIF} = \frac{1}{1 - r_{12}^2} \tag{6.13}$$

则参数估计量的方差为 $\mathrm{Var}(\hat{\beta}_1) = \frac{\sigma^2}{\sum X_{1i}^2}\mathrm{VIF}$，$\mathrm{Var}(\hat{\beta}_2) = \frac{\sigma^2}{\sum X_{2i}^2}\mathrm{VIF}$。即 $\hat{\beta}_1$ 与 $\hat{\beta}_2$ 的方差与 VIF 呈现正比关系。

显然，当 X_1 与 X_2 相关程度很高时，r_{12}^2的值就很接近1，则VIF的值就会趋向于无穷大。称VIF为方差膨胀因子（variance inflation factor），它会使估计量的方差膨胀，而VIF的值取决于 r_{12}的值。VIF表明，参数估计量的方差是由于多重共线性的出现而膨胀起来的。随着共线性的增加，参数估计量的方差也增大，当 r_{12}趋近于1时，方差甚至可以变为无穷大。

（3）参数的置信区间变宽。当 X_1 与 X_2 相关程度很高时，VIF的值会很大，从而估计量的方差也会变得很大，这会导致对应的标准差变大，其直接后果是参数的置信区间变宽，影响估计的精度。

假设方差已知，正态分布下95%置信度下的分位点为1.96，当 $r_{12}=0.99$ 时，β_2 的置信区间要比相关系数为零时大约 $\sqrt{50}$倍（见表6-1）。下面以 β_2 为例给出不同 r_{12}的值对其置信区间的影响。

表6-1　增加共线性对 β_2 的95%置信区间的影响

r_{12}	r_{12}^2	方差膨胀因子（VIF）	β_2 的95%置信区间
0.00	0.00	1	$\hat{\beta}_2 \pm 1.96\sqrt{\sigma^2/\sum X_{2i}^2}$
0.50	0.25	1.33	$\hat{\beta}_2 \pm 1.96\sqrt{1.33}\sqrt{\sigma^2/\sum X_{2i}^2}$
0.99	0.9801	50	$\hat{\beta}_2 \pm 1.96\sqrt{50}\sqrt{\sigma^2/\sum X_{2i}^2}$
0.999	0.998001	500	$\hat{\beta}_2 \pm 1.96\sqrt{500}\sqrt{\sigma^2/\sum X_{2i}^2}$

从表6-1中可以看出，随着 X_1 与 X_2 相关程度的提高，方差膨胀因子的值会以非常快的速度增加，同时参数置信区间的宽度也会以较快的速度变宽。由于相关程度很高时置信区间的宽度会变宽，所以就降低了参数估计的精度。

（4）t检验可能作出错误的判断。以 β_1 的t检验为例。要检验 $H_0: \beta_1=0$，需要计算t检验统计量，其计算方法为：当 X_1 与 X_2 相关程度很高时，由于方差膨胀因子的作用 $Var(\hat{\beta}_1)$ 会变大，这样有可能使t检验统计量的值变小，从而做出不拒绝原假设的判断（即 $\beta_1=0$），而使本应否定的“系数为0”的原假设被错误地接受。

（5）当多重共线性严重时，可能造成判定系数 R^2 较高，经F检验的参数联合显著性也很高，但对各个参数单独的t检验可能不显著，甚至可能使估计的回归系数符号相反，得出完全错误的结论。出现这种情况，很可能正是存在严重多重共线性的表现。

通过以上分析可知，完全的多重共线性会对OLS估计量产生非常严重的影响，一般情况下这样的情形不会出现；当相关程度较高时不完全的多重共线性也会对 OLS 估计量产生严重的影响，而这种情形是会经常遇到的。

6.3 多重共线的检验

下面介绍几种常用的检验多重共线性的方法。

6.3.1 不显著系数法

不显著系数法是利用多元线性回归模型的拟合结果进行检验，一般出现下述情形中的一项或几项则表明模型中可能存在较严重的多重共线性。

（1）当增加或剔除一个解释变量，或者改变一个观测值时，OLS 估计量发生较大变化；

（2）一些解释变量的系数估计值的符号与理论或者经验不相符；

（3）重要解释变量 OLS 估计的结果对应的 Se 的值较大或者 t 检验统计量的值较小；

（4）OLS 估计结果中判定系数 R^2 和 F 检验统计量的值非常高，而模型中全部或部分参数估计值经检验不显著。

6.3.2 相关系数检验法

相关系数检验法是利用解释变量之间的线性相关程度去判断是否存在多重共线性的一种简便方法。一般而言，如果每两个解释变量的简单相关系数比较高，如大于0.8，则可认为存在着较严重的多重共线性。但要注意，较高的简单相关系数只是多重共线性存在的充分条件而不是必要条件。特别是在多于两个解释变量的回归模型中，有时较低的简单相关系数也可能存在多重共线性。因此并不能简单地依据相关系数进行多重共线性的准确判断。

6.3.3 方差膨胀因子法

在多元线性回归模型中，如果分别以每个解释变量为被解释变量，作与其他解释变量的回归，这称为辅助回归。选定一个解释变量作为被解释变量（如 X_j），做它与其余解释变量的回归，得到回归的判定系数 R_j^2，可以证明，X_j 参数估计值 $\hat{\beta}_j$ 的方差为

$$\mathrm{Var}(\hat{\beta}_j) = \frac{\sigma^2}{\sum X_{ji}^2}\frac{1}{1-R_j^2} = \frac{\sigma^2}{\sum X_{ji}^2}\mathrm{VIF}_j \tag{6.14}$$

其中，VIF_j 为变量 X_j 的方差膨胀因子，即

$$VIF_j = \frac{1}{1 - R_j^2} \tag{6.15}$$

注意，这里的 VIF_j 是在多个解释变量辅助回归确定多重判定系数 R_j^2 的基础上计算的方差膨胀因子，是式（6.13）只有两个解释变量情况的拓展。

由于 R_j^2 度量了 X_j 与其他解释变量的线性相关程度，这种相关程度越强，说明变量间多重共线性越严重，VIF_j 也就越大。反之，X_j 与其他解释变量的线性相关程度越弱，说明变量间的多重共线性越弱，VIF_j 也就越接近于1。由此可见，VIF_j 的大小反映了解释变量之间是否存在多重共线性，可用它来度量多重共线性的严重程度。经验表明，$VIF_j \geqslant 10$，说明解释变量与其余解释变量之间有严重的多重共线性，这个条件等价于 $R_j^2 \geqslant 0.9$。

6.3.4　辅助回归法

相关系数矩阵只能判断解释变量两两之间的相关程度。当模型中解释变量多于两个并且呈现出较为复杂的相关关系时，就不能根据相关系数矩阵来判断多重共线性了。这时可以通过辅助回归的方法来判断。

对解释变量做辅助回归，得到其对应的可决系数 R_j^2。可以证明，由可决系数 R_j^2 构造的统计量

$$F = \frac{R_j^2/(k-1)}{(1-R_j^2)/(n-k)} \sim F(k-1,\ n-k) \tag{6.16}$$

如果由此计算得到的 F 值超过设定的临界值，则说明模型中存在较严重的多重共线性。

6.4　多重共线性的修正

如果模型中诊断出多重共线性，就需要采取措施进行补救，从而降低回归模型中存在的多重共线性。具体方法如下。

6.4.1　增大样本容量法

以含有两个解释变量 X_1 与 X_2 的二元线性回归模型为例，偏回归系数的 OLS 估计量 $\hat{\beta}_j(j=1,\ 2)$ 的方差为

$$Var(\hat{\beta}_j) = \frac{\sigma^2}{\sum(X_j - \bar{X}_j)^2} \cdot \frac{1}{1-R_j^2} \frac{\sigma^2}{\sum X_j^2 \cdot (1-R_j^2)} \tag{6.17}$$

在 σ^2、R_j^2 给定的情况下，若增大 X_1 与 X_2 的样本容量，则 $\sum X_j^2$ 将增大，

$\hat{\beta}_j$ 的方差和标准差将会减小。方差的大小与样本容量成反比，样本越大，方差越小。因此，增大样本容量可以减小参数估计值的方差，提高参数估计值的精度，但这种方法只适用于多重共线性是由测量误差或完全是由样本过小引起的情况。如果解释变量相互之间存在多重共线性，则 $R_j^2(j=1,2)$ 越接近于1，这时增大样本容量对减轻多重共线性没有帮助。

6.4.2 变量变换法

在进行回归模型多重共线性处理时，有时需要根据所分析的具体经济问题及模型的形式对解释变量进行变换，能够实现降低共线性的目的。常用的变量变换方式有如下几种。

1. 差分变换

假设时间序列模型为

$$Y_t = \beta_0 + \beta_1 X_{1t} + \beta_2 X_{2t} + \mu_t$$

则有

$$Y_{t-1} = \beta_0 + \beta_1 X_{1t-1} + \beta_2 X_{2t-1} + \mu_{t-1}$$

两式做差得

$$Y_t - Y_{t-1} = \beta_1(X_{1t} - X_{1t-1}) + \beta_2(X_{2t} - X_{2t-1}) + (\mu_t - \mu_{t-1})$$

则上式可以写成

$$\Delta Y_t = \beta_1 \Delta X_{1t} + \beta_2 \Delta X_{2t} + \Delta\mu_t$$

这里的解释变量不再是原来的解释变量，而是解释变量的一阶差分，即使原模型中存在严重的多重共线性，采用变换后的一阶差分模型一般也可以比较有效地修正多重共线性。

2. 用相对数变量替代绝对数变量

例如，设需求函数为

$$Y = \beta_0 + \beta_1 X + \beta_2 P + \beta_3 P_1 + \mu$$

其中，Y、X、P、P_1 分别代表需求量、收入、商品价格与替代商品价格，由于商品价格与替代商品价格往往是同方向变动的，该需求函数模型可能存在多重共线性。此时，考虑用两种商品价格之比做解释变量，代替原模型中商品价格与替代商品价格两个解释变量，则模型为以下形式：

$$Y = \beta_0 + \beta_1 X + \beta_2 \frac{P}{P_1} + \mu$$

这样，原模型中两种商品价格变量之间的多重共线性得以避免。

3. 删去模型中次要的或可替代的解释变量

如果回归模型解释变量间存在较严重的多重共线性，根据经济理论、实践经验、相关系数检验、统计分析等方法鉴别变量是否重要及是否可替代，删去那些对被解释变量影响不大，或被认为是不太重要的变量，就可减轻多重共线性。

6.4.3 先验信息法

先验信息法是指根据经济理论或者其他已有的研究成果事先确定回归模型参数间的某种关系，避免相互影响的解释变量出现在同一个模型之中，然后进行最小二乘估计，如此便消除了多重共线性。

例如，在估计柯布—道格拉斯生产函数的时候，建立以下模型：

$$Y = AL^{\alpha}K^{\beta}e^{\mu} \tag{6.18}$$

由先验信息可知，劳动投入量 L 与资本投入量 K 之间通常是高度相关的，如果按照经济理论“生产规模报酬不变”的假定，即 $\alpha + \beta = 1$，代入式（6.18），可得

$$Y = AL^{\alpha}K^{\beta} = AL^{1-\beta}K^{\beta} = AL\left(\frac{K}{L}\right)^{\beta}e^{\mu}$$

$$\frac{Y}{L} = A\left(\frac{K}{L}\right)^{\beta}e^{\mu} \tag{6.19}$$

两边取对数得

$$\ln\frac{Y}{L} = \ln A + \beta\ln\frac{K}{L} + \mu \tag{6.20}$$

此时式（6.20）为一元线性回归模型，多重共线性得以消除。

6.4.4 逐步回归法

逐步回归法又称 Frisch 综合分析法，其具体步骤如下：

（1）将被解释变量对每个解释变量作简单回归方程，称为基本回归方程。

（2）对每一个基本回归方程进行统计检验，然后以对被解释变量贡献最大的解释变量所对应的回归方程为基础，再逐个引入其余的解释变量，建立一系列回归方程，根据每个新加的解释变量的标准差和复相关系数来考察其对每个回归系数的影响。一般根据以下标准进行判断：

①若新引入的变量改进了 $\bar{R}^2$ 和 F 检验，并且回归参数的 t 检验在统计上也是显著的，则在模型中保留该变量。

②若新引入的变量未能改进 $\bar{R}^2$ 和 F 检验，并且对其他回归参数估计值的 t 检验也未带来什么影响，则认为该变量是多余变量。

③若新引入的变量未能改进 $\bar{R}^2$ 和 F 检验，并且显著地影响了其他回归参数估计值的数值或符号，同时本身的回归参数也通不过 t 检验，说明出现了严重的多重共线性。

综合比较各个引入新变量的模型，最后保留 $\bar{R}^2$ 改进最大，且不影响原有变

量显著性的模型。逐步回归使得最后保留在模型中的解释变量既是重要的，又没有严重的多重共线性。

6.5 案例分析与软件操作

近年来，中国旅游业一直保持着高速发展，旅游业作为国民经济新的增长点，在整个社会经济发展中的作用日益明显。中国的旅游业分为国内旅游和入境旅游两大市场，入境旅游外汇收入年均增长22.6%，与此同时国内旅游年均增长14.4%，远高于同期GDP 9.76%的增长率。为了规划中国未来国内旅游产业的发展，需要定量地分析影响中国国内旅游市场发展的主要因素。

6.5.1 模型设定

经分析，影响国内旅游市场收入的主要因素，除国内旅游人数和旅游支出以外，还可能与相关的基础设施有关。为此，考虑的影响因素主要有国内旅游人数、城镇居民人均旅游支出、农村居民人均旅游支出，并以铁路里程作为相关基础设施的代表。可以看出，上述影响变量与国内旅游总花费之间呈现正相关。为此设定了如下形式的计量经济模型：

$$Y_t = \beta_0 + \beta_1 X_{1t} + \beta_2 X_{2t} + \beta_3 X_{3t} + \beta_4 X_{4t} + \mu_t \tag{6.21}$$

其中，Y_t 为第 t 年全国国内旅游总花费（亿元）；X_1 为国内旅游人数（百万人次）；X_2 为城镇居民人均旅游支出（元）；X_3 为农村居民人均旅游支出（元）；X_4 为铁路里程（万公里）。上述解释变量的偏回归系数预期都是大于零。

为了估计式（6.21）的参数，收集旅游事业发展在1994～2016年的相关统计数据，如表6-2所示。

表6-2　　1994～2016年中国旅游收入及相关数据

年份	国内旅游总花费（亿元）	国内旅游人数（百万人次）	城镇居民人均旅游支出（元）	农村居民人均旅游支出（元）	铁路里程（万公里）
1994	1023.5	524	414.7	54.9	5.90
1995	1375.7	629	464.0	61.5	5.97
1996	1638.8	639	534.1	70.5	6.49
1997	2112.7	644	599.8	145.7	6.60
1998	2391.2	695	607.0	197.0	6.64
1999	2831.9	719	614.8	249.5	6.74
2000	3175.5	744	678.6	226.6	6.87

续表

年份	国内旅游总花费（亿元）	国内旅游人数（百万人次）	城镇居民人均旅游支出（元）	农村居民人均旅游支出（元）	铁路里程（万公里）
2001	3522.4	784	708.3	212.7	7.01
2002	3878.4	878	739.7	209.1	7.19
2003	3442.3	870	684.9	200.0	7.30
2004	4710.7	1102	731.8	210.2	7.44
2005	5285.9	1212	737.1	227.6	7.54
2006	6229.74	1394	766.4	221.9	7.71
2007	7770.62	1610	906.9	222.5	7.80
2008	8749.3	1712	849.4	275.3	8.00
2009	10183.7	1902	801.1	295.3	8.60
2010	12579.8	2103	883.0	306.0	9.10
2011	19305.4	2641	877.8	471.4	9.30
2012	22706.2	2957	914.5	491.0	9.76
2013	26276.1	3262	946.6	518.9	10.31
2014	30311.9	3611	975.4	540.2	11.18
2015	34195.1	4000	985.5	554.2	12.10
2016	39390.0	4440	1009.1	576.4	12.40

资料来源：《中国统计年鉴（1995～2017）》。

将数据录入 Eviews 之后，在命令窗口输入命令“LS Y C X1 X2 X3 X4”，回车。得到如表 6－3 所示结果。

表 6－3　　回归结果

Dependent Variable：Y				
Method：Least Squares				
Date：10/28/19　Time：09：43				
Sample：1994 2016				
Included observations：23				
Variable	Coefficient	Std. Error	t－Statistic	Prob
C	－7460.376	4663.416	－1.599766	0.1271
X1	7.196372	1.319945	5.452023	0.0000

续表

X2	-16.13600	3.116765	-5.177162	0.0001
X3	11.89160	4.882928	2.435342	0.0255
X4	1846.264	905.8434	2.038171	0.0565
R - squared	0.993758	Mean dependent var		11003.78
Adjusted R - squared	0.992371	S. D. dependent var		11666.82
S. E. of regression	1019.000	Akaike info criterion		16.88069
Sum squared resid	18690514	Schwarz criterion		17.12754
Log likelihood	-189.1280	Hannan - Quinn criter		16.94277
F - statistic	716.4728	Durbin - Watson stat		1.145417
Prob（F - statistic）	0.000000			

该模型中 $R^2=0.9938$，$\bar{R}^2=0.9924$，判定系数很高，F 检验值 716.48，明显显著。当显著性水平 $\alpha=0.05$ 时，查 t 分布表可得：$t_{\frac{\alpha}{2}}(18)=2.101$，各个解释变量系数的 t 检验均显著。但是，从经济意义上看，X_2 参数估计值的符号与预期相反，表明城镇居民人均旅游支出越多，国内旅游收入将会越少，这显然是不合理的。这表明模型很可能存在严重的多重共线性。

6.5.2 多重共线性的检验

1. 相关系数法

为证实是否存在多重共线性，计算各解释变量相互之间的相关系数，在 Eviews 中选择 X_1、X_2、X_3、X_4 数据，点击右键“Open/as Group”，弹出新的窗口，在新的界面下，单击“view/covariance Analysis”，弹出“Covariance Analysis”界面（见图 6-1）。

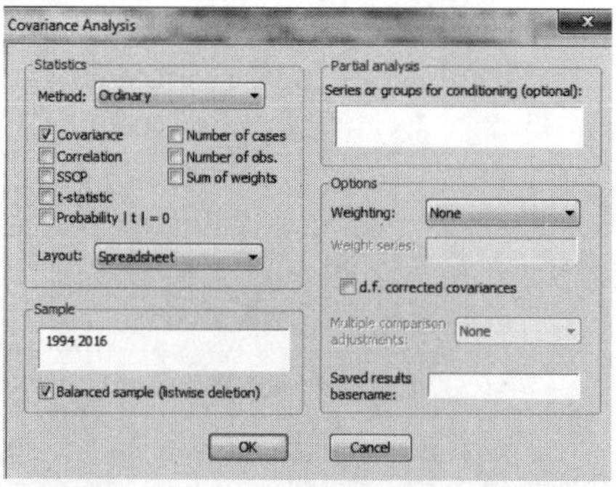

图 6-1 Covariance Analysis 界面

在“Statistics”中选“correlation”，点击“ok”，便得到解释变量之间的相关系数矩阵（见表 6 –4）。

表 6 –4　相关系数矩阵

	X1	X2	X3	X4
X_1	1. 000000	0. 874954	0. 952018	0. 989868
X_2	0. 874954	1. 000000	0. 894003	0. 894863
X_3	0. 952018	0. 894003	1. 000000	0. 954808
X_4	0. 989868	0. 894863	0. 954808	1. 000000

由相关系数矩阵可以看出，各个解释变量相互之间的相关系数较高，证实确实存在一定的多重共线性。

2. 辅助回归法

为了进一步了解多重共线性的性质，作辅助回归，计算判定系数和方差膨胀因子。在 Eviews 的命令窗口中依次输入“LS X1 C X2 X3 X4”、“LS X2 C X1 X3 X4”、“LS X3 C X1 X2 X4”、“LS X4 C X1 X2 X3”，将辅助回归结果列表如下（见表 6 –5）。

表 6 –5　辅助回归相关结果

被解释变量	R^2	$\bar{R}^2$	Prob（F 统计量）	F 值是否显著（1% 的显著水平）
X_1	0. 9814	0. 9785	0. 0000	是
X_2	0. 8284	0. 8013	0. 0000	是
X_3	0. 9237	0. 9116	0. 0000	是
X_4	0. 9837	0. 9811	0. 0000	是

从表 6 –5 可知，X_1、X_2、X_3、X_4 这四个变量中的每个变量都可由其余三个变量线性表示，并且都通过了显著性水平 1% 的显著性检验，说明模型中存在多重共线性。

3. 方差膨胀因子法

在 Eviews 中，也可以直接计算解释变量的方差膨胀因子，在表 6 –3 的回归结果中，单击“View/Coefficient Diagnostics/Variance Inflation Factors”即可，其中 Centered VIF 即为方差膨胀因子（VIF），如表 6 –6 所示。

表 6-6　　方差膨胀因子

Variance Inflation Factors			
Date：10/28/19　Time：10：29			
Sample：1994 2016			
Included observations：23			
Variable	Coefficient Variance	Uncentered VIF	Centered VIF
C	21747447	481.7119	NA
X_1	1.742256	165.2576	53.88798
X_2	9.714223	129.4083	5.827392
X_3	23.84299	55.78583	13.10557
X_4	820552.2	1274.998	61.28948

经验表明，如果方差膨胀因子 $VIF_j \geq 10$，通常说明该解释变量与其余解释变量之间有严重的多重共线性，这里 X_1、X_3、X_4 的方差膨胀因子远大于10，表明存在严重的多重共线性问题。

6.5.3　多重共线性的修正

为了避免删除重要解释变量引起设定误差，不随意删除解释变量。考虑将各变量进行对数变换，再对以下模型进行估计。

$$\ln Y_t = \beta_0 + \beta_1 \ln X_{1t} + \beta_2 \ln X_{2t} + \beta_3 \ln X_{3t} + \beta_4 \ln X_{4t} + \mu_t \tag{6.22}$$

在 Eviews 软件的命令窗口输入“LS LOG(Y)C LOG(X1)LOG(X2)LOG(X3)LOG(X4)”，回车，得到的回归结果如表 6-7 所示。

表 6-7　　对数模型的 OLS 回归结果

Dependent Variable：LOG(Y)				
Method：Least Squares				
Date：10/28/19　Time：10：44				
Sample：1994 2016				
Included observations：23				
Variable	Coefficient	Std. Error	t-Statistic	Prob
C	-4.026843	0.555063	-7.254753	0.0000
LOG(X1)	1.032179	0.068851	14.99157	0.0000
LOG(X2)	0.389891	0.124239	3.138232	0.0057

续表

LOG(X3)	0.328093	0.041501	7.905650	0.0000
LOG(X4)	0.470061	0.214030	2.196238	0.0414
R – squared	0.998843	Mean dependent var		8.759419
Adjusted R – squared	0.998586	S. D. dependent var		1.091506
S. E. of regression	0.041051	Akaike info criterion		–3.358345
Sum squared resid	0.030333	Schwarz criterion		–3.111498
Log likelihood	43.62096	Hannan – Quinn criter		–3.296264
F – statistic	3883.874	Durbin – Watson stat		0.903813
Prob（F – statistic）	0.000000			

该模型 $R^2=0.9988$，$\bar{R}^2=0.9986$，判定系数很高，F 检验值 3883.874，明显显著。当 $\alpha=0.05$ 时，$t_{0.025}(18)=2.101$，所有系数估计值的 t 检验都高度显著。所有解释变量的符号都与先验预期相一致，即旅游人数、城乡居民人均旅游支出和铁路里程都与国内旅游总花费正相关。

本案例分析表明，在其他变量保持不变的情况下，如果国内旅游人数每增加 1%，则国内旅游总花费平均会增加 1.032%；如果城镇居民人均旅游支出每增加 1%，则国内旅游总花费平均会增加 0.3899%；如果农村居民人均旅游支出每增加 1%，则国内旅游总花费平均会增加 0.3281%；如果铁路里程每增加 1%，则国内旅游总花费平均会增加 0.4701%。

经过数据变换后，解释变量的相关检验指标都高度显著，且回归系数均为正，说明解释变量对被解释变量都有显著的影响。

思考与练习

1. 多重共线性的实质是什么？为什么会出现多重共线性？

2. 多重共线性的典型表现是什么？判断是否存在多重共线性的方法有哪些？

3. 多重共线性的产生与样本容量的个数 n，解释变量的个数 k 是否有关系？

4. 影响财政收入的因素是多种多样的。为了研究这些因素，选取了 2010 年我国省会城市和计划单列城市的相关数据，其中 Y 为财政收入，X_1 为地区生产总值，X_2 为固定资产投资总额，X_3 为在岗职工平均工资，X_4 为社会商品零售总额，X_5 为年末总人口数。试建立多元线性回归模型，并检验模型中是否存在多重共线性（见表 6 – 8）。

表 6-8　　2010 年直辖市、省会城市和计划单列市主要经济指标

城市名称	地方财政预算内收入（万元）	地区生产总值（当年价格）（亿元）	固定资产投资总额（万元）	在岗职工平均工资（元）	社会商品零售总额（万元）	年末总人口（万人）
北京	23539301	14113.6	54935179	65682.2	62292986	1258
天津	10688093	9224.5	65114200	52963.7	29025506	985
石家庄	1636303	3401.0	29579966	31458.8	14098923	989
太原	1384809	1778.1	8993056	38838.9	8258458	366
呼和浩特	1267617	1865.7	8812359	37693.5	7566236	230
沈阳	4653540	5017.5	41391498	41899.7	20658671	720
大连	5008322	5158.2	40478904	44615.0	16397554	586
长春	1808461	3329.0	26377394	35721.1	12867475	759
哈尔滨	2381428	3664.9	26518734	32411.1	17701558	992
上海	28735840	17166.0	53176663	71875.4	60705033	1412
南京	5188008	5130.7	33060484	48781.7	22887409	632
杭州	6713413	5949.2	27531348	48771.9	21460790	689
宁波	5309278	5163.0	21932830	43476.2	17044539	574
合肥	2594283	2701.6	30669745	39290.8	8390236	495
福州	2478206	3123.4	23174379	34804.5	16242808	646
厦门	2891748	2060.1	10099850	40282.9	6850248	180
南昌	1464650	2200.1	19516016	35038.0	7649438	502
济南	2661314	3910.5	19874361	37853.9	18024610	604
青岛	4526138	5666.2	30224785	37803.5	19611331	764
郑州	3868040	4040.9	27569763	32777.8	16780339	963
武汉	3901866	5565.9	37531682	39302.2	25704037	837
长沙	3142836	4547.1	31925699	38337.7	18645314	652
广州	8726470	10748.3	32635731	54494.1	44763780	806
深圳	11068166	9581.5	19447008	50455.0	30007629	260
南宁	1560958	1800.3	14830158	37039.9	9059318	707
海口	503661	595.1	3526000	34192.0	3269417	160
重庆	10182938	7925.6	69347966	35367.0	28780433	3303
成都	5269400	5551.3	42553662	38603.1	24176000	1149
贵阳	1363034	1121.8	10191025	31128.5	4847785	337
昆明	2538316	2120.4	21608849	32022.1	9564321	584

续表

城市名称	地方财政预算内收入（万元）	地区生产总值（当年价格）（亿元）	固定资产投资总额（万元）	在岗职工平均工资（元）	社会商品零售总额（万元）	年末总人口（万人）
西安	2418567	3241.5	32505641	37871.5	16370367	783
兰州	727579	1100.4	6606877	33963.8	5451055	324
西宁	345219	628.3	4030156	32219.7	2317649	221
银川	640368	769.4	6486862	39815.9	2251415	159
乌鲁木齐	1479938	1338.5	5001083	40648.8	5636665	243

资料来源：中华人民共和国国家统计局：《中国统计年鉴（2011）》，中国统计出版社 2011 年版。

5. 农民工就业问题关系到民生问题，只有农民工就业问题得到妥善解决，“三农”问题才能得到缓解，经济增长才能突破瓶颈。有研究表明劳动力市场分割会对就业产生负面影响。表 6 - 9 给出了农民工就业与劳动力市场分割程度的数据。表格中 FWL 表示农民工就业数量；CXS 表示劳动力城乡分割程度，CXS =（乡村人口数/城镇人口数 + 乡村就业人数/城镇就业人数）/2；HYS 表示行业分割程度，HYS = 第一产业就业人数/（第二产业就业人数 + 第三产业就业人数）；DQS 表示地区分割程度，DWS 表示单位分割程度。试建立多元线性回归模型，并检验模型中是否存在多重共线性。如果存在多重共线性，请修正。

表 6 - 9　　农民工就业与劳动力市场分割程度数据

年份	FWL	CSX	HYS	DQS	DWS
1985	6713	3.06	1.66	5.4	94.19
1986	7522	2.97	1.56	3.97	78.21
1987	8130	2.89	1.5	3.11	61.77
1988	8611	2.84	1.46	2.73	47.37
1989	8498	2.8	1.5	2.16	35.33
1990	8673	2.79	1.51	1.79	29.21
1991	8906	2.73	1.48	2.04	71.04
1992	9765	2.67	1.41	2.38	50.36
1993	10998	2.62	1.29	1.49	26.72
1994	11964	2.56	1.19	1.09	15.7
1995	12707	2.51	1.09	1.63	11.1
1996	13028	2.37	1.02	1.24	8.91

续表

年份	FWL	CSX	HYS	DQS	DWS
1997	13556	2.25	1	1.25	7.47
1998	13806	2.13	0.99	1.42	5.31
1999	13985	2.03	1	1.66	4.92
2000	15165	1.94	1	1.16	4.33
2001	15778	1.85	1	1.09	3.92
2002	16536	1.77	1	0.92	3.51
2003	17712	1.69	0.96	0.87	3.32
2004	19099	1.62	0.88	1.08	3.34
2005	20412	1.55	0.81	1	3.37

资料来源：陈宪、黄健柏：《劳动力市场分割对农民工就业影响的实证分析》，载《开发研究》2009年第3期。

第7章　带有虚拟变量的计量经济学模型

在之前的各章中所涉及的变量都是定量变量，即变量的取值都是数值，但是，也有一些现象并不是以数值形式表示的。例如，想要分析影响旅游景点客流量的因素，季节（春、夏、秋和冬）和景点所处的地理位置（东部、中部和西部）等都是影响因素，而这些变量不是定量变量，可以称之为定性变量。这些变量对所要研究的问题有重要影响，因此有必要描述这类定性变量，并且在模型中引入这些变量。

7.1　虚拟变量概述

7.1.1　虚拟变量的基本概念

在现实经济生活中，被解释变量不但受定量变量影响，同时还受本质上为定性变量的影响，例如，性别、民族、不同历史时期、季节差异、文化程度等。在实际的经济分析中，这些定性因素有时具有不可忽视的重要作用。为了在模型中反映定性因素，可以引入虚拟变量作为表现定性因素的变量。

虚拟变量（dummy variable），又称二元变量，是人工构造的作为属性因素代表的变量，通常用英文字母D表示。由于虚拟变量通常表示的是某种特征的有或无，如男性或女性，黑人或白人，公民或非公民，所以量化方法可采用取值为0或1。0表示变量不具备某种性质，1表示变量具备某种性质。例如，1代表男性，0代表女性；1代表本科毕业，0代表非本科毕业；等等。

虚拟变量与定量变量一样可用于回归分析。在计量经济模型中，虚拟变量可以发挥多方面的作用：

（1）作为属性因素的代表，如性别等。

（2）作为一些偶然因素或政策因素的代表，如战争，自然灾害等。

（3）作为时间序列分析中季节（或月份）的代表。

（4）可以实现分段回归，研究斜率、截距的变动，或者比较两个回归模型的结构差异等。

7.1.2 虚拟变量的设置

由于定性因素通常具有多种属性，因此在设置虚拟变量时要遵循一定的规则。虚拟变量取值是0还是1，主要取决于分析问题的目的。例如，引入性别为虚拟变量讨论男性和女性每年食品支出Y的情况，模型如下：

$$Y_i = \beta_0 + \beta_1 D_i + \mu_i \tag{7.1}$$

其中，$D_i = \begin{cases} 1, & 女性 \\ 0, & 男性 \end{cases}$，这里是用男性作为比较基础。

这种仅包含虚拟变量的回归模型称为方差分析模型（analysis-of-variance models），在这里，解释变量为D。若随机扰动项μ_i满足古典假设，当$D_i=0$时，$E(Y_i \mid D_i=0)=\beta_0$为男性食品支出；当$D_i=1$时，$E(Y_i \mid D_i=1)=\beta_0+\beta_1$为女性食品支出。可以看出，$\beta_1$表示了女性食品支出与男性的差异，称为差异截距系数。

上述描述性别时只有男性和女性两种属性，如果需要描述不只两个属性时，虚拟变量应该怎样设置？比如，想要描述四季的变化，可以选取冬季作为比较基础，$D_1 = \begin{cases} 1, & 春 \\ 0, & 其他 \end{cases}$，$D_2 = \begin{cases} 1, & 夏 \\ 0, & 其他 \end{cases}$，$D_3 = \begin{cases} 1, & 秋 \\ 0, & 其他 \end{cases}$，当$D_1$、$D_2$和$D_3$都为0时，就表示冬季。

在前面提到的性别对食品支出的影响，性别有男性和女性两种属性，引入了一个虚拟变量D。如果引入两个虚拟变量分别代表这两种属性，那么有如下模型：

$$Y_i = \beta_0 + \beta_1 D_{1i} + \beta_2 D_{2i} + \mu_i \tag{7.2}$$

其中，$D_{1i} = \begin{cases} 1, & 女性 \\ 0, & 男性 \end{cases}$，$D_{2i} = \begin{cases} 0, & 女性 \\ 1, & 男性 \end{cases}$。

这时，式（7.2）无法估计，因为D_{1i}和D_{2i}之间存在完全共线性，无法利用OLS估计其参数，即模型陷入了虚拟变量陷阱。改善完全共线性的一个方法就是像式（7.1）那样设置一个虚拟变量。

由此可见，设置虚拟变量应遵循以下规则：

（1）设置虚拟变量取值的规则。一般情况下，设置作为比较基础的属性为0，用于与比较基础进行比较的属性为1。

（2）设置虚拟变量个数的规则。若1个定性因素有m个互相排斥的属性，在有截距项的模型中，只需要引入m-1个虚拟变量，否则会产生完全的多重共线性，陷入虚拟变量陷阱；在无截距项的模型中，则可以引入m个虚拟变量。

7.2　虚拟解释变量模型

在计量经济模型中，引入虚拟变量的方式主要有两种：一种是加法模型；另一种是乘法模型。

7.2.1　加法模型

加法模型是指虚拟变量与其他解释变量之间是加法关系，一般形式为

$$Y_i = \beta_0 + \beta_1 X_i + \beta_2 D_i + \mu_i \tag{7.3}$$

其中，Y 为被解释变量，X 为定量变量，D 为虚拟变量。以加法形式引入虚拟变量作为解释变量，从计量经济学模型的意义看，它的作用是改变设定模型的截距，并不改变斜率（见图 7－1）。

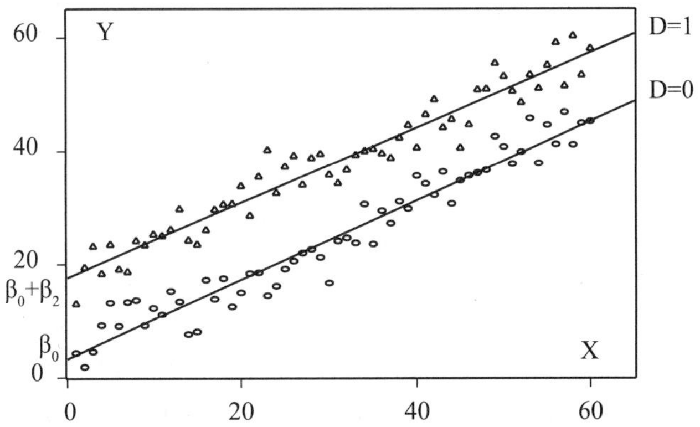

图 7－1　加法模型截距的移动

当 $D_i = 0$ 或 1 时，式（7.3）可表达为

$$Y_i = \begin{cases} \beta_0 + \beta_1 X_i + \mu_i & D_i = 0 \\ (\beta_0 + \beta_2) + \beta_1 X_t + \mu_i & D_i = 1 \end{cases} \tag{7.4}$$

由式（7.4）可知，若 β_2 显著不为零，说明截距不同；若 β_2 为零，说明这种分类无显著性差异。

加法模型主要包括以下几种类型：

1. 模型的解释变量只包含定性变量，而不包含定量变量

这种情形的模型即方差分析模型，一般形式如式（7.1）所示，即

$$Y_i = \beta_0 + \beta_1 D_i + \mu_i$$

式（7.1）描述的是假设其他因素保持不变的。

2. 模型的解释变量包含一个定量变量和一个定性变量

（1）当定性变量只有两种属性时，建立以下模型：

$$Y_i = \beta_0 + \beta_1 X_i + \beta_2 D_i + \mu_i \qquad (7.5)$$

式（7.5）由一个定量解释变量和一个具有两种属性的虚拟解释变量组成。如果把收入作为解释变量加入到式（7.1）中，则在式（7.5）中，Y 为食品支出（元），X 为税后收入，虚拟变量 $D_i = \begin{cases} 1，女性 \\ 0，男性 \end{cases}$，那么式（7.5）描述的是收入和性别差别对食品支出的影响。在这里，定性变量只有两种属性，所以只需要引入一个虚拟变量 D。若随机扰动项 μ_i 满足古典假设，当 $D_i = 0$ 时，$E(Y_i \mid D_i = 0) = \beta_0 + \beta_1 X_i$ 为男性食品支出；当 $D_i = 1$ 时，$E(Y_i \mid D_i = 1) = (\beta_0 + \beta_2) + \beta_1 X_i$ 为女性食品支出，其中，β_2 为差异截距系数。由此可见，男性和女性在食品消费支出函数的斜率相同，而截距水平不同，男性食品支出函数的截距为 β_0，女性食品支出函数的截距为 $\beta_0 + \beta_2$，这说明男性和女性在食品支出水平上，存在着 β_2 的差异，而由收入因素产生的平均食品支出水平的变化却是相同的。

检验男性和女性是否存在食品消费差异，则提出原假设：$\beta_2 = 0$，备择假设 $\beta_2 \neq 0$，对参数 β_2 进行 t 检验。

（2）当定性变量有两种以上属性时，建立以下模型：

$$Y_i = \beta_0 + \beta_1 X_i + \beta_2 D_{2i} + \beta_3 D_{3i} + \mu_i \qquad (7.6)$$

例如，考察不同文化程度居民在医疗保健费用支出方面是否存在显著差异，可以利用式（7.6）来讨论。其中，Y_i 为年医疗保健费用支出，X_i 为居民的年可支配收入，$D_{2i} = \begin{cases} 1，只有高中教育 \\ 0，其他 \end{cases}$，$D_{3i} = \begin{cases} 1，大专及大专以上 \\ 0，其他 \end{cases}$，式（7.6）描述的是年医疗保健费用支出与居民年可支配收入和受教育程度间的因果关系。其中，居民可支配收入为定量变量，定性变量受教育程度可分为三种类型：高中以下、高中、大专及大专以上。定性变量有三种属性，根据虚拟变量的设置规则，式（7.6）引入了两个虚拟变量。

当 $D_{2i} = D_{3i} = 0$ 时，$E(Y_i \mid D_{2i} = 0, D_{3i} = 0) = \beta_0 + \beta_1 X_i$ 为高中以下文化程度居民的年平均医疗保健费用；

当 $D_{2i} = 1$，$D_{3i} = 0$ 时，$E(Y_i \mid D_{2i} = 1, D_{3i} = 0) = (\beta_0 + \beta_2) + \beta_1 X_i$ 为高中文化程度居民的年平均医疗保健费用；

当 $D_{2i} = 0$，$D_{3i} = 1$ 时，$E(Y_i \mid D_{2i} = 0, D_{3i} = 1) = (\beta_0 + \beta_3) + \beta_1 X_i$ 为大专及大专以上文化程度居民的年平均医疗保健费用。

这表明，三种不同教育程度居民的年医疗保健费用平均支出的起点水平（截距）不同，截距差异系数为 β_2 和 β_3。

3. 模型的解释变量包含一个定量变量和两个或两个定性变量

以加法形式引入虚拟解释变量的做法，很容易扩展到处理一个以上定性变量的情形。考虑以下模型：

$$Y_i = \beta_0 + \beta_1 X_i + \beta_2 D_{2i} + \beta_3 D_{3i} + \mu_i \tag{7.7}$$

其中，Y_i 为小时工资，X_i 为居民受教育程度，$D_{2i} = \begin{cases} 1, & 女性 \\ 0, & 男性 \end{cases}$，$D_{3i} = \begin{cases} 1, & 非白种人或非西班牙裔人 \\ 0, & 其他 \end{cases}$，性别和种族为定性变量，居民受教育程度为定量变量。

当 $D_{2i} = D_{3i} = 0$ 时，$E(Y_i \mid X_i, D_{2i} = 0, D_{3i} = 0) = \beta_0 + \beta_1 X_i$ 为白种人或西班牙裔男性的平均小时工资；

当 $D_{2i} = 1$，$D_{3i} = 0$ 时，$E(Y_i \mid X_i, D_{2i} = 1, D_{3i} = 0) = (\beta_0 + \beta_2) + \beta_1 X_i$ 为白种人或西班牙裔女性的平均小时工资；

当 $D_{2i} = 0$，$D_{3i} = 1$ 时，$E(Y_i \mid X_i, D_{2i} = 0, D_{3i} = 1) = (\beta_0 + \beta_3) + \beta_1 X_i$ 为非白种人或非西班牙裔男性的平均小时工资；

当 $D_{2i} = 1$，$D_{3i} = 1$ 时，$E(Y_i \mid X_i, D_{2i} = 1, D_{3i} = 1) = (\beta_0 + \beta_2 + \beta_3) + \beta_1 X_i$ 为非白种人或非西班牙裔女性的平均小时工资；

在式（7.7）中是以白种人或西班牙裔男性为基准。用 t 检验分别检验 β_2 和 β_3 的统计显著性，可以验证两个定性变量对截距是否有显著影响。

上述的讨论结果可以推广到解释变量有多个定量变量和多个定性变量的情形，此时，引入虚拟变量的个数也应遵循前述的设置规则。

7.2.2　乘法模型

乘法模型是指虚拟变量与其他解释变量之间是乘法关系，用来调整设定模型的斜率系数，或者将模型斜率系数表示为虚拟变量的函数，以达到相同的目的。乘法模型的主要作用有：（1）比较两个回归模型；（2）变量间的交互效应。

1. 两个回归模型的比较（结构变化检验）

在加法模型中引入虚拟变量，定性因素只影响不同类型模型的平均水平（即截距）而不会影响不同类型模型的相对变化。但是在实际的经济生活中，定性因素也可能影响模型的斜率系数。例如，研究美国 1970 ~ 1995 年个人可支配收入和个人储蓄之间的关系，众所周知，美国在 1982 年经历了和平时期最严重的经济衰退，这样的经济结构变化可能会导致模型斜率发生变化，这类问题可以归结为两个回归模型的比较。所设定的模型如下：

（1）经济衰退前 $Y_t = \lambda_0 + \lambda_1 X_t + \mu_{1t}$，$t \in (1970, 1982)$　　(7.8)

（2）经济衰退后 $Y_t = \gamma_0 + \gamma_1 X_t + \mu_{2t}$，$t \in (1983, 1995)$　　(7.9)

其中，Y_t 为个人储蓄（美元），X_t 为个人可支配收入（美元），μ_{1t} 和 μ_{2t} 为随机扰动项。如果分别对式（7.8）和式（7.9）在不同的时间区间进行回归，则可能会得到以下四种可能性。

图7－2（a）表明这两个回归模型的截距和斜率没有差异，即两类回归是相等的，此时 $\lambda_0=\gamma_0$，$\lambda_1=\gamma_1$，这种情形称为一致回归。

图7－2（b）表明这两个回归模型的斜率系数相同，但是截距不同，此时，$\lambda_0\neq\gamma_0$，$\lambda_1=\gamma_1$，这种情形称为平行回归。

图7－2（c）表明这两个回归模型的斜率和截距均不同，此时，$\lambda_0=\gamma_0$，$\lambda_1\neq\gamma_1$，这种情形称为共点回归。

图7－2（d）表明这两个回归模型的斜率和截距均不同，此时，$\lambda_0\neq\gamma_0$，$\lambda_1\neq\gamma_1$，这种情形称为相异回归。

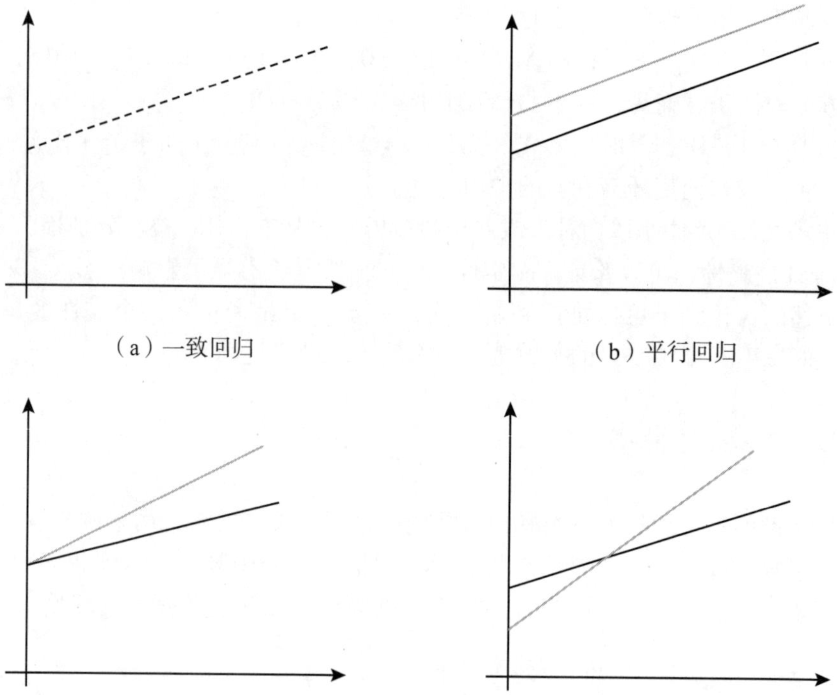

（a）一致回归　（b）平行回归

（c）共点回归　（d）相异回归

图7－2　储蓄—可支配收入回归模型

如果运用样本数据对式（7.8）和式（7.9）进行回归后，如何界定所得结果在统计意义上属于哪一种类型？这时，可以采用乘法模型引入虚拟变量的方法。例如，对于经济衰退前后储蓄—可支配收入模型，可以设定为

$$Y_i=\beta_0+\beta_1X_t+\beta_2D_t+\beta_3D_tX_t+\mu_t \qquad (7.10)$$

即在式（7.3）的基础上增加了另一个变量 D_tX_t，其中，Y 为储蓄，X 为可支配收入，D 为虚拟变量，$D_t=\begin{cases}0，经济衰退前\\1，经济衰退后\end{cases}$。

式（7.10）中，以加法形式引入虚拟变量 D_t，以乘法形式引入 D_tX_t 作为解释变量，这样既改变了设定模型的截距，同时也改变斜率（见图 7－3）。

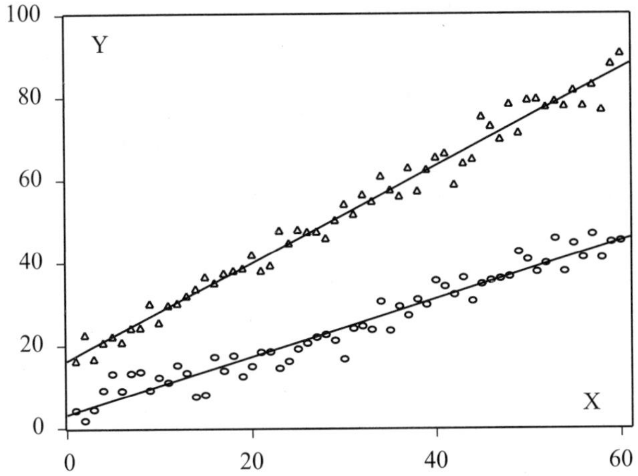

图 7－3　既改变斜率也改变截距

经济衰退前的平均储蓄函数为 $E(Y_t \mid X_t, D_t=0)=\beta_0+\beta_1X_t$。

经济衰退前的平均储蓄函数为 $E(Y_t \mid X_t, D_t=1)=(\beta_0+\beta_2)+(\beta_1+\beta_3)X_t$。

与式（7.8）和式（7.9）相比，有 $\lambda_0=\beta_0$，$\lambda_1=\beta_1$；$\gamma_0=\beta_0+\beta_2$，$\gamma_1=\beta_1+\beta_3$。在式（7.10）中，β_2 称为截距差异系数，β_3 称为斜率差异系数，分别代表经济衰退前后储蓄函数截距与斜率所存在的差异。利用经济衰退前后的数据估计式（7.10）时，等价于分别对式（7.8）和式（7.9）两个储蓄函数进行估计。

根据美国 1970～1995 年个人可支配收入和个人储蓄数据，对式（7.10）用 OLS 法估计可得：

$$\hat{Y}_t=1.016+0.080X_t+152.479D_t-0.065D_tX_t$$

$$(20.165)\ (0.014)\quad (33.082)\quad (0.016)$$

$$t=(0.050)\ (5.541)\quad (4.609)\quad (-4.096)$$

结果表明，截距和斜率差异系数 β_2 和 β_3 在统计意义下均为显著的，说明经济衰退前后的储蓄—可支配收入行为确实存在差异。

（1）经济衰退前为 $\hat{Y}_t=1.016+0.080X_t$

（2）经济衰退后为 $\hat{Y}_t=(1.016+152.479)+(0.080-0.065)X_t$

$$=153.495+0.015X_t$$

如上可知，利用乘法模型引入虚拟变量做回归模型的比较和结构变化检验可以用一个回归模型代替多个回归，简化了分析过程，并且可以方便地对模型结构的差异做各种假设检验；合并后的回归模型增加了自由度，从而提高参数估计的精确性。在这里需要注意的是，合并后的模型中的随机扰动项也应该服从基本假设条件，特别是进行比较的方程的方差应该相同，否则会出现异方差性。

2. 交互效应

在前面的分析中，分析解释变量对被解释变量的影响，通常只是分析了每个解释变量对被解释变量的影响作用，却没有深入分析解释变量间存在的相互作用对被解释变量的影响。例如，讨论性别和种族对小时工资的影响时，分别讨论了性别和种族对小时工资的影响。但是，在实际经济活动中，性别和种族这两个定性变量对被解释变量的影响可能存在一定的交互作用。这样的话，他们对小时工资 Y_i 的影响不像式（7.7）那样只是简单的累加效应，而是乘积效应，如下面这个模型：

$$Y_i = \beta_0 + \beta_1 X_i + \beta_2 D_{2i} + \beta_3 D_{3i} + \beta_4 D_{2i} D_{3i} + \mu_i \qquad (7.11)$$

式（7.11）中各变量的含义与式（7.7）相同。

虚拟变量 $D_{2i}D_{3i}$，即两个虚拟变量的乘积，称为交互作用虚拟变量，表示两个定性变量的联合或者联立影响。

则 $E(Y_i \mid X_i, D_{2i}=1, D_{3i}=1) = (\beta_0 + \beta_2 + \beta_3 + \beta_4) + \beta_1 X_i$ 表示为非白种人或非西班牙裔女性的平均小时工资；β_2 为女性的差别效应；β_3 为非白种或非西班牙裔的差别效应；β_4 为交互效应系数，表示非白种或非西班牙裔女性的差别效应。这表明，非白种或非西班牙裔女性的平均小时工资与女性的平均小时工资不同，也与非白种或非西班牙裔的平均小时工资不同。检验交互效应是否存在，可以借助交互效应虚拟解释变量系数的显著性检验来加以判断。如果 t 检验表明交互效应虚拟变量 D_{2i}、D_{3i}在统计意义上是显著的，说明交互效应对 Y_i 存在显著影响。

7.3 虚拟被解释变量模型

到目前为止，所讨论的回归模型中，被解释变量 Y 都是定量变量，而解释变量或者是定量变量或是虚拟变量（即定性变量），或是两者都有。本节将主要讨论被解释变量也是虚拟变量的回归模型。虚拟变量作为被解释变量时，其作用是对某一经济现象或活动进行“是”与“否”的判断或决策。比如，想要研究成年男性劳动力参与率与失业率、平均工资率、家庭收入和教育水平等的关系，则被解释变量有两种情形，即进入或未进入劳动力市场。如果进入劳动力市场则赋值为 1，否则为 0。类似的例子还有，研究是否购买商品住房、是否参加人寿或财产保险、是否能按期偿还贷款、新产品在市场上是否畅销、对某一改革措施所持的态度，等等。

这些问题的特征是被研究的对象（即被解释变量）在受到多种因素影响时，其取值只有两种状态：“是”与“否”，即这些被解释变量具有二分性。这种现象在市场研究或社会问题研究中经常会遇到。本节将简单介绍线性概率模型的概念及 Logit 模型。

7.3.1　线性概率模型（LPM）

购房者在申请房贷时，是否会申请成功和申请人的年家庭收入有很大关系，考虑下面的模型：

$$Y_i = \beta_0 + \beta_1 X_i + \mu_i \tag{7.12}$$

式（7.12）中，X_i 为申请人的年家庭收入；Y_i 为虚拟变量，表示购房者申请房贷的情况；Y_i 的取值如下：

$$Y_i = \begin{cases} 1 \text{（申请贷款成功）} \\ 0 \text{（申请贷款未成功）} \end{cases}$$

式（7.12）看似一个典型的线性回归模型，但实际上却不是，由于 Y_i 只能取两个值，0 或 1，所以不能把斜率系数 β_1，解释为 X 的单位变动所引起的 Y 的变动率。因为在给定 X_i 条件下 Y_i 的条件期望，$E(Y_i|X_i)$ 可以解释为给定 X_i 下，事件发生的条件概率，即 $P(Y_i = 1|X_i)$。而且，这个条件概率随 X 线性变化。因此，斜率系数 β_1 可以解释为 X_i 的单位变动所引起的 Y = 1 概率的变化。

式（7.12）中，当 μ_i 服从 $E(\mu_i|X_i) = 0$ 时，有

$$E(Y_i|X_i) = \beta_0 + \beta_1 X_i \tag{7.13}$$

又因为 Y_i 是取值为 0 和 1 的随机变量，则 Y_i 服从二项分布（p_i 为 $Y_i = 1$ 的概率）（见表 7－1）。

表 7－1　　Y_i 的概率分布

Y_i	0	1
概率	$1 - p_i$	p_i

则

$$E(Y_i) = 0 \times (1 - p_i) + 1 \times p_i = p_i \tag{7.14}$$

也就是说 $E(Y_i)$ 等于 Y_i 取值为 1 时的概率，即

$$E(Y_i) = Prob(Y_i = 1 | X_i) = p_i \tag{7.15}$$

事件 $Y_i = 1$ 是在给定年家庭收入 X_i 的条件下发生的，因此 $E(Y_i) = E(Y_i|X_i)$。于是，比较式（7.12）和式（7.13），则有

$$E(Y_i|X_i) = \beta_0 + \beta_1 X_i = p_i \tag{7.16}$$

式（7.16）表明申请贷款成功的概率是家庭年收入的线性函数。在式（7.12）中，虚拟变量作为被解释变量的模型的条件期望实际上等于随机变量 Y_i 取值为 1 的条件概率。即当购房者的年收入水平为 X_i 时，其申请贷款成功的概率可表示成 X_i 的线性函数，因此，形如式（7.12）的模型称为线性概率模型（linear probability model，LPM）。

在式（7.12）中，如果直接使用OLS法对参数进行估计，估计结果可能会失去合理的经济解释（如 Y_i 的值可能是负的）。关于线性概率模型的参数估计方法比较复杂，本书将不做具体介绍。感兴趣的读者可查阅相关资料。

7.3.2 非线性概率模型

即使能够采用一些方法对LPM模型的参数进行估计，但是，LPM与经济意义的要求不符：随着 X_i 的变化，X_i 对 $\hat{p}_i$ 的“边际效应”保持不变。例如，在购房者是否申请到贷款的例子中，当 $\hat{\beta}_1=0.1$ 时，表明 X_i 每变化一个单位（如1000元），申请贷款成功的概率恒等地增加0.1，也就是说，无论购房者的家庭年收入水平为8000元，还是2200元，申请贷款成功概率都以相同的增量增加。在线性概率模型中，不论 X_i 的变化是在什么水平上发生的，参数都不发生变化，显然这与现实经济所发生的情况是不符的。综上所述，表现概率平均变化比较理想的模型应当具有以下特征：

（1）概率 $p_i=E(Y_i=1|X_i)$ 随 X_i 的变化而变化，但永远不超出0~1区间。

（2）随着 $X_i \to -\infty$，$p_i \to 0$；随着 $X_i \to +\infty$，$p_i \to 1$。p_i 随 X_i 变化而变化，且变化速率不是常数，p_i 和 X_i 之间是非线性关系。

原则上，任何适当的、连续的、定义在实轴上的概率分布都将满足上述两个条件。人们通常习惯选择逻辑分布（logistic distribution）和正态分布（normal distribution）的分布函数去设定非线性概率模型。当选用逻辑分布时，就生成了Logit模型，接下来介绍Logit模型。

7.3.3 Logit模型

1. Logit模型的基本概念

仍然使用购房者申请贷款的例子说明对数模型。式（7.12）用线性概率模型解释了购房者申请贷款与购房者的家庭年收入的关系。现在考虑以下模型：

$$p_i=E(Y_i=1 \mid X_i)=\frac{e^{\beta_0+\beta_1 X_i}}{1+e^{\beta_0+\beta_1 X_i}} \tag{7.17}$$

令 $z_i=\beta_0+\beta_1 X_i$，则：

$$p_i=\frac{1}{1+e^{-z_i}}=\frac{e^{z_i}}{1+e^{z_i}} \tag{7.18}$$

式（7.18）称为逻辑分布函数，在人口、GDP和货币供给增长分析中有广泛应用。式（7.18）有以下特征：

（1）随着 $z_i \to +\infty$，$p_i \to 1$（1为 p_i 的饱和值）；反之 $z_i \to -\infty$ 时，$p_i \to 0$，即 $-\infty \leqslant z_i \leqslant +\infty$，$0 \leqslant p_i \leqslant 1$；$z_i = 0$ 时，$p_i = 0.5$。

（2）式（7.17）有一个拐点，在拐点之前，随 z_i 或 X_i 增大，p_i 的增长速度越来越快；在拐点之后，随 z_i 或 X_i 增大，p_i 的增长速度越来越慢，逐渐趋近于1。

申请贷款成功的概率 p_i 由式（7.17）给出，则申请贷款未成功的概率为

$$1 - p_i = \frac{1}{1 + e^{z_i}} \tag{7.19}$$

则：

$$\frac{p_i}{1 - p_i} = \frac{1 + e^{z_i}}{1 + e^{-z_i}} = e^{z_i} \tag{7.20}$$

对式（7.20）取自然对数，则可得

$$L_i = \ln\left(\frac{p_i}{1 - p_i}\right) = \ln(e^{z_i}) = z_i = \beta_0 + \beta_1 X_i \tag{7.21}$$

式（7.21）中，比率 $\frac{p_i}{1 - p_i}$ 通常称为机会比率，即所研究的事件（或属性）“发生”的概率与“没有发生”的概率之比。机会比率在市场调查民意测验等社会学及流行病学方面有着广泛的应用。“机会比率的对数” $L_i = \ln\left(\frac{p_i}{1 - p_i}\right)$ 称为对数单位，这里的对数单位 L_i，不仅是 X_i 的线性函数，而且是 β 的线性函数。所以，式（7.21）也称为 Logit 模型（或对数单位模型）。

式（7.21）表明，X_i 变动一个单位，机会比率的对数（注意不是概率 p_i）平均变化 β_1 个单位。

Logit 模型有以下性质：

（1）随着 p_i 在0，1之间变动（即 z_i 在 $-\infty$ 到 $+\infty$ 之间变动），对数单位在 $-\infty$ 到 $+\infty$ 之间变动，即概率 p_i 在0与1之间，但对数单位 L_i 却没有边界。

（2）虽然对数单位 L_i 对 X_i 是线性的，但概率 p_i 对 X_i 并不是线性的，这与线性概率模型不同。

（3）注意 Logit 模型中参数的意义：β_1 是 X_i 每变动一个单位时，对数单位 L_i（机会比率的对数）的平均变化，然而研究的目的并不是对数单位 L_i，而是概率 p_i。

（4）如果设法估计出参数 β_0 和 β_1，给定具体的水平 $X_i = X^*$，如果想要估计概率 p_i，当 β_0 和 β_1 估计量已知时，可从式（7.21）中直接得到（$z_i = \hat{\beta}_0 + \hat{\beta}_1 X_i$），就可能计算出要估计的概率 p_i。

2. Logit 模型的估计

从计量经济的角度引入随机扰动项，将式（7.21）改记为

$$L_i = \ln\left(\frac{p_i}{1-p_i}\right) = z_i = \beta_0 + \beta_1 X_i + \mu_i \tag{7.22}$$

如果想估计式（7.21），除了需要知道 X_i，还需要 L_i 的值。分别从以下两种情况讨论式（7.22）的参数估计问题。

（1）当事件发生时，$p_i = 1$，$L_i = \ln\left(\frac{1}{0}\right)$；当事件没有发生时，$p_i = 0$，$L_i = \ln\left(\frac{0}{1}\right)$，机会比率$\frac{p_i}{1-p_i}$的对数都无意义，不能直接用 OLS 法估计模型，而只能采用极大似然（maximum likelihood，ML）法估计参数。这种方法比较复杂，可以参考相关文献。Eviews 和 Stata 等软件都能估计这种对数模型。若样本容量较大，可以用加权最小二乘法进行估计。

（2）估计参数需要的机会比率的对数 L_i 的数据无法观测。解决办法是对应于每个 X_i，样本观测值个数 N_i 较大时，可以用相对频率作为概率 p_i 的估计，并估计机会比率对数 L_i。例如，前面提到的申请购房贷款的模型，对于家庭年收入水平 X_i，家庭总数为 N_i，其中购房家庭数为 n_i，可计算相对频率 $\hat{p}_i = \frac{n_i}{N_i}$。当样本容量 N_i 足够大时，$\hat{p}_i$ 可视为对 p_i 的较好估计，利用估计得到的 $\hat{p}_i$ 去估计机会比率对数 L_i，可得

$$\hat{L}_i = \ln\left(\frac{\hat{p}_i}{1-\hat{p}_i}\right) \tag{7.23}$$

然后进行回归

$$\hat{L}_i = \beta_0 + \beta_1 X_i + \mu_i \tag{7.24}$$

在式（7.24）中随机扰动项 μ_i 是异方差的，方差为$\frac{1}{N_i p_i(1-p_i)}$。也即当 N 足够大时，有

$$\mu_i \sim N\left(0,\ \frac{1}{N_i p_i(1-p_i)}\right) \tag{7.25}$$

可以用相对频率 $\hat{p}_i$ 代替 p_i 去估计 μ_i 的方差 $\hat{\sigma}_i^2$，可得

$$\hat{\sigma}_i^2 = \frac{1}{N_i \hat{p}_i(1-\hat{p}_i)} \tag{7.26}$$

估计出 μ_i 的方差以后，可用加权最小二乘法去估计参数，权数 ω_i 为

$$\omega_i = \sqrt{\hat{\sigma}_i^2} = \sqrt{\frac{1}{N_i \hat{p}_i(1-\hat{p}_i)}} = \frac{1}{\sqrt{N_i \hat{p}_i(1-\hat{p}_i)}} \tag{7.27}$$

利用对数模型很容易处理被解释变量是虚拟变量的情形。事实上，可以对被解释变量和所以解释变量都是虚拟变量的模型进行回归。

7.4　案例分析与软件操作

汽车工业作为我国的支柱产业之一，在很大程度上改变了中国人的生活方式。随着经济的快速发展，私人汽车拥有量正在以每年一千多万辆的速度持续增长。表7-2选取了1990~2015年中国私人汽车拥有量、城镇居民人均可支配收入、公路里程数、公路营运汽车拥有量、油产量以及一年期贷款利率等相关数据，对中国私人汽车拥有量的主要影响因素进行分析。

表7-2　　中国私人汽车拥有量及其影响因素

年份	私人汽车拥有量（万辆）	城镇居民人均可支配收入（元）	公路里程数（万千米）	公路运营汽车拥有量（万辆）	原油产量（万吨）	一年期贷款利率（%）
1990	81.62	1510.2	102.83	31.30	13813.00	9.36
1991	96.04	1700.6	104.11	31.67	14099.00	8.64
1992	118.20	2026.6	105.67	30.87	14210.00	8.64
1993	155.77	2577.4	108.35	28.96	14524.00	10.98
1994	205.42	3496.2	111.78	27.97	14608.00	10.98
1995	249.96	4283.0	115.70	27.49	15004.95	12.06
1996	289.67	4838.9	118.58	28.81	15733.39	10.08
1997	358.36	5160.3	122.64	29.89	16074.14	8.64
1998	423.65	5425.1	127.85	31.88	16100.00	6.39
1999	533.88	5854.0	135.17	501.77	16000.00	5.85
2000	625.33	6280.0	167.98	702.82	16300.00	5.85
2001	770.78	6859.6	169.80	764.39	16395.87	5.85
2002	968.98	7702.8	176.52	826.34	16700.00	5.31
2003	1219.23	8472.2	180.98	924.64	16959.98	5.31
2004	1481.66	9421.6	187.07	1067.18	17587.33	5.58
2005	1848.07	10493.0	334.52	733.22	18135.29	5.58
2006	2333.32	11759.5	345.70	802.58	18476.57	6.12
2007	2876.22	13785.8	358.37	849.22	18631.82	7.47
2008	3501.39	15780.8	373.02	930.61	19001.24	5.31
2009	4574.91	17174.7	386.08	1087.35	18948.96	5.31

续表

年份	私人汽车拥有量（万辆）	城镇居民人均可支配收入（元）	公路里程数（万千米）	公路运营汽车拥有量（万辆）	原油产量（万吨）	一年期贷款利率（%）
2010	5938. 71	19109. 4	400. 82	1133. 32	20301. 40	5. 81
2011	7326. 79	21809. 8	410. 64	1263. 75	20287. 55	6. 56
2012	8838. 60	24564. 7	423. 75	1339. 89	20747. 80	6. 00
2013	10501. 68	26955. 1	435. 62	1504. 73	20991. 85	6. 00
2014	12339. 36	29381. 0	446. 39	1537. 93	21142. 92	5. 60
2015	14099. 10	31790. 3	457. 73	1473. 12	21455. 28	4. 35

资料来源：中华人民共和国国家统计局：《中国统计年鉴 2016》，中国统计出版社 2016 年版。

假设 Y 为私人汽车拥有量，X_1 为城镇居民人均可支配收入，X_2 为公路里程数，X_3 为公路运营汽车拥有量，X_4 为原油产量，X_5 为一年期贷款利率。私人汽车作为现代家庭的消费品，首先要受到居民人均可支配收入的较大影响。因此，先研究城镇居民人均可支配收入对私人汽车拥有量的弹性。将数据录入 Eviews 之后，在命令窗口输入命令“SCAT LOG(X1)LOG(Y)”，回车。得到 $\ln X_1$ 与 $\ln Y$ 的散点图，如图 7－4 所示。从图 7－4 中可以看出，城镇居民人均可支配收入的对数 $\ln X_1$，与私人汽车拥有量的对数 $\ln Y$ 存在比较明显的折线关系，转折点出现在 1996 年，转折点前后分别近似线性形式。

为了分析私人汽车拥有量在 1990～2015 年不同时期的数量关系，以 1996 年的转折点作为依据，引入虚拟变量 D_1，1996 年度所对应的 $\ln X_1$ 为 8.48。分别设定如下以加法和乘法两种方式同时引入虚拟变量的模型：

$$\ln Y_t = \beta_0 + \beta_1 \ln X_{1t} + \beta_2 (\ln X_{1t} - 8.48) D_{1t} + \mu_t$$

其中，$D_{1t} = \begin{cases} 0, & t \in (1990,\ 1996) \\ 1, & t \in (1997,\ 2015) \end{cases}$。

在 Eviews 中，建立虚拟变量 D_1 的方法为，点击“Quick/Generate Series”，输入“DV＝0”，之后把样本从“1990 2015”改成“1990 1996”，点击“OK”；再点击“Quick/Generate Series”，输入“DV＝1”，然后把样本区间改成“1997 2015”，点击“OK”，就生成了虚拟变量。工作文件下，双击“DV”便可看到虚拟变量的赋值情况。

点击“Quick/Generate Series”，输入“LNX＝LOG（X1）－8.48”，点击“OK”。

在 Eviews 命令窗口输入命令“LS LOG(Y)C LOG(X1)LNX * DV”，回车，就得到表 7－3 的回归结果。

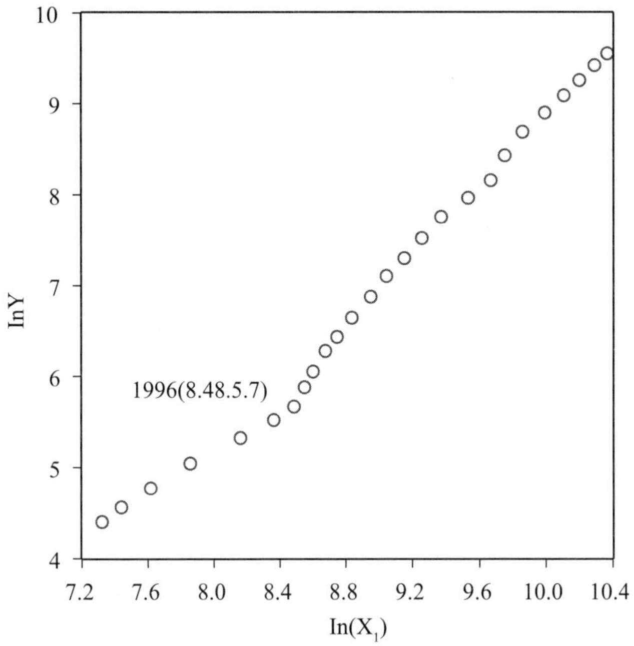

图 7－4　城镇居民人均可支配收入的对数与私人汽车拥有量对数的散点图

表 7－3　　　　　　　　　　　　**回归结果**

Dependent Variable：LOG(Y)				
Method：Least Squares				
Date：10/26/19　Time：16：10				
Sample：1990 2015				
Included observations：26				
Variable	Coefficient	Std. Error	t－Statistic	Prob
C	－4. 751357	0. 487368	－9. 749018	0. 0000
LOG(X1)	1. 248607	0. 059730	20. 90407	0. 0000
LNX * DV	0. 772548	0. 079615	9. 703492	0. 0000
R－squared	0. 997069	Mean dependent var		7. 023911
Adjusted R－squared	0. 996815	S. D. dependent var		1. 611117
S. E. of regression	0. 090932	Akaike info criterion		－1. 849248
Sum squared resid	0. 190177	Schwarz criterion		－1. 704083
Log likelihood	27. 04022	Hannan－Quinn criter		－1. 807446
F－statistic	3912. 536	Durbin－Watson stat		0. 376678
Prob (F－statistic)	0. 000000			

$$\ln Y_t = -4.75 + 1.25\ln X_{1t} + 0.77\ (\ln X_{1t} - 8.48) D_{1t}$$

由于 $\ln X_1$ 和 $(\ln X_{1t} - 8.48) D_{1t}$ 参数估计量的 t 值都大于临界值 $t_{0.05}(23) = 2.069$，说明系数 β_1 和 β_2 在显著性水平 $\alpha = 0.05$ 下通过了显著性检验。私人汽车拥有量的回归模型可以表示为：

$$\ln Y_t = \begin{cases} -4.75 + 1.25\ln X_{1t}, & t \in (1990,\ 1996) \\ -11.28 + 2.02\ln X_{1t}, & t \in (1997,\ 2015) \end{cases}$$

上式表明 1996 年前后私人汽车拥有量存在结构型变化。由上式可知，在 1996 年以前，城镇居民人均可支配收入每增加 1%，私人汽车拥有量的增长率为 1.25%。在 1996 年以后，随着城镇居民人均可支配收入的增加，私人汽车拥有量的增速较 1996 年之前有所增加。上述模型同城镇居民人均可支配收入的对数与私人汽车拥有量的对数之间的散点图吻合，与这一时段中国的实际经济运行状况也是相符的。

上述建模过程中，没有考虑公路里程数等其他影响私人汽车拥有量的因素。现在，将这些因素考虑进来建立多元回归模型。首先，用私人汽车拥有量的对数 lnY 对城镇居民人均可支配收入的对数 $\ln X_1$ 以及公路里程等其他变量进行回归。在 Eviews 命令窗口输入命令“LS LOG(Y) C LOG(X1) X2 X3 X4 X5”，回车，就得到表 7-4 的回归结果。

表 7-4　　回归结果

Dependent Variable：LOG（Y）

Method：Least Squares

Date：10/26/19　Time：17：03

Sample：1990 2015

Included observations：26

Variable	Coefficient	Std. Error	t-Statistic	Prob
C	-4.139477	0.287425	-14.40193	0.0000
LOG（X1）	0.976973	0.060442	16.16378	0.0000
X2	0.001886	0.000291	6.484642	0.0000
X3	0.000464	5.71E-05	8.126128	0.0000
X4	9.77E-05	3.26E-05	2.992696	0.0072
X5	-0.016360	0.007450	-2.196080	0.0400
R-squared	0.999311	Mean dependent var		7.023911
Adjusted R-squared	0.999139	S. D. dependent var		1.611117

续表

S. E. of regression	0.047288	Akaike info criterion	-3.065949
Sum squared resid	0.044723	Schwarz criterion	-2.775619
Log likelihood	45.85734	Hannan - Quinn criter	-2.982344
F - statistic	5799.948	Durbin - Watson stat	1.678356
Prob (F - statistic)	0.000000		

从表7-4中t统计量的P值可知，各解释变量在显著性水平 $\alpha = 0.05$ 下均显著。但DW统计量1.68显示模型不能排除存在自相关，这有可能是模型忽略了某些重要变量造成的。2001年中国成为世界贸易组织的一员，这意味着中国市场能与国际市场相连接，极大地促进了中国经济的发展和人民生活水平的提高，这一变化同样也可能会影响到中国的私人汽车拥有量。本案例尝试以2001年底加入世界贸易组织为转折点，在私人汽车拥有量的对数 lnY 对城镇居民人均可支配收入的对数 $\ln X_1$ 以及公路里程等其他解释变量进行回归的基础上，引入虚拟变量，建立以下多元回归模型：

$$\ln Y_t = \beta_0 + \beta_1 \ln X_{1t} + \beta_2 X_{2t} + \beta_3 X_{3t} + \beta_4 X_{4t} + \beta_5 X_{5t} + \beta_6 D_{2t} + \mu_t$$

其中，$D_{2t} = \begin{cases} 0, & t \in (1990, 2001) \\ 1, & t \in (2002, 2015) \end{cases}$。

首先，按照建立虚拟变量 D_1 的方法建立虚拟变量 D_2；然后在Eviews命令窗口输入命令“LS LOG(Y)C LOG(X1)X2 X3 X4 X5 D2”，回车，就得到表7-5的回归结果。

表7-5　　回归结果

Dependent Variable: LOG(Y)				
Method: Least Squares				
Date: 10/26/19 Time: 17: 22				
Sample: 1990 2015				
Included observations: 26				
Variable	Coefficient	Std. Error	t - Statistic	Prob
C	-4.186355	0.266128	-15.73059	0.0000
LOG(X1)	0.958213	0.056468	16.96907	0.0000
X2	0.001665	0.000288	5.778899	0.0000
X3	0.000428	5.53E-05	7.741789	0.0000
X4	0.000111	3.08E-05	3.615716	0.0018

续表

X5	-0.014311	0.006942	-2.061656	0.0532
D2	0.078542	0.037061	2.119283	0.0475
R - squared	0.999443	Mean dependent var		7.023911
Adjusted R - squared	0.999267	S. D. dependent var		1.611117
S. E. of regression	0.043633	Akaike info criterion		-3.201219
Sum squared resid	0.036172	Schwarz criterion		-2.862501
Log likelihood	48.61585	Hannan - Quinn criter		-3.103681
F - statistic	5677.776	Durbin - Watson stat		2.000612
Prob (F - statistic)	0.000000			

$$\begin{aligned}\ln Y_t = &-4.19 + 0.96\ln X_{1t} + 0.0017X_{2t} + 0.0004X_{3t} + 0.0001X_{4t}\\ &-0.0143X_{5t} + 0.0785D_{2t}\end{aligned}$$

可以看出，引入加入世界贸易组织的虚拟变量以后，模型的所有解释变量在显著性 $\alpha = 0.1$ 下均显著。并且 DW 统计量显示模型不存在自相关，也就是说，引入虚拟变量之后的模型更为合理，模型结果也与实际经济运行相一致。私人汽车拥有量的回归模型可以表示为：

$$\ln Y_t = \begin{cases} -4.19 + 0.96\ln X_{1t} + 0.0017X_{2t} + 0.0004X_{3t} + 0.0001X_{4t} \\ \quad -0.014X_{5t},\ t \in (1990,\ 2001) \\ -4.11 + 0.96\ln X_{1t} + 0.0017X_{2t} + 0.0004X_{3t} + 0.0001X_{4t} \\ \quad -0.014X_{5t},\ t \in (2002,\ 2015) \end{cases}$$

上式表明 2001 年前后私人汽车拥有量存在结构型变化。虚拟变量 D_2 的系数 0.0785 表示的是，固定其他因素不变，中国加入世界贸易组织以后，平均来说私有汽车拥有量是加入世界贸易组织之前的 1.08($e^{0.0785}$) 倍；或者说，加入世界贸易组织以后，平均来说私有汽车拥有量比加入世界贸易组织之前多 8%。

思考与练习

1. 什么是虚拟变量？虚拟变量在模型中有什么作用？引入虚拟变量的原则是什么？

2. 引入虚拟变量作为解释变量的两种基本方式是什么？它们各适用于什么情况？

3. 如果现在有若干年月度数据，检验如下假设需要引入几个虚拟变量？

(1) 一年中 12 个月均呈现季节模式。

(2) 只有 2 月、4 月、6 月、8 月、10 月、12 月呈现季节模式。

4. 假设服装消费函数为 $Y_i = \beta_0 + \beta_1 X_i + \beta_2 D_{2i} + \beta_3 D_{3i} + \mu_i$，其中，$X_i$ 为收入

水平；Y_i 为年服装消费支出；$D_{2i}=\begin{cases}1，女性\\0，男性\end{cases}$；$D_{3i}=\begin{cases}1，大专及大专以上\\0，其他\end{cases}$。

试写出不同人群组的服装消费函数。

5. 我国在 20 世纪 90 年代出现过比较严重的通货膨胀，为此从 1994 年施行了紧缩性的政策。试根据表 7－6 所示数据研究经济发展对进口的影响 1994 年前后是否存在差异。

表 7－6　　1978～2015 年我国 GDP 与进出口总额数据

时间	GDP（亿元）	进出口总额（亿美元）	时间	GDP（亿元）	进出口总额（亿美元）
1978	3678.7	206.4	1997	79715	3251.6
1979	4100.5	293.3	1998	85195.5	3239.5
1980	4587.6	381.4	1999	90564.4	3606.3
1981	4935.8	440.3	2000	100280.1	4742.9
1982	5373.4	416.1	2001	110863.1	5096.5
1983	6020.9	436.2	2002	121717.4	6207.7
1984	7278.5	535.5	2003	137422	8509.88
1985	9098.9	696	2004	161840.2	11545.5
1986	10376.2	738.5	2005	187318.9	14219.1
1987	12174.6	826.5	2006	219438.5	17604.4
1988	15180.4	1027.9	2007	270232.3	21765.7
1989	17179.7	1116.8	2008	319515.5	25632.5523
1990	18872.9	1154.4	2009	349081.4	22075.35
1991	22005.6	1357	2010	413030.3	29739.9832
1992	27194.5	1655.3	2011	489300.6	36418.6
1993	35673.2	1957	2012	540367.4	38671.19
1994	48637.5	2366.2	2013	595244.4	41589.9347
1995	61339.9	2808.6	2014	643974	43015.2735
1996	71813.6	2898.8	2015	689052.1	39530.3272

资料来源：中华人民共和国国家统计局：《中国统计年鉴 2016》，中国统计出版社 2016 年版。

第8章　联立方程计量经济学模型

前几章讲述的单方程模型只能描述变量之间的单向因果关系，也就是说解释变量的变化会引起被解释变量的变化，而被解释变量不会对解释变量产生影响。但在实际的经济系统中，更多的情况为解释变量和被解释变量之间是相互影响的，这时由于两个变量之间存在双向因果关系，要全面地描述变量间的关系只用单一方程模型是不够的。这时可以用多个方程的组合来描述整个经济活动，即本章所要介绍的联立方程模型。

8.1　联立方程模型概述

所谓联立方程模型是指描述实际经济问题中变量间相互依存性的方程体系。例如，在宏观经济学中，当经济处于萧条状态时，政府采取积极的财政政策，通过增加投资可以提高国民收入水平，根据消费理论，国民收入水平的提高可以促进消费的支出，而消费的增加又会促进国民收入的增加，表现为消费与收入之间的双向互动关系。要描述这一相互影响的经济体系，反映变量间相互依赖的因果关系，揭示经济系统中各部分、各因素之间的数量关系和系统的数量特征，对经济系统进行预测、分析和评价就需要建立联立方程模型进行讨论。

联立方程模型中涉及三个定义：

内生变量（endogenous variable）：由模型内变量所决定的变量。一般情况下，内生变量满足 $Cov(Y_t, \mu_t) \neq 0$。内生变量可以受模型中其他变量的影响，也可以影响其他变量，也就是说，内生变量既可以是模型的被解释变量，也可以是解释变量。

外生变量（exogenous variable）：由模型外变量所决定的变量。外生变量直接或间接影响模型中的其他所有内生变量，但不受系统中其他变量的影响，同时也不受随机干扰项的影响，即 $Cov(X_t, \mu_t) = 0$。

前定变量（predetermined variable）：包括外生变量、外生滞后变量、内生滞后变量。前定变量是解释变量，它影响模型中的其他（当期）内生变量，但不受它们影响，因此，只能在当期的方程中作为解释变量，且与其中的随机干扰项独立。前定变量中的外生变量和前定内生变量满足：

$$\mathrm{Cov}(X_{t-s},\ \mu_t)=0 \quad s=0,\ 1,\ 2,\ \cdots$$

$$\mathrm{Cov}(Y_{t-s},\ \mu_t)=0 \quad s=1,\ 2,\ \cdots$$

例如，在方程 $Y_t=\alpha_0+\alpha_1 Y_{t-1}+\beta_0 X_t+\beta_1 X_{t-1}+\mu_t$ 中，Y_t 为内生变量；X_t 为外生变量；Y_{t-1}，X_t，X_{t-1} 为前定变量。

对于联立方程模型，可识别性和参数的估计是研究的重点。对于可识别性，联立方程模型必须是完整的。所谓完整即“方程个数≥内生变量个数”。否则联立方程模型是无法估计的。对于参数的估计，联立方程模型的最大问题是 $E(X'\mu)\neq 0$，当用 OLS 法估计模型中的方程参数时会产生联立方程偏倚，即所得参数的 OLS 估计量 $\hat{\beta}$ 是有偏的、不一致的。

8.2 联立方程模型的分类

根据计量经济分析的不同需求，联立方程模型可采用不同的形式，主要分为三类：结构式、简化式和递归式模型。设联立方程模型中有 m 个方程，m 个内生变量 $Y_i(i=1,\ 2,\ \cdots,\ m)$；k 个前定变量，分别为 $X_i(i=1,\ 2,\ \cdots,\ k)$；m 个随机扰动项 $\mu_i(i=1,\ 2,\ \cdots,\ m)$。如果模型中有常数项，则可以把这个常数项看成一个外生的虚拟变量，其观测值始终为 1。

8.2.1 结构式模型（structural model）

把内生变量表述为其他内生变量、前定变量与随机误差项的方程体系，是直接描述经济变量之间影响关系的模型。其一般形式为：

$$\begin{gathered}
\beta_{11}Y_{1t}+\beta_{12}Y_{2t}+\cdots+\beta_{1m}Y_{mt}+\gamma_{10}X_{0t}+\gamma_{11}X_{1t}+\cdots+\gamma_{1k}X_{kt}=\mu_{1t}\\
\beta_{21}Y_{1t}+\beta_{22}Y_{2t}+\cdots+\beta_{2m}Y_{mt}+\gamma_{20}X_{0t}+\gamma_{21}X_{1t}+\cdots+\gamma_{2k}X_{kt}=\mu_{2t}\\
\vdots\\
\beta_{m1}Y_{1t}+\beta_{m2}Y_{2t}+\cdots+\beta_{mm}Y_{mt}+\gamma_{m0}X_{0t}+\gamma_{m1}X_{1t}+\cdots+\gamma_{mk}X_{kt}=\mu_{mt}
\end{gathered}$$

模型中，β_{ij}，（i，j=1，2，…，m）表示内生变量的结构参数，是联立方程组模型的第 i 个方程中第 j 个内生变量的参数。γ_{ij}，（i=1，2，…，m；j=0，1，2，…，k）表示前定变量的结构参数，是联立方程组模型的第 i 个结构方程中第 j 个前定变量的参数。t 表示第 t 期的数值。

【例 8-1】 如下凯恩斯模型（为简化问题，对数据进行中心化处理，从而不出现截距项）

$$\begin{cases}
c_t=\alpha_1 Y_t+\mu_{t1} & \text{消费函数，行为方程（behavior equation）}\\
I_t=\beta_1 Y_t+\beta_2 Y_{t-1}+\mu_{t2} & \text{投资函数，行为方程}\\
Y_t=c_t+I_t+G_t & \text{国民收入等式，定义方程（definitional equation）}
\end{cases} \tag{8.1}$$

其中，c_t 为消费；Y_t 为国民收入；I_t 为投资；G_t 为政府支出；α_1，β_1，β_2 称为结构参数。模型中内生变量有三个，分别为 c_t，Y_t，I_t；外生变量有一个 G_t，内生滞后变量有一个 Y_{t-1}。G_t，Y_{t-1} 又称为前定变量。因模型中包括三个内生变量，含有三个方程，所以是一个完整的联立模型。

内生变量与外生变量的划分不是绝对的，随着新的行为方程的加入，外生变量可以转化为内生变量；随着行为方程的减少，内生变量也可以转化为外生变量。

8.2.2 简化式模型（reduced-form equations）

简化式模型是指把模型的内生变量只表示为前定变量与随机误差项函数的联立模型。在简化式模型中，内生变量直接作为被解释变量，并且每个方程只有一个内生变量，前定变量作为解释变量。其一般形式为

$$
\begin{aligned}
Y_{1t} &= \pi_{10}X_{0t} + \pi_{11}X_{1t} + \cdots + \pi_{1k}X_{kt} + \nu_{1t} \\
Y_{2t} &= \pi_{20}X_{0t} + \pi_{21}X_{1t} + \cdots + \pi_{2k}X_{kt} + \nu_{2t} \\
&\vdots \\
Y_{mt} &= \pi_{m0}X_{0t} + \pi_{m1}X_{1t} + \cdots + \pi_{mk}X_{kt} + \nu_{mt}
\end{aligned}
$$

在结构式模型的参数矩阵是满秩的条件下，结构式模型可以转化为简化式模型。仍以凯恩斯模型为例，其简化型模型为

$$
\begin{cases}
c_t = \pi_{11}Y_{t-1} + \pi_{12}G_t + \nu_{t1} \\
I_t = \pi_{21}Y_{t-1} + \pi_{22}G_t + \nu_{t2} \\
Y_t = \pi_{31}Y_{t-1} + \pi_{32}G_t + \nu_{t3}
\end{cases}
\tag{8.2}
$$

或
$$
\begin{pmatrix} c_t \\ I_t \\ Y_t \end{pmatrix} = \begin{pmatrix} \pi_{11} & \pi_{12} \\ \pi_{21} & \pi_{22} \\ \pi_{31} & \pi_{32} \end{pmatrix} \begin{pmatrix} Y_{t-1} \\ G_t \end{pmatrix} + \begin{pmatrix} \nu_1 \\ \nu_2 \\ \nu_3 \end{pmatrix}
$$

其中 c_t，Y_t，I_t 分别为内生变量；Y_{t-1}，G_t 分别为前定变量；π_{ij}（$i=1, 2, 3$；$j=1, 2$），为简化型参数。

用以下矩阵符号表示上式为

$$
Y = \Pi X + \nu \tag{8.3}
$$

显然结构模型参数与简化型模型参数之间存在函数关系。

把结构式（8.1）中的内生变量全部移到方程等式的左边得

$$
\begin{cases}
c_t - \alpha_1 Y_t = \mu_{t1} \\
I_t - \beta_1 Y_t = \beta_2 Y_{t-1} + \mu_{t2} \\
-c_t - I_t + Y_t = G_t
\end{cases}
\tag{8.4}
$$

用矩阵形式表达为

$$\begin{pmatrix} 1 & 0 & -\alpha_1 \\ 0 & 1 & -\beta_1 \\ -1 & -1 & 1 \end{pmatrix}\begin{pmatrix} c_t \\ I_t \\ Y_t \end{pmatrix} = \begin{pmatrix} 0 & 0 \\ \beta_2 & 0 \\ 0 & 1 \end{pmatrix}\begin{pmatrix} Y_{t-1} \\ G_t \end{pmatrix} + \begin{pmatrix} \mu_{t1} \\ \mu_{t2} \\ 0 \end{pmatrix}$$

用以下矩阵符号表示上式

$$AY = BX + \boldsymbol{\mu} \tag{8.5}$$

则当矩阵 A 可逆时，有

$$Y = A^{-1}BX + A^{-1}\boldsymbol{\mu} \tag{8.6}$$

比较联立方程式（8.3）和式（8.6），结构参数和简化型参数有如下关系存在

$$\Pi = A^{-1}B$$

$$\begin{pmatrix} \pi_{11} & \pi_{12} \\ \pi_{21} & \pi_{22} \\ \pi_{31} & \pi_{32} \end{pmatrix} = \frac{1}{1-\alpha_1-\beta_1}\begin{pmatrix} 1-\beta_1 & \alpha_1 & \alpha_1 \\ \beta_1 & 1-\alpha_1 & \beta_1 \\ 1 & 1 & 1 \end{pmatrix}\begin{pmatrix} 0 & 0 \\ \beta_2 & 0 \\ 0 & 1 \end{pmatrix}$$

$$= \frac{1}{1-\alpha_1-\beta_1}\begin{pmatrix} \alpha_1\beta_2 & \alpha_1 \\ \beta_2(1-\alpha_1) & \beta_1 \\ \beta_2 & 1 \end{pmatrix}$$

其中，

$$A^{-1} = \frac{1}{1-\alpha_1-\beta_1}\begin{pmatrix} 1-\beta_1 & \alpha_1 & \alpha_1 \\ \beta_1 & 1-\alpha_1 & \beta_1 \\ 1 & 1 & 1 \end{pmatrix}$$

而 $\boldsymbol{\nu} = A^{-1}\boldsymbol{\mu}$，即

$$\begin{pmatrix} \nu_1 \\ \nu_2 \\ \nu_3 \end{pmatrix} = \frac{1}{1-\alpha_1-\beta_1}\begin{pmatrix} 1-\beta_1 & \alpha_1 & \alpha_1 \\ \beta_1 & 1-\alpha_1 & \beta_1 \\ 1 & 1 & 1 \end{pmatrix}\begin{pmatrix} \mu_{t1} \\ \mu_{t2} \\ 0 \end{pmatrix}$$

8.2.3　递归式模型（recursive system）

递归型模型是指模型中的第一个方程的内生变量仅由前定变量表示，没有其他内生变量；第二个方程内生变量是由一个内生变量和前定变量表示的函数；第三个方程内生变量由内生变量以及前定变量表示的函数，以此类推。即在结构方程体系中每个内生变量只是前定变量和比其序号低的内生变量的函数，其一般形式为

$$Y_1 = \alpha_{11}X_1 + \alpha_{12}X_2 + \cdots + \alpha_{1m}X_m + \mu_1$$
$$Y_2 = \beta_{21}Y_1 + \alpha_{21}X_1 + \alpha_{22}X_2 + \cdots + \alpha_{2m}X_m + \mu_2$$
$$Y_3 = \beta_{31}Y_1 + \beta_{32}Y_2 + \alpha_{31}X_1 + \alpha_{32}X_2 + \cdots + \alpha_{3m}X_m + \mu_3$$
$$\vdots$$
$$Y_m = \beta_{m1}Y_1 + \beta_{m2}Y_2 + \cdots + \beta_{m,m-1}Y_{m-1} + \alpha_{m1}X_1 + \alpha_{m2}X_2 + \cdots + \alpha_{mm}X_m + \mu_m \tag{8.7}$$

其随机误差项应满足$E(\mu_1\mu_2)=E(\mu_1\mu_3)=\cdots=E(\mu_2\mu_3)=\cdots=E(\mu_{m-1}\mu_m)=0$。将其转化为结构式方程为

$$Y_1-\alpha_{11}X_1-\alpha_{12}X_2-\cdots-\alpha_{1m}X_m=\mu_1$$
$$Y_2-\beta_{21}Y_1-\alpha_{21}X_1-\alpha_{22}X_2-\cdots-\alpha_{2m}X_m=\mu_2$$
$$Y_3-\beta_{31}Y_1-\beta_{32}Y_2-\alpha_{31}X_1-\alpha_{32}X_2-\cdots-\alpha_{3m}X_m=\mu_3$$
$$\cdots\cdots$$

用矩阵表示为：$\boldsymbol{\beta Y}+\boldsymbol{\Gamma X}=\boldsymbol{\mu}$

其中，

$$\beta=\begin{bmatrix}1 & 0 & 0 & 0 & 0 & \cdots & 0\\ -\beta_{21} & 1 & 0 & 0 & 0 & \cdots & 0\\ -\beta_{31} & -\beta_{32} & 1 & 0 & 0 & \cdots & 0\\ -\beta_{41} & -\beta_{42} & -\beta_{43} & 1 & 0 & \cdots & 0\\ \cdots & \cdots & \cdots & \cdots & 1 & \cdots & 0\\ \cdots & \cdots & \cdots & \cdots & \cdots & \cdots & 0\\ -\beta_{m1} & -\beta_{m2} & -\beta_{m3} & \cdots & \cdots & \cdots & 1\end{bmatrix},$$

$$\Gamma=-\begin{bmatrix}\alpha_{11} & \alpha_{12} & \alpha_{13} & \cdots & \alpha_{1m}\\ \alpha_{21} & \alpha_{22} & \alpha_{23} & \cdots & \alpha_{2m}\\ \alpha_{31} & \alpha_{32} & \alpha_{33} & \cdots & \alpha_{3m}\\ \cdots & \cdots & \cdots & \cdots & \cdots\\ \alpha_{m1} & \alpha_{m2} & \alpha_{m3} & \cdots & \alpha_{mm}\end{bmatrix}$$

递归模型是结构模型的特殊形式，它可以直接运用普通最小二乘法对模型中的方程依次做估计，而不会产生偏倚性问题。但是这种模型并不是真正意义上的联立方程，因为递归模型事实上没有反映变量间的因果关系特征。

8.3 联立方程模型的识别

8.3.1 识别的概念

联立方程模型识别的本质是对于给定的结构式模型，判断有无可能求出有意义的结构式参数值。

【例 8-2】关于粮食的需求供给模型如下

$$\begin{cases}D_t=\beta_0+\beta_1P_t+\mu_1 & \text{（需求函数）}\\ S_t=\alpha_0+\alpha_1P_t+\mu_2 & \text{（供给函数）}\\ S_t=D_t & \text{（平衡条件）}\end{cases}\qquad(8.8)$$

其中，D_t 表示需求量，S_t 表示供给量，P_t 表示价格，μ_i，(i = 1，2) 为随机项。

当供给与需求在市场上达到平衡时，$D_t = S_t = Q_t$（产量）。当用收集到的 Q_t，P_t 样本值，而无其他信息估计回归参数时，则无法区别估计值是对 β_0，β_1 的估计还是对 α_0，α_1 的估计，即为联立方程模型的识别问题。

如果无法从简化型模型参数估计出所有的结构模型参数，称该结构模型是不可识别的。如果能够从简化型模型参数估计出所有的结构模型参数，就称该结构模型是可识别的。当结构模型参数与相对应简化方程参数一一对应时，结构模型参数是恰好识别的。

【例 8 -3】 对于联立方程模型

$$C_t = \alpha_0 + \alpha_1 Y_t + \mu_{1t}$$
$$I_t = \beta_0 + \beta_1 Y_t + \mu_{2t}$$
$$Y_t = C_t + I_t$$

经过代数运算有

$$Y_t - C_t = \beta_0 + \beta_1 Y_t + \mu_{2t}$$
$$C_t = -\beta_0 + (1 - \beta_1) Y_t - \mu_{2t}$$

与模型中第一个方程相比较，可以看出二者变量都是和，那么通过样本数据估计出来的和的参数就很难分辨出究竟是哪个方程得到的，因此消费函数是不可识别的。

又如对于模型

$$Q_t = \beta_0 + \beta_1 P_t + \beta_2 I_t + \mu_1$$
$$Q_t = \alpha_0 + \alpha_1 P_t + \alpha_2 W_t + \mu_2$$

有 6 个结构参数。相应简化型模型为

$$Q_t = \pi_{10} + \pi_{11} I_t + \pi_{12} W_t + \nu_{t1}$$
$$P_t = \pi_{20} + \pi_{21} I_t + \pi_{22} W_t + \nu_{t2}$$

对于该简化型模型来说，结构模型参数取值不唯一，则该结构模型是过度识别的。

由此可见识别问题是完整的联立方程模型所特有的问题，需要注意的是只有行为方程才存在识别问题，对于定义方程或恒等式不存在识别问题。识别问题不是参数估计问题，但是估计的前提，不可识别的模型则不可估计。识别依赖于对联立方程模型中每个方程的识别，若有一个方程是不可识别的，则整个联立方程模型是不可识别的。可识别的联立方程模型分为恰好识别和过度识别。

模型的识别
- 不可识别
- 可识别
  - 恰好识别
  - 过度识别

8.3.2　识别方法

从理论上来讲，联立方程模型的识别可以通过模型的简约式来进行判断，但是对于一个具体的方程模型，为了确定其可识别性而采用简约式与结构式之间的关系进行处理过程过于烦琐，特别是当结构式模型中的方程数量很多时，这种方法几乎无法完成识别工作，因此需要适用性广、方便快捷的方法，这些方法主要有阶条件和秩条件的识别方法。

引入符号：

M——模型中内生变量的个数（即方程的个数）；

m_i——模型中第 i 个方程中包含的内生变量的个数；

K——模型中前定变量的个数；

k_i——模型中第 i 个方程中包含的前定变量的个数。

则模型中变量总数为 M + K。

第 i 个方程中包含的变量总个数为 $m_i + k_i$；

第 i 个方程中不包含的变量总个数为 $(M + K) - (m_i + k_i)$。

1. 阶条件（order condition）

$$\begin{matrix}\text{不包含在待识别方程中的}\\ \text{变量（被斥变量）个数}\end{matrix} \geqslant (\text{联立方程模型中的内生变量个数} - 1)$$

一个方程可识别时，其不包含的变量总个数（内生变量 + 前定变量）大于或等于模型中内生变量总个数减 1。即

$$K - k_i \geqslant m_i - 1$$

在结构式模型中，需要对每个方程进行识别，当其全部满足识别的阶条件时，模型才满足识别的阶条件。进一步地，有

当 $(M + K) - (m_i + k_i) = M - 1$ 时，方程为恰好识别；

当 $(M + K) - (m_i + k_i) > M - 1$ 时，方程为过度识别；

当 $(M + K) - (m_i + k_i) < M - 1$ 时，方程为不可识别。

需要注意的是，阶条件是方程可识别的必要条件但不充分，即不满足阶条件是不可识别的，但满足了阶条件也不一定是可识别的。

【例 8 - 4】 考察凯恩斯宏观经济模型的可识别性

$$Y_t = C_t + I_t + G_t$$

$$C_t = \alpha_0 + \alpha_1 Y_t + \mu_{1t}$$

$$I_t = \beta_0 + \beta_1 Y_t + \beta_2 Y_{t-1} + \mu_{2t}$$

方程中，内生变量有国民收入 Y_t、居民消费支出 C_t 和民间投资 I_t，共计三个；前定变量有政府支出 G_t，滞后内生变量 Y_{t-1}，共两个。表 8 - 1 给出了阶条件的模型识别结果，居民消费支出方程式过度识别，民间投资支出方程恰好识别。

表 8－1 模型的阶条件识别结果

随机方程	模型中的变量数		方程中的变量数		阶条件	结论
	M	K	m_i	k_i		
居民消费	3	2	2	0	2 > 1	过度识别
民间投资	3	2	2	1	1 = 1	恰好识别

2. 秩条件（rank condition）

待识别方程的被斥变量系数矩阵的秩 =（联立方程模型中内生变量个数－1）

秩条件的识别过程如下：

（1）写出结构式模型对应的结构参数矩阵 BΓ；

（2）删去第 i 个结构方程对应系数所在行（第 i 行）；

（3）删去第 i 个结构方程非零系数所在的列；

（4）把剩余的元素按照原次序构成一个新的矩阵，这个矩阵被称为识别矩阵，记为 A_i，则模型识别的秩条件为

$$\mathrm{Rank}(A_i) = M - 1$$

秩条件是充分必要条件，满足秩条件能保证联立方程模型每个方程都有别于其他方程。

综合阶条件和秩条件，联立方程模型识别的一般过程是：（1）先考查阶条件，因为阶条件比秩条件判别起来简单。若不满足阶条件，识别到此为止，说明待识别方程不可识别。若满足阶条件，则进一步检查秩条件。（2）若不满足秩条件，说明待识别方程不可识别。若满足秩条件，说明待识别方程可识别，但不能判别可识别方程是属于恰好识别还是过度识别。对此还要返回来利用阶条件作判断。（3）若阶条件中的等式（被斥变量个数 = 方程个数－1）成立，则方程为恰好识别；若阶条件中的不等式（被斥变量个数 > 方程个数－1）成立，则方程为过度识别。

【例 8－5】 某联立方程结构式模型为

$$\begin{cases} Y_1 = \alpha_{12}Y_2 + \beta_{11}X_1 + \beta_{12}X_2 + \mu_1 & \text{（恰好识别）} \\ Y_2 = \alpha_{23}Y_3 + \beta_{23}X_3 + \mu_2 & \text{（过度识别）} \\ Y_3 = \alpha_{31}Y_1 + \alpha_{32}Y_2 + \beta_{33}X_3 + \mu_3 & \text{（不可识别）} \end{cases} \tag{8.9}$$

试考查方程的可识别性。

由于结构模型有 3 个方程，3 个内生变量，所以是完整的联立方程模型。对于第 2 个方程，被斥变量有 3 个，分别为 Y_1，X_1，X_2，（内生变量个数－1）=2，所以满足阶条件。

结构模型的系数矩阵是

$$\begin{pmatrix} 1 & -\alpha_{12} & 0 & -\beta_{11} & -\beta_{12} & 0 \\ 0 & 1 & -\alpha_{23} & 0 & 0 & -\beta_{23} \\ -\alpha_{31} & -\alpha_{32} & 1 & 0 & 0 & -\beta_{33} \end{pmatrix} \tag{8.10}$$

从系数阵中划掉第 2 个方程的变量 Y_2，Y_3，X_3 的系数所在的相应行和列，得第 2 个方程被斥变量的系数阵如下

$$\begin{pmatrix} 1 & -\alpha_{12} & 0 & -\beta_{11} & -\beta_{12} & 0 \\ 0 & 1 & -\alpha_{23} & 0 & 0 & -\beta_{23} \\ -\alpha_{31} & -\alpha_{32} & 1 & 0 & 0 & -\beta_{33} \end{pmatrix} \Rightarrow \begin{pmatrix} 1 & -\beta_{11} & -\beta_{12} \\ -\alpha_{31} & 0 & 0 \end{pmatrix} \tag{8.11}$$

$$因为 \begin{vmatrix} 1 & -\beta_{11} \\ -\alpha_{31} & 0 \end{vmatrix} \neq 0, \quad \begin{vmatrix} 1 & -\beta_{21} \\ -\alpha_{31} & 0 \end{vmatrix} \neq 0 \tag{8.12}$$

被斥变量系数阵的秩 =2，已知（内生变量个数）-1 =2，所以第 2 个方程是可识别的。下面用阶条件判断第 2 个方程的恰好识别性或过度识别性。因为被斥变量个数是 3 >2，所以第 2 个方程是过度识别的。

现考查第 3 个方程的可识性。对于第 3 个方程，被斥变量有 2 个，分别为 X_1，X_2，（内生变量个数 -1）=2，所以满足阶条件。

从系数阵中划掉第 3 个方程的变量 Y_1，Y_2，Y_3，X_3 的系数所在的相应行和列，得第 3 个方程的被斥变量系数阵如下

$$\begin{bmatrix} 1 & -\alpha_{12} & 0 & -\beta_{11} & -\beta_{12} & 0 \\ 0 & 1 & -\alpha_{23} & 0 & 0 & -\beta_{23} \\ -\alpha_{31} & -\alpha_{32} & 1 & 0 & 0 & -\beta_{33} \end{bmatrix} \Rightarrow \begin{bmatrix} -\beta_{11} & -\beta_{12} \\ 0 & 0 \end{bmatrix}$$

因为 $\begin{vmatrix} -\beta_{11} & -\beta_{12} \\ 0 & 0 \end{vmatrix} = 0$，被斥变量系数阵的秩 =1，已知（内生变量个数）-1 = 2，所以第 3 个方程是不可识别的。

8.4 联立方程模型的估计方法

在联立方程组模型中，随机干扰项与内生变量之间存在相互依赖性，所以，普通最小二乘法不适宜用来估计联立方程组模型中的方程，使用 OLS 法所得到的结果不仅是有偏的，而且是非一致的。因此，必须用其他的方法对模型中的参数进行估计。对于联立方程模型的参数，可以采用单方程估计和系统估计方法。

（1）单方程估计。单方程估计法可以对每一个方程单独进行估计，不考虑模型中其他方程对该方程的约束。因为这种方法没有利用模型中其余方程对被估计方程所产生的约束等有关的信息，所以又称有限信息估计法。包括 OLS（普通最

小二乘法)、ILS（间接最小二乘法)、IV（工具变量法)、2SLS（两阶段最小二乘法)、LIML（有限信息最大似然法）等。

（2）系统估计法。系统估计法是对整个模型中所有结构方程的参数同时进行估计，因而同时决定所有参数的估计值。由于这种方法利用了模型中的全部方程的信息，所以，也称方程组法，或完全信息法，包括 3SLS（三阶段最小二乘法)、FIML（完全信息最大似然法)。

8.4.1　递归式模型的估计

当联立方程模型是递归模型时，或者也称作三角形模型或者因果性模型时，OLS 法也适用于联立方程模型的参数估计。如递归式模型为

$$Y_{1t} = \beta_{10} + \gamma_{11} X_{1t} + \gamma_{12} X_{2t} + \mu_{1t}$$
$$Y_{2t} = \beta_{20} + \beta_{21} Y_{1t} + \gamma_{21} X_{1t} + \gamma_{22} X_{2t} + \mu_{2t}$$
$$Y_{3t} = \beta_{30} + \beta_{31} Y_{1t} + \beta_{32} Y_{2t} + \gamma_{31} X_{1t} + \gamma_{32} X_{2t} + \mu_{3t}$$

其中，随机干扰项相互独立，满足

$$\mathrm{Cov}(\mu_{1t},\ \mu_{2t}) = \mathrm{Cov}(\mu_{1t},\ \mu_{3t}) = \mathrm{Cov}(\mu_{2t},\ \mu_{3t}) = 0$$

首先看第一个方程。由于等号右边只含有外生变量和随机项，外生变量和随机项不相关，符合假定条件，所以可用 OLS 法估计参数。对于第 2 个方程，由于等号右边只含有一个内生变量 Y_1，以及外生变量和随机项。根据假定 μ_1 和 μ_2 不相关，所以 Y_1 和 μ_2 不相关。对于 Y_2 来说，Y_1 是一个前定变量，因此可以用 OLS 法估计第 2 个方程，以此类推可以用 OLS 法估计递归模型中的每一个方程。此时的参数估计量具有无偏性和一致性。

8.4.2　简化式模型的估计

简化型模型可用 OLS 法估计参数。由于简化型模型一般是由结构模型对应而来，每个方程只含有一个内生变量且为被解释变量，它是前定变量和随机项的唯一函数。方程中解释变量都是前定变量，自然与随机项无关，所以用 OLS 法得到的参数估计量为一致估计量。

8.4.3　结构式模型的估计

对于结构模型可以采用前文的单一方程估计法，即有限信息估计法和系统估计法，即完全信息估计法。前者只考虑被估计方程的参数约束问题，而不过多地考虑方程组中其他方程所施加的参数约束，因此称为有限信息估计方法。后者在估计模型中的所有方程的同时，要考虑由于略去或缺少某些变量而对每个方程所施加的参数约束，因此称为完全信息估计法。

显然对于联立方程模型，理想的估计方法应当是完全信息估计法，例如完全信息极大似然法（FIML），然而这种方法并不常用。因为：（1）这种方法计算工作量太大；（2）将导致在高度非线性的情况下确定问题的解，这常常是很困难的；（3）若模型中某个方程存在设定误差，这种误差将传播到其他方程中去。

所以对于联立方程模型常用的估计方法是单一方程估计法。常用的单一方程估计法有：（1）间接最小二乘法（ILS）；（2）工具变量法（IV）；（3）两段最小二乘法（2SLS）；（4）有限信息极大似然法（LIML），本节将介绍前三种方法。

1. 间接最小二乘法（ILS）

ILS 法只适用于恰好识别模型，具体估计步骤如下。

（1）先从结构式模型推导出简约式模型，建立起结构式参数与简约式参数之间的参数关系式体系；

（2）利用样本观测值数据，应用普通最小二乘法（OLS），对简约式方程进行估计，估计出简约式参数的估计值；

（3）将简约式参数估计值代入第（1）步求出的参数关系式，即利用 $\Pi = A^{-1}B$ 求出结构模型中的结构式参数的唯一估计值。

需要注意的是，ILS 估计量是有偏的，但具有一致性和渐近有效性。采用 ILS 法时，简化模型的随机项必须满足 OLS 法的假定条件：$v_i \sim N(0, \sigma^2)$，$Cov(v_i, v_j) = 0$，$Cov(X_i, v_j) = 0$，当不满足上述条件时，简化型参数的估计误差就会传播到结构参数中去。

2. 工具变量法（IV）

（1）工具变量法的基本思想。当被估计方程的某个解释变量与扰动项相关时，在方程系统中选择一个与此解释变量高度相关而与相应的扰动项不相关的前定变量作为工具，以达到消除该解释变量与扰动项之间的相关性的目的。工具变量法是一种单方程估计方法，每次只适用于模型中的一个结构方程，IV 估计量不具备无偏性，但具有一致性。

在回归方程中，一个有效的工具变量应满足以下两个条件

①相关性：工具变量与内生解释变量相关，即 $Cov(X_t, P_t) \neq 0$。

②外生性：工具变量与扰动项不相关，即 $Cov(X_t, \mu_t) = 0$。

工具变量的外生性有时也称为“排他性约束”，因为外生性意味着，工具变量影响被解释变量的唯一渠道是通过与其相关的内生解释变量，排除了所有其他的可能影响渠道。

（2）工具变量法的步骤。选择适当的工具变量。在联立方程模型中，所选择的工具变量应满足下列条件：

①它必须与方程中所考虑的内生解释变量高度相关，与随机项不相关；

②它必须同结构方程中的其他前定变量相关性很小，以避免产生多重共线性。

模型中的前定变量一般都能满足上述条件，所以，每一个前定变量都可以作为内生解释变量的备选工具变量。但选择工具变量的个数必须与所估计的结构方程中作为解释变量的内生变量的个数相等，如果结构方程中含有前定变量，则可选择这些前定变量本身作为自己的工具变量，这样做的目的是使每一个结构参数都能求得估计值。

分别用工具变量去乘结构方程，并对所有样本观测值求和，得到与未知参数一样多的线性方程构成的方程组，解此方程组便得到结构参数的估计值。

设有两个解释变量的结构方程

$$Y_t = \beta_0 + \beta_1 X_{1t} + \beta_2 X_{2t} + \mu_t \tag{8.13}$$

式（8.13）中 X_1，X_2 是方程所在模型中的两个内生变量，与干扰项 μ_t 无关。现有模型中可以找到另外两个前定变量 Z_{1t}，Z_{2t} 作为 X_1，X_2 的工具变量。由式（8.13）有

$$\beta_0 = \bar{Y} - \beta_1 \bar{X}_1 - \beta_2 \bar{X}_2 - \bar{\mu}$$

选择 Z_{1t} 和 Z_{2t} 作为工具变量，分别去乘式（8.13）并求和

$$\begin{aligned} \sum Y_t Z_{1t} &= \beta_0 \sum Z_{1t} + \beta_1 \sum X_{1t} Z_{1t} + \beta_2 \sum X_{2t} Z_{1t} + \sum \mu_t Z_{1t} \\ \sum Y_t Z_{2t} &= \beta_0 \sum Z_{2t} + \beta_1 \sum X_{1t} Z_{2t} + \beta_2 \sum X_{2t} Z_{2t} + \sum \mu_t Z_{2t} \end{aligned} \tag{8.14}$$

由于 $E(\mu_t) = 0$，所以 $\bar{\mu} \approx 0$，式（8.13）改写为

$$\hat{\beta}_0 = \bar{Y} - \hat{\beta}_1 \bar{X}_1 - \hat{\beta}_2 \bar{X}_2 \tag{8.15}$$

又由于 $Cov(Z_{1t}, \mu_t) = 0$，$Cov(Z_{2t}, \mu_t) = 0$，所以式（8.14）可以写成

$$\begin{aligned} \sum Y_t Z_{1t} &= \hat{\beta}_0 \sum Z_{1t} + \hat{\beta}_1 \sum X_{1t} Z_{1t} + \hat{\beta}_2 \sum X_{2t} Z_{1t} \\ \sum Y_t Z_{2t} &= \hat{\beta}_0 \sum Z_{2t} + \hat{\beta}_1 \sum X_{1t} Z_{2t} + \hat{\beta}_2 \sum X_{2t} Z_{2t} \end{aligned} \tag{8.16}$$

将式（8.15）代入式（8.16），整理后得到

$$\begin{aligned} \sum Y_t z_{1t} &= \hat{\beta}_1 \sum X_{1t} z_{1t} + \hat{\beta}_2 \sum X_{2t} z_{1t} \\ \sum Y_t z_{2t} &= \hat{\beta}_1 \sum X_{1t} z_{2t} + \hat{\beta}_2 \sum X_{2t} z_{2t} \end{aligned} \tag{8.17}$$

解式（8.17）可得

$$\begin{aligned} \hat{\beta}_1 &= \frac{\sum Y_t z_{1t} \sum X_{2t} z_{1t} - \sum Y_t z_{2t} \sum X_{2t} z_{1t}}{\sum X_{1t} z_{1t} \sum X_{2t} z_{2t} - \sum X_{1t} z_{2t} \sum X_{2t} z_{1t}} \\ \hat{\beta}_2 &= \frac{\sum Y_t z_{2t} \sum X_{1t} z_{1t} - \sum Y_t z_{1t} \sum X_{1t} z_{2t}}{\sum X_{1t} z_{1t} \sum X_{2t} z_{2t} - \sum X_{1t} z_{2t} \sum X_{2t} z_{1t}} \end{aligned} \tag{8.18}$$

其中，

$$X = X - \bar{X},\quad Y = Y - \bar{Y},\quad z = Z - \bar{Z}$$

（3）工具变量法的局限性。利用工具变量法对参数进行估计存在着局限性，首先，对于恰好识别的方程来说，工具变量法可以求得结构参数的唯一值，但对

于过度识别的方程，因为估计变量与所选择的工具变量有关，所以就使得估计量不具有唯一性，而且失去了未被选用的前定变量所提供的信息。因此，工具变量法对过度识别方程来说不是一种有效的估计方法。

其次，从模型中选择前定变量需要满足工具变量的条件，由于模型中内生变量之间的交错影响，同一内生变量可能与几个前定变量相关，要选择合适的前定变量作为某一个内生变量的工具变量是比较困难的，并且当引入的前定变量多于一个时又要满足彼此不相关，有时这很难保证。

最后，由于随机干扰项不可观测，这很难确定工具变量与随机干扰项无关。在估计过程中要找到既与某个内生变量相关，又与干扰项无关的前定变量，从实际经济意义上看，是困难的。

由于联立方程模型中大多为过度识别方程。实际上直接用工具变量法对结构参数进行估计是不多见的，但工具变量法有助于理解其他较好的经济计量方法，譬如两阶段最小二乘法。

3. 两段最小二乘法（2SLS）

当结构方程为过度识别时，其相应简化型方程参数的 OLS 估计量是有偏的，不一致的，这时可以采用两段最小二乘法（2SLS）。对于恰好识别和过度识别的结构模型均可采用2SLS 法估计参数。2SLS 法即连续两次使用 OLS 法，使用2SLS 法的前提是结构模型中的随机项和简化型模型中的随机项必须满足通常的假定条件，即

（1）结构方程中的随机干扰项满足均值为零、协方差为常数和序列不相关的条件；

（2）结构方程中的所有前定变量和随机干扰项不相关；

（3）前定变量不存在渐进的多重共线性；

（4）样本容量必须大于方程中出现的前定变量个数；

（5）结构式方程是可识别的。

两阶段最小二乘法的一般步骤为：

（1）对简约型方程应用普通最小二乘法（OLS）求出内生变量 Y_i 的估计量 $\hat{Y}_i$，进而有

$$Y_i = \hat{Y}_i + e_i,\ i = 1,\ 2,\ \cdots,\ m$$

（2）被估计的结构式方程右边的内生变量 Y_i，用 $\hat{Y}_i + e_i$ 代入。然后，第 2 次应用普通最小二乘法，对被估计的结构式方程进行估计，估计出结构式参数的估计值。

以如下模型为例作具体说明。

$$\begin{cases} Y_1 = \alpha_1 Y_2 + \beta_1 X_1 + \mu_1 & (8.19) \\ Y_2 = \alpha_2 Y_1 + \beta_2 X_2 + \mu_2 & (8.20) \end{cases}$$

其中，$\mu_i \sim N(0,\ \sigma_i^2)$，$i = 1,\ 2$；$E(\mu_1 \mu_2) = 0$。

第一步，作如下回归

$$Y_2 = \hat{\pi}_{21}X_1 + \hat{\pi}_{22}X_2 + \hat{\nu}_2 \tag{8.21}$$

因为 $\hat{Y}_2 = \hat{\pi}_{21}X_1 + \hat{\pi}_{22}X_2$ 是 X_1 和 X_2 的线性组合，而 X_1，X_2 与 μ_1，μ_2 无关，所以 $\hat{Y}_2$ 也与 μ_1，μ_2 无关。$\hat{Y}_2$ 是 Y_2 的 OLS 估计量，自然与 Y_2 高度相关，所以可用 $\hat{Y}_2$ 作为 Y_2 的工具变量。

第二步，用 $\hat{Y}_2$ 代替式（8.19）中的 Y_2，得

$$Y_1 = \alpha_1\hat{Y}_2 + \beta_1X_1 + \mu_1$$

用 OLS 法估计上式。定义 $W = (\hat{Y}_2X_1)$，则

$$\hat{\gamma} = (W'W)^{-1}(W'Y_1) \tag{8.22}$$

$\hat{\gamma}$ 为 2SLS 估计量，且是有偏的、无效的、一致估计量。

可以证明当结构模型为恰好识别时，2SLS 估计值与 ILS 估计值相同。

8.5　案例分析与软件操作

为了分析湖北省地区生产总值的变动对消费支出和投资的影响，设立以下理论经济模型（见表 8－2）。

表 8－2　**湖北省宏观经济数据**　单位：亿元

年份	生产总值（Y）	消费（C）	投资（I）	政府支出（G）
1990	824.38	434.62	144.44	84.82
1991	913.38	475.85	168.19	99.53
1992	1088.39	546.61	240.73	98.97
1993	1325.83	694.49	383.18	114.58
1994	1700.92	845.14	593.07	137.20
1995	2109.38	1095.97	826.50	162.43
1996	2499.77	1346.76	984.38	197.44
1997	2856.47	1438.12	1083.60	223.70
1998	3114.02	1518.92	1231.10	280.12
1999	3229.29	1507.12	1302.17	336.46
2000	3545.39	1594.08	1421.55	368.77
2001	3880.53	1767.38	1551.75	484.40
2002	4212.82	1951.54	1695.22	511.39
2003	4757.45	2188.05	1883.59	540.44
2004	5633.24	2452.62	2356.38	646.29

续表

年份	生产总值（Y）	消费（C）	投资（I）	政府支出（G）
2005	6590.19	2785.42	2834.75	778.72
2006	7617.47	3124.37	3572.69	1047.00
2007	9333.40	3709.69	4534.14	1274.27
2008	11328.92	4225.38	5798.56	1650.28
2009	12961.10	4456.31	8211.85	2090.92
2010	15967.61	5136.78	10802.69	2501.40

设经济模型为

$$GDP_t = COM_t + INV_t + GOV_t$$
$$COM_t = \alpha_0 + \alpha_1 GDP_t + \mu_{1t}$$
$$INV_t = \beta_0 + \beta_1 GDP_t + \mu_{2t}$$

式中 GDP_t 为地区生产总值，COM_t 为地区消费支出，INV_t 为地区总投资，GOV_t 为地区政府的支出。内生变量有 3 个，分别为 GDP_t、COM_t 和 INV_t，前定变量有一个为 GOV_t。

8.5.1　恰好识别的间接最小二乘法

用阶条件和秩条件对上述模型进行识别判断，结论是消费函数和投资函数均是恰好识别的，可以用 ILS 对方程组的参数进行估计。首先，将结构式模型转化为简化式模型

$$GDP_t = \pi_{11} + \pi_{12} GOV_t + \nu_{1t}$$
$$COM_t = \pi_{21} + \pi_{22} GOV_t + \nu_{2t}$$
$$INV_t = \pi_{31} + \pi_{32} GOV_t + \nu_{3t}$$

式中

$$\pi_{11} = \frac{\alpha_0 + \beta_0}{1 - \alpha_1 - \beta_1}, \quad \pi_{12} = \frac{1}{1 - \alpha_0 - \beta_0}$$
$$\pi_{21} = \alpha_0 + \alpha_1 \frac{\alpha_0 + \beta_0}{1 - \alpha_1 - \beta_1}, \quad \pi_{22} = \frac{\alpha_1}{1 - \alpha_1 - \beta_1}$$
$$\pi_{31} = \beta_0 + \beta_1 \frac{\alpha_0 + \beta_0}{1 - \alpha_1 - \beta_1}, \quad \pi_{32} = \frac{\beta_1}{1 - \alpha_1 - \beta_1}$$

按路径 “Quick/Estimate Equation/Equation Spesification”，在 “Equation Spesification” 对话框中，分别输入

“GDP C GOV”
“COM C GOV”
“INV C GOV”

得到简化型模型的估计结果如表 8 – 3 ~ 表 8 – 5 所示。

表 8 – 3　　最小二乘估计结果 1

Dependent Variable：GDP				
Method：Least Squares				
Date：10/19/19　Time：14：03				
Sample：1990 2010				
Included observations：21				
Variable	Coefficient	Std. Error	t – Statistic	Prob
C	1083.795	147.0200	7.371753	0.0000
GOV	6.070105	0.157121	38.63322	0.0000
R – squared	0.987430	Mean dependent var		5023.331
Adjusted R – squared	0.986768	S. D. dependent var		4219.197
S. E. of regression	485.3299	Akaike info criterion		15.29793
Sum squared resid	4475357	Schwarz criterion		15.39741
Log likelihood	– 158.6282	Hannan – Quinn criter		15.31952
F – statistic	1492.526	Durbin – Watson stat		0.581576
Prob（F – statistic）	0.000000			

表 8 – 4　　最小二乘估计结果 2

Dependent Variable：COM				
Method：Least Squares				
Date：10/19/19　Time：14：07				
Sample：1990 2010				
Included observations：21				
Variable	Coefficient	Std. Error	t – Statistic	Prob
C	806.6709	105.1909	7.668636	0.0000
GOV	1.933735	0.112418	17.20124	0.0000
R – squared	0.939660	Mean dependent var		2061.677
Adjusted R – squared	0.936484	S. D. dependent var		1377.839
S. E. of regression	347.2473	Akaike info criterion		14.62834
Sum squared resid	2291034	Schwarz criterion		14.72782
Log likelihood	– 151.5976	Hannan – Quinn criter		14.64993
F – statistic	295.8827	Durbin – Watson stat		0.297456
Prob（F – statistic）	0.000000			

表 8-5　　最小二乘估计结果 3

Dependent Variable: INV				
Method: Least Squares				
Date: 10/19/19　Time: 14: 08				
Sample: 1990 2010				
Included observations: 21				
Variable	Coefficient	Std. Error	t - Statistic	Prob
C	-140.3599	105.9133	-1.325233	0.2008
GOV	4.003784	0.113190	35.37211	0.0000
R - squared	0.985042	Mean dependent var		2458.120
Adjusted R - squared	0.984254	S. D. dependent var		2786.314
S. E. of regression	349.6321	Akaike info criterion		14.64203
Sum squared resid	2322610	Schwarz criterion		14.74151
Log likelihood	-151.7413	Hannan - Quinn criter		14.66362
F - statistic	1251.186	Durbin - Watson stat		0.727754
Prob (F - statistic)	0.000000			

得到简化型模型的估计结果如下

$$GDP = 1083.80 + 6.07GOV$$
$$COM = 806.67 + 1.93GOV$$
$$INV = -140.36 + 4.00GOV$$

从而解出结构型模型中的参数估计值为

$$\alpha_0 = -272.789,\ \alpha_1 = 0.996,\ \beta_0 = 273.624,\ \beta_1 = 0.003$$

从而结构型模型的估计式为

$$GDP_t = COM_t + INV_t + GOV_t$$
$$INV_t = 273.624 + 0.003GDP_t$$
$$COM_t = -272.789 + 0.996GDP_t$$

8.5.2　过度识别的两阶段最小二乘法

对于上述问题若考虑当期的消费行为还要受到上一期消费的影响，当期的投资也要受到上期投资的影响，可以设立如下理论经济模型

$$GDP_t = COM_t + INV_t + GOV_t$$

$$COM_t = \alpha_0 + \alpha_1 GDP_t + \alpha_2 COM_{t-1} + \mu_{1t}$$
$$INV_t = \beta_0 + \beta_1 GDP_t + \beta_2 INV_{t-1} + \mu_{2t}$$

运用阶条件和秩条件很容易判断上述的消费函数和投资函数都是过渡识别的，需要运用两阶段最小二乘法对方程组的参数进行估计。

首先估计消费函数。按照路径“Quick/Estimate Equation/Equation Specification/Method/TSLS”，会出现“Equation Specification”对话框（见图 8 - 1）。

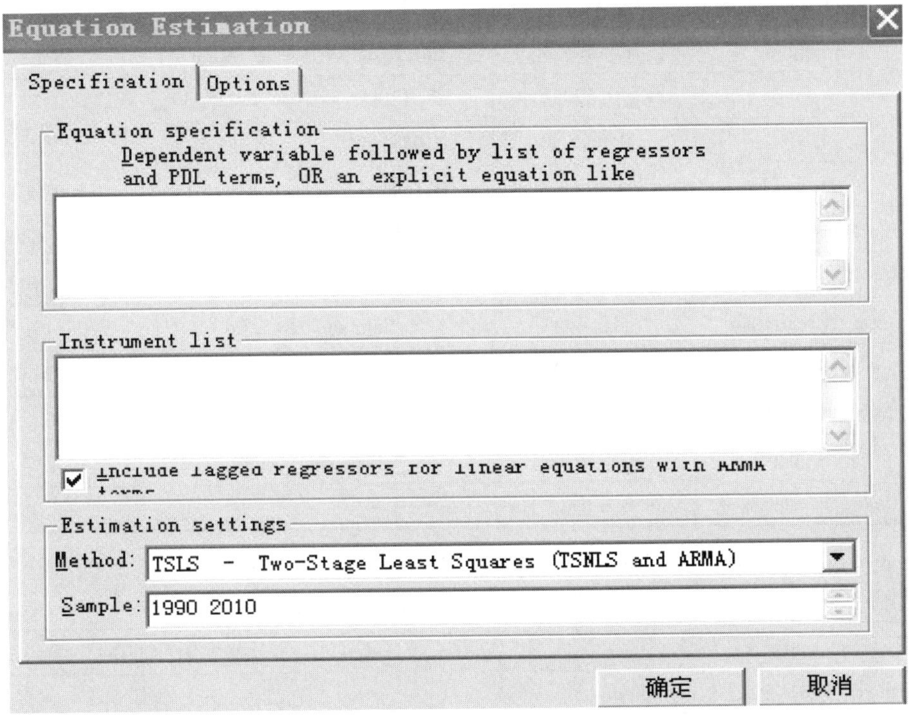

图 8 - 1　两阶段最小二乘输入变量的窗口

“Equation Specification”对话框中有两个窗口，第一个窗口写要估计的方程；第二个窗口写该方程组中所有的前定变量，Eviews 要求将截距项看成前定变量。如估计消费函数：

第一个窗口写：“COM C GDP COM(-1)”；

第二个窗口写：“C GOV COM(-1)INV(-1)。

估计投资函数：

第一个窗口写：“INV C GDP INV(-1)”；

第二个窗口写：“C GOV COM(-1)INV(-1)”。

其中 COM(-1)、INV(-1) 分别表示消费的滞后一期和投资的滞后一期，然后按“OK”，显示如表 8 -6、表 8 -7 所示的结果。

表 8-6　　两阶段最小二乘估计结果 1

Dependent Variable: COM				
Method: Two-Stage Least Squares				
Date: 10/19/19　Time: 14: 20				
Sample (adjusted): 1991 2010				
Included observations: 20 after adjustments				
Instrument specification: C GOV COM(-1) INV(-1)				
Variable	Coefficient	Std. Error	t-Statistic	Prob
C	70.52089	68.12099	1.035230	0.3151
GDP	0.044030	0.038159	1.153845	0.2645
COM (-1)	0.965495	0.132243	7.300915	0.0000
R-squared	0.994103	Mean dependent var		2143.030
Adjusted R-squared	0.993409	S. D. dependent var		1360.903
S. E. of regression	110.4854	Sum squared resid		207519.4
F-statistic	1431.521	Durbin-Watson stat		1.632437
Prob (F-statistic)	0.000000	Second-Stage SSR		239902.9
J-statistic	0.058786	Instrument rank		4
Prob (J-statistic)	0.808425			

表 8-7　　两阶段最小二乘估计结果 2

Dependent Variable: INV				
Method: Two-Stage Least Squares				
Date: 10/19/19　Time: 14: 21				
Sample (adjusted): 1991 2010				
Included observations: 20 after adjustments				
Instrument specification: C GOV COM(-1) INV(-1)				
Variable	Coefficient	Std. Error	t-Statistic	Prob
C	-125.7067	116.5610	-1.078463	0.2959
GDP	-0.041431	0.082279	-0.503548	0.6210
INV (-1)	1.428950	0.166580	8.578147	0.0000
R-squared	0.994669	Mean dependent var		2573.804
Adjusted R-squared	0.994042	S. D. dependent var		2806.479
S. E. of regression	216.6267	Sum squared resid		797761.4
F-statistic	1585.904	Durbin-Watson stat		1.442914

续表

Prob（F - statistic）	0.000000	Second - Stage SSR	806217.2
J - statistic	8.802296	Instrument rank	4
Prob（J - statistic）	0.003009		

因此消费函数的 TSLS 估计式为：

$$COM_t = 70.5209 + 0.044GDP_t + 0.9655COM_{t-1}$$

消费函数的 TSLS 估计式为：

$$INV_t = -125.7067 - 0.0414GDP_t + 1.429INV_{t-1}$$

该联立方程模型的估计式为：

$$GDP_t = COM_t + INV_t + GOV_t$$

$$COM_t = 70.5209 + 0.044GDP_t + 0.9655COM_{t-1}$$

$$INV_t = -125.7067 - 0.0414GDP_t + 1.429INV_{t-1}$$

思考与练习

1. 什么是内生变量和外生变量?

2. 为什么 OLS 方法不适用与估计联立方程模型?

3. 估计联立方程模型常用的方法有哪些，适用条件分别是什么?

4. 什么是联立方程的识别问题，都有哪些方法，适用条件是什么?

5. 中国宏观经济的联立方程模型（用中国 1978～2000 数据估计，如表 8 - 8 所示)。

消费方程：$C_t = \alpha_0 + \alpha_1 Y_t + \alpha_2 C_{t-1} + \mu_{1t}$。

投资方程：$I_t = \beta_0 + \beta_1 Y_{t-1} + \mu_{2t}$。

收入方程：$Y_t = C_t + I_t + G_t$。

其中，C_t 表示消费；Y_t 表示国民生产总值；I_t 表示投资；G_t 表示政府支出，对模型进行识别和估计。

表 8 - 8　　中国宏观经济数据

obs	GDP	CONS	INV	GOV
1978	3605.6	1759.1	1377.9	480
1979	4074	2005.4	1474.2	614
1980	4551.3	2317.1	1590	659
1981	4901.4	2604.1	1581	705
1982	5489.2	2867.9	1760.2	770

续表

obs	GDP	CONS	INV	GOV
1983	6076.3	3182.5	2005	838
1984	7164.4	3674.5	2468.6	1020
1985	8792.1	4589	3386	1184
1986	10132.8	5175	3846	1367
1987	11784.7	5961.2	4322	1490
1988	14704	7633.1	5495	1727
1989	16466	8523.5	6095	2033
1990	18319.5	9113.2	5444	2252
1991	21280.4	10315.9	7617	2830
1992	25863.7	12459.8	9636	3492.3
1993	34500.7	15682.4	14998	4499.7
1994	46690.7	20809.8	19260.6	5986.2
1995	58510.5	26944.5	23877	6690.5
1996	68330.4	32152.3	26867.2	7851.6
1997	74894.2	34854.6	28457.6	8724.8
1998	79003.3	36921.1	29545.9	9484.8
1999	82673.1	39334.4	30701.6	10388.3
2000	89112.5	42911.9	32255	11705.3

第 9 章　时间序列计量经济学模型

时间序列分析方法由詹金斯（1976）年提出，它适用于各种领域的时间序列分析。

时间序列模型不同于经济计量模型的两个特点是：

（1）这种建模方法不以经济理论为依据，而是依据变量自身的变化规律，利用外推机制描述时间序列的变化。

（2）明确考虑时间序列的非平稳性。如果时间序列非平稳，建立模型之前应先通过差分把它变换成平稳的时间序列，再考虑建模问题。

9.1　时间序列计量经济学模型概述

自然界中事物变化的过程可以分成两类：一类是确定型过程；另一类是非确定型过程。确定型过程即可以用关于时间 t 的函数描述的过程。例如，真空中的自由落体运动过程，电容器通过电阻的放电过程，行星的运动过程等。非确定型过程即不能用一个（或几个）关于时间 t 的确定性函数描述的过程。换句话说，对同一事物的变化过程独立、重复地进行多次观测而得到的结果是不相同的。例如，对河流水位的测量，其中每一时刻的水位值都是一个随机变量。如果以一年的水位记录作为实验结果，便得到一个水位关于时间的函数 X_t，这个水位函数是预先不可确知的，只有通过测量才能得到，而在每年中同一时刻的水位纪录是不相同的。

由随机变量组成的一个有序序列称为随机过程，记为 $\{Y(s, t): s \in S, t \in T\}$。其中 S 表示样本空间，T 表示序数集。对于每一个 t，$t \in T$，$Y(\cdot, t)$ 是样本空间 S 中的一个随机变量；对于每一个 s，$s \in S$，$Y(s, \cdot)$ 是随机过程在序数集 T 中的一次实现。这个随机过程的一次实现就称为时间序列，用 $\{Y_t\}$ 或 Y_t 表示。

例如，某河流一年的水位值，$\{Y_1, Y_2, \cdots, Y_T\}$，可以看作一个随机过程；每一年的水位记录则是一个时间序列，$\{Y_1^1, Y_2^1, \cdots, Y_T^1\}$；而在每年中同一时刻（如 t = 2 时）的水位记录 $\{Y_2^1, Y_2^2, \cdots, Y_2^n\}$ 是不相同的，构成了 Y_2 取值的样本空间。

又如，要记录某市日电力消耗量，则每日的电力消耗量就是一个随机变量，于是得到一个日电力消耗量关于天数 t 的函数，而这些以年为单位的函数族构成了一个随机过程 $\{Y_t\}$，t = 1，2，…，365。因为时间以天为单位，是离散的，所以这个随机过程是离散型随机过程，而一年的日电力消耗量的实际观测值序列就是一个时间序列。

随机过程又有下列两种基本形式。

1. 平稳随机过程

如果随机过程 Y_t，对于任意的 t、s，满足

$$E(Y_t) = E(Y_{t-s}) = \mu = \text{常数}$$

$$Var(Y_t) = Var(Y_{t-s}) = \sigma_Y^2 = \text{常数}$$

$$Cov(Y_t,\ Y_{t-s}) = E((Y_t - \mu)(Y_{t-s} - \mu)) = \gamma_s$$

则称随机过程 Y_t 为平稳随机过程。由此可以看出，平稳时间序列的均值和方程在时间过程上都是常数，并且在任何两时期的协方差仅依赖于两个时期的时间间隔，而不依赖于计算这个协方差的实际时间。特别地，如果随机过程 Y_t 对于任意的 t、s，满足

$$E(Y_t) = E(Y_{t-s}) = 0$$

$$Var(Y_t) = Var(Y_{t-s}) = \sigma^2$$

$$Cov(Y_t,\ Y_{t-s}) = E((Y_t - \mu)(Y_{t-s} - \mu)) = 0$$

则称随机过程 Y_t 为白噪声过程，是平稳随机过程的特殊情况。由白噪声过程产生的时间序列如图 9－1 所示。

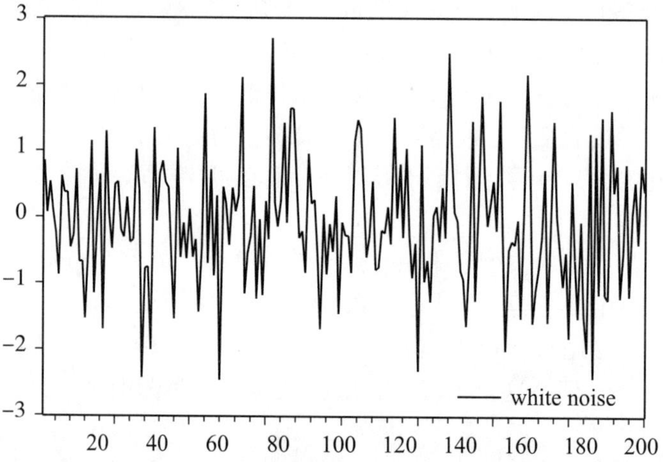

图 9－1　由白噪声过程产生的时间序列

白噪声是平稳的随机过程，因其均值为零，方差不变，随机变量之间非相关。白噪声源于物理学与电学，原指音频和电信号在一定频带中的一种强度不变

的干扰声。

2. 随机游走（random walk）过程

“随机游走”一词首次出现于 1905 年《自然》（Nature）杂志第 72 卷皮尔逊和瑞利的一篇通信中。该信件的题目是“随机游走问题”。文中讨论寻找一个被放在野地中央的醉汉的最佳策略是从投放点开始搜索。对于下面的表达式

$$Y_{t+1} = Y_t + \mu_{t+1}$$

其中，Y_t 为第 t 时刻的观测值，$Y_0 = 0$；μ_{t+1} 为零均值、方差为 σ^2 且相互独立的随机扰动项，即 μ_{t+1} 为白噪声过程。对于随机游走过程来说，满足

$$E(Y_t) = E(\sum_{i=1}^{t} \mu_i) = 0$$

$$Var(Y_t) = Var(\sum_{i=1}^{t} \mu_i) = t\sigma^2$$

$$Var(Y_{t-s}) = E(\sum_{i=1}^{t-s} \mu_i) = (t-s)\sigma^2$$

由随机游走过程产生的时间序列如图 9－2 所示。

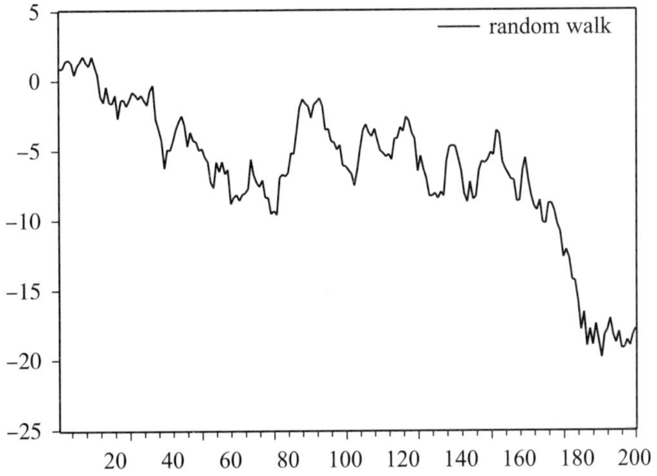

图 9－2　由随机游走过程产生时间序列

9.2　时间序列平稳性检验

由于虚假回归问题的存在，在回归模型中应避免直接使用非平稳变量，因此检验变量的平稳性是一个必须解决的问题。在本节将介绍检验时间序列平稳性的方法：相关图判断时间序列的平稳性和严格的统计检验方法，即单位根检验。

9.2.1 相关图法

给出一个随机时间序列，首先可以通过该序列的时间路径图来粗略地判断它是否是平稳的。平稳时间序列在图像上往往表现出一种围绕其均值不断波动的过程；而非平稳时间序列则往往表现出随时间变化持续上升或持续下降，如图9－3和图9－4所示。

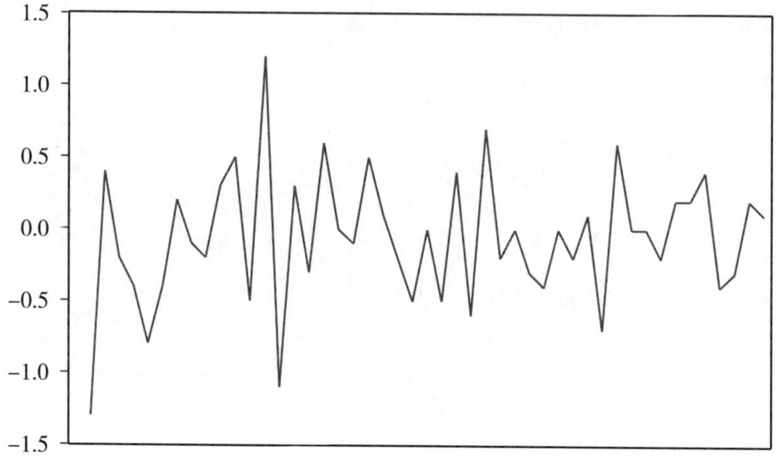

图9－3 平稳时间序列

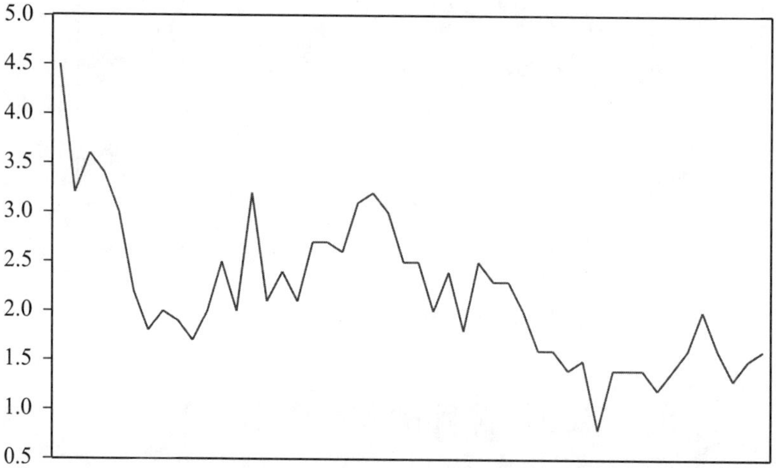

图9－4 非平稳时间序列

然而，这种直观的图示也常产生误导，因此需要进一步的判别，通常的做法是检验样本自相关函数及其图形。首先定义随机时间序列的自相关函数（autocorrelation function，ACF）如下：

$$\rho_k = \frac{\gamma_k}{\gamma_0}$$

其中，分子是时间序列滞后 k 期的协方差，分母是方差，因此自相关函数是关于滞后期 k 的递减函数。对于样本来说，可以计算样本自相关函数（sample autocorrelation function），也称为样本自相关系数，其定义为

$$\gamma_k = \frac{\sum_{t=1}^{n-k}(X_t - \bar{X})(X_{t+k} - \bar{X})}{\sum_{t=1}^{n}(X_t - \bar{X})^2}, \quad k = 1, 2, 3, \cdots$$

易知，随着 k 的增加，样本自相关函数下降且趋于零，但从下降速度来看，平稳序列要比非平稳序列快得多（见图 9－5 和图 9－6）。

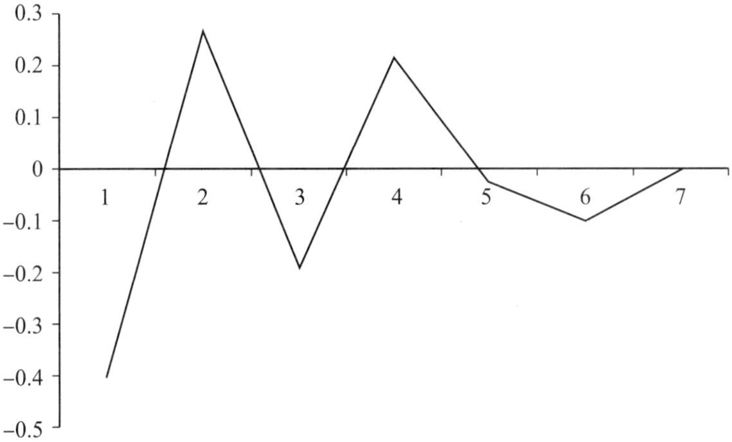

图 9－5　平稳时间序列样本相关图

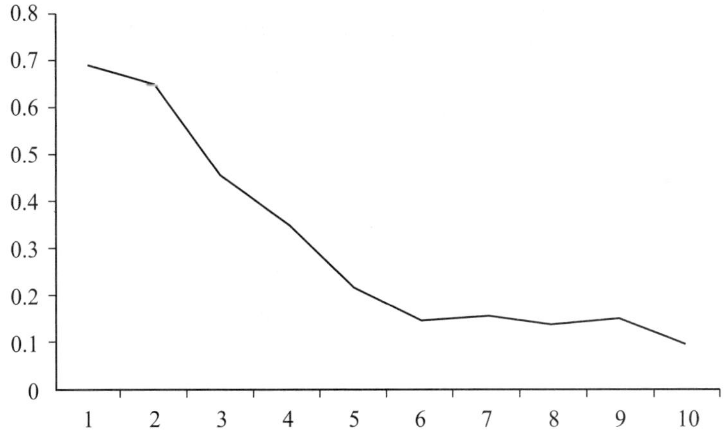

图 9－6　非平稳时间序列样本相关图

9.2.2 平稳性的单位根检验

对时间序列的平稳性检验除了通过图形直观判断外，运用统计量进行统计检验则是更为准确的，单位根检验是统计检验中应用较广的一种检验方法。

1. DF 检验

对于随机游走序列 $Y_t = Y_{t-1} + \mu_t$ 是非平稳的，其中 μ_t 是白噪声，该序列可以看成是随机模型

$$Y_t = \beta Y_{t-1} + \mu_t \tag{9.1}$$

中参数 $\beta = 1$ 时的情形，也就是说，对式（9.1）作回归，如果发现 $\beta = 1$，则称随机变量 Y_t 有一个单位根。可见，一个有单位根的时间序列就是随机游走序列，而随机游走序列是非平稳的。因此，要判断某时间序列是否是平稳的，可以通过式（9.1）判断它是否有单位根，这就是时间序列平稳性的单位根检验（见图9－7）。

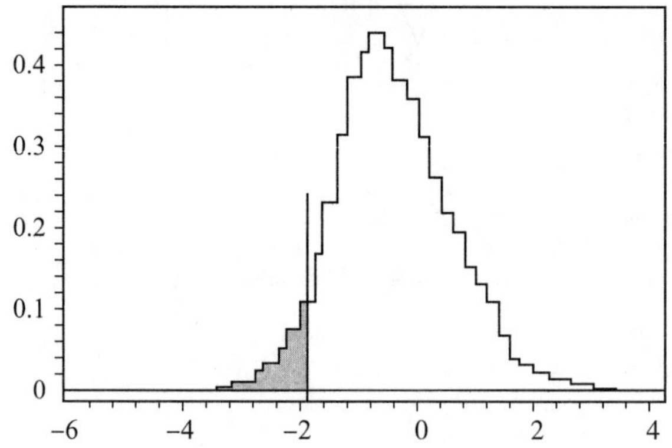

图9－7　单位根检验示意

零假设和备择假设分别是

$$H_0: \beta = 1, \ (Y_t \text{ 非平稳})$$

$$H_1: \beta < 1, \ (Y_t \text{ 平稳})$$

在零假设成立条件下，用 DF 统计量进行单位根检验

$$DF = \frac{\hat{\beta} - 1}{s(\hat{\beta})} = \frac{\hat{\beta} - 1}{s_{(\mu)} \Big/ \sqrt{\sum_{t=2}^{T} Y_{t-1}^2}} \tag{9.2}$$

其中

$$s_{(\mu)} = \sqrt{\frac{1}{T-1}\sum_{t=2}^{T}\hat{\mu}_t^2} \tag{9.3}$$

若用样本计算的DF>临界值，则接受H_0，Y_t非平稳；DF<临界值，则拒绝H_0，Y_t是平稳的。

注意：

（1）因为用DF统计量作单位根检验，所以此检验称作DF检验（由Dickey－Fuller提出）。

（2）DF检验采用的是OLS估计。

（3）DF检验是左单端检验。因为$\beta>1$意味着强非平稳，$\beta<1$意味着平稳。当接受$\beta<1$，拒绝$\beta=1$时，自然也应拒绝$\beta>1$。

（4）上述DF检验还可用另一种形式表达。式（9.1）两侧同减Y_{t-1}，得

$$\Delta Y_t = (\beta-1)Y_{t-1} + \mu_t \tag{9.4}$$

令$\rho=\beta-1$，代入上式，

$$\Delta Y_t = \rho Y_{t-1} + \mu_t \tag{9.5}$$

与上述零假设和备择假设相对应，用于式（9.4）的零假设和备择假设是H_0：$\rho=0$，（Y_t非平稳）；H_1：$\rho<0$，（Y_t平稳）。这种变化并不影响DF统计量的值，所以检验规则仍然是若DF>临界值，则Y_t是非平稳的；若DF<临界值，则Y_t是平稳的。这种检验方法是DF检验的常用方法。

2. ADF检验

在上述对时间序列进行平稳性检验中，实际上会采用ADF单位根检验方法，这种方法是在DF单位根检验方法的基础上扩展而来的。对于时间序列模型

$$Y_t = \alpha_0 + \alpha_1 Y_{t-1} + \mu_t$$

如果$\alpha_1=1$，那么，时间序列Y_t存在一个单位根，把Y_t称为单位根过程或单整过程。可以看到当$\alpha_1=1$时，时间序列模型为$Y_t=\alpha_0+Y_{t-1}+\mu_t$是一个随机游走过程，即非平稳的时间序列。因此检验时间序列Y_t是否平稳就意味着要检验$\alpha_1=1$是否成立，如果$\alpha_1=1$成立，则Y_t为非平稳序列，否则为平稳序列。

在上式两边都减去Y_{t-1}，得到方程

$$\Delta Y_t = \alpha_0 + \rho Y_{t-1} + \mu_t$$

式中$\rho=\alpha_1-1$，于是检验$\alpha_1=1$是否成立就等价于检验$\rho=0$是否成立，如果成立就表明时间序列Y_t是非平稳的。ADF单位根的检验式可以写成如下形式：

$$\Delta Y_t = \rho Y_{t-1} + \sum_{i=1}^{p}\beta_i \Delta Y_{t-i} + \mu_t \tag{9.6}$$

$$\Delta Y_t = \alpha + \rho Y_{t-1} + \sum_{i=1}^{p}\beta_i \Delta Y_{t-i} + \mu_t \tag{9.7}$$

$$\Delta Y_t = \alpha + \rho Y_{t-1} + \gamma t + \sum_{i=1}^{p} \beta_i \Delta Y_{t-i} + \mu_t \tag{9.8}$$

其中，Y_t 为时间序列，α 为常数项，γt 为时间趋势项，Y_{t-i} 为 Y_t 的 i 阶滞后项，p 为滞后阶数，采用赤池信息准则或施瓦茨信息准则确定，滞后项个数 p 的选择准则是：（1）尽量小，以保持更大的自由度；（2）充分大以消除 μ_t 内的自相关。ADF 单位根检验的假设为 H_0：$\rho=0$，存在单位根，如果得到的 ADF 统计量小于给定显著水平下所对应的 ADF 临界值，则拒绝原假设，表明不存在单位根，时间序列是平稳的；否则，存在单位根，时间序列是非平稳的。在实际检验的时候，往往是从最复杂的式（9.8）开始检验，依次考察是否 $\rho=0$，$\gamma=0$ 和 $\alpha=0$。

如果时间序列 Y_t 的一阶差分序列是平稳序列，则称时间序列 Y_t 是 1 阶单整序列，也称为 I（1）序列。如果时间序列 Y_t 经过 d 次差分后形成的序列为平稳序列，则称原始序列为 d 阶单整的，记为 I（d）序列。

9.3 单变量时间序列模型

很多经济现象都具有长期的动态特征，周期性地发生变化，也有的因随机冲击而发生变异。本节主要讲述三种广泛应用的单变量时间序列模型：自回归模型（autoregressive model，AR）、移动平均模型（moving average model，MA）和自回归移动平均模型（autoregressive moving average model，ARMA）。这三种模型因其设定的不同而不同，描述的是不同类型的平稳时间序列。

9.3.1 时间序列模型基本概念

1. 自回归模型 AR(p)

如果时间序列 Y_t 是独立的，不存在任何依赖关系，即事物后一时刻的行为与前一时刻的行为毫无关系，就是事物独立地随机变动；反之，如果信息之间有一定的依存性，就能够利用已经收集的样本观测值的过去信息预测变量的未来值。存在这种依赖性的简单例子就是自回归（AR）模型，在 AR 模型中，序列的当期值与它自身的过去值和当期随机冲击有关。

一般地，p 阶自回归模型 AR(p) 形式为

$$Y_t = \alpha_0 + \alpha_1 Y_{t-1} + \alpha_2 Y_{t-2} + \cdots + \alpha_p Y_{t-p} + \mu_t \tag{9.9}$$

其中 α_i，i=1，2，…；p 是自回归参数；α_0 为常数；μ_t 是白噪声过程，则称 Y_t 为 p 阶自回归过程。Y_t 是由它的 p 个滞后变量的加权以及 μ_t 相加而成。自回归过程 AR(p) 中最常见的是一阶自回归过程 AR（1）

$$Y_t = \alpha_0 + \alpha_1 Y_{t-1} + \mu_t \tag{9.10}$$

图 9－8 就是一个 AR（1）过程。

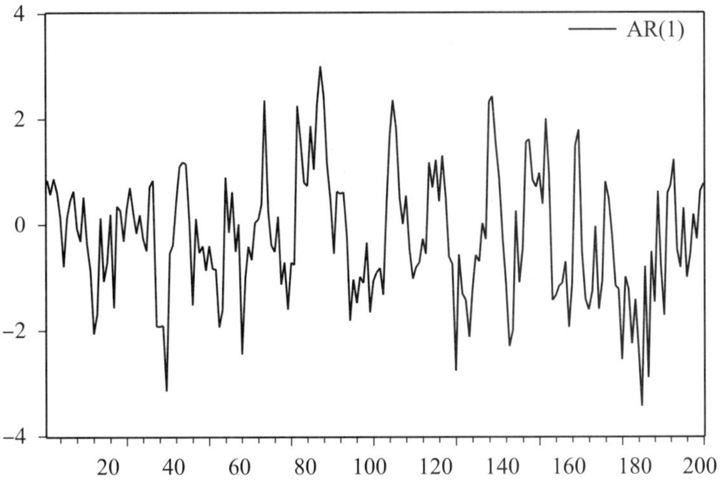

图 9－8　AR（1）过程

2. 移动平均模型 MA(q)

时间序列的值可能会随着时间的推移发生变化，这些变化是由不同时期的冲击所造成的综合结果。这便意味着，时间序列的值可能是由当前的干扰项和过去的冲击而形成，这便是移动平均（moving average，MA）过程。

一般地，一个 q 阶的移动平均过程 MA(q) 的形式为

$$Y_t = \mu_t + \beta_1 \mu_{t-1} + \cdots + \beta_q \mu_{t-q} \tag{9.11}$$

其中 β_1，β_2，…，β_q 是回归参数；μ_t 为白噪声过程。之所以称"移动平均"，是因为 Y_t 是由 q＋1 个 μ_t 和 μ_t 滞后项的加权和构造而成。"移动"指 t 的变化，"平均"指加权和。当 q＝1 时，一阶移动平均过程为

$$Y_t = \mu_t + \beta \mu_{t-1} \tag{9.12}$$

由定义知任何一个 q 阶移动平均过程都是由 q＋1 个白噪声变量的加权和组成，所以任何一个移动平均过程都是平稳的。

3. 自回归移动平均模型 ARMA(p, q)

由自回归和移动平均两部分共同构成的随机过程称为自回归移动平均过程，记为 ARMA(p, q)，其中 p、q 分别表示自回归和移动平均部分的最大阶数。ARMA(p, q) 的一般表达式是

$$Y_t = \alpha_1 Y_{t-1} + \alpha_2 Y_{t-2} + \cdots + \alpha_p Y_{t-p} + \mu_t + \beta_1 \mu_{t-1} + \beta_2 \mu_{t-2} + \cdots + \beta_q \mu_{t-q} \tag{9.13}$$

实际中最常用的是 ARMA（1，1）过程，其表达式为：

$$Y_t = \alpha_0 + \alpha_1 Y_{t-1} + \mu_t + \beta\mu_{t-1} \tag{9.14}$$

图 9-9 表示的就是一个 ARMA（1，1）过程的时间序列。

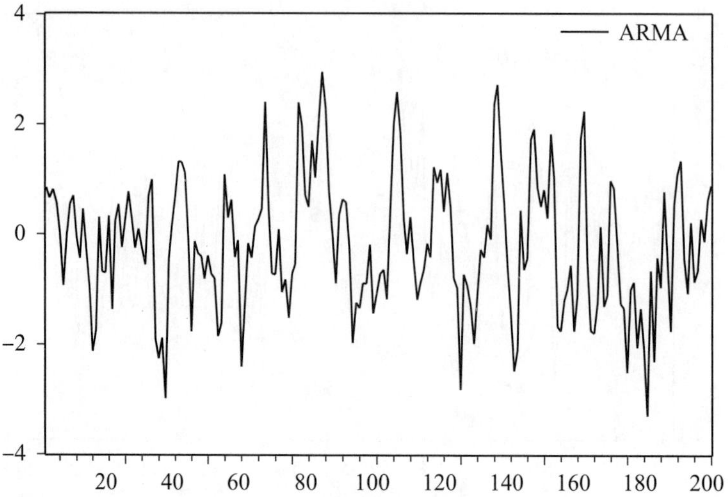

图 9-9　ARMA（1，1）过程

由此可以看出，一个随机时间序列可以通过一个自回归移动平均过程生成，即该序列可以由其自身的过去或滞后值以及随机扰动项来解释。如果该序列是平稳的，即它的行为并不会随着时间的推移而变化，那么就可以通过该序列过去的行为来预测未来。

9.3.2　随机时间序列模型的识别

对于一个平稳的随机时间序列，需要判断该时间序列是 AR 过程，还是 MA 过程或 ARMA 过程，所使用的工具主要是时间序列的自相关函数（autocorrelation function，ACF）及偏自相关函数（partial autocorrelation function，PACF）。

1. AR(P) 模型

对于一阶自回归 AR（1）过程（式 9.10）

$$Y_t = \alpha_0 + \alpha_1 Y_{t-1} + \mu_t,\ \mu_t \sim N(0,\ \sigma^2)$$

向后滞后 1 期就可写成

$$Y_t = \alpha_0(1 + \alpha_1) + \alpha_1^2 Y_{t-2} + \alpha_1\mu_{t-1} + \mu_t \tag{9.15}$$

然后，反复向后替代等式右边的 Y_t 滞后项，就可以得到

$$Y_t = \alpha_0(1 + \alpha_1 + \alpha_1^2 + \alpha_1^3 + \cdots) + \mu_t + \alpha_1\mu_{t-1} + \alpha_1^2\mu_{t-2} + \alpha_1^3\mu_{t-3} + \cdots \tag{9.16}$$

求均值和方差就可得到 AR（1）过程的期望值和方差：

$$E(Y_t)=E[\alpha_0(1+\alpha_1+\alpha_1^2+\alpha_1^3+\cdots)+\mu_t+\alpha_1\mu_{t-1}+\alpha_1^2\mu_{t-2}+\alpha_1^3\mu_{t-3}+\cdots]$$

$$=\frac{\alpha_0}{1-\alpha_1} \tag{9.17}$$

$$\gamma_0=\mathrm{var}(Y_t)=E(Y_t-E(Y_t))^2=E(\mu_t+\alpha_1\mu_{t-1}+\alpha_1^2\mu_{t-2}+\alpha_1^3\mu_{t-3}+\cdots)^2$$

$$=\frac{\sigma^2}{1-\alpha_1^2} \tag{9.18}$$

事实上，$\gamma_0=\mathrm{var}(Y_{t-s})$。为了便于求得自协方差，根据自协方差的性质，因为式（9.10）的 AR（1）过程的自协方差与漂移项无关，所以省略 α_0，采用下式

$$Y_t=\alpha_1 Y_{t-1}+\mu_t \tag{9.19}$$

然后，等式两边同时乘以 $Y_{t-s}(s=1,2,\cdots)$，并取期望值，有

$$\gamma_s=\mathrm{Cov}(Y_t,Y_{t-s})=E(Y_tY_{t-s})=\alpha_1E(Y_{t-1}Y_{t-s})+E(\mu_tY_{t-s})=\alpha_1\gamma_{s-1}$$

$$=\alpha_1^s\gamma_0=\alpha_1^s\frac{\sigma^2}{1-\alpha_1^2} \tag{9.20}$$

因此，通过式（12－5）和式（12－7），可以得到自相关系数 ρ_s 为

$$\rho_s=\frac{\mathrm{Cov}(Y_t,Y_{t-s})}{\sqrt{\mathrm{var}(Y_t)}\sqrt{\mathrm{var}(Y_{t-s})}}=\frac{\gamma_s}{\gamma_0}=\alpha_1^s \tag{9.21}$$

图 9－10 刻画了 AR（1）过程的总体自相关函数的特征。

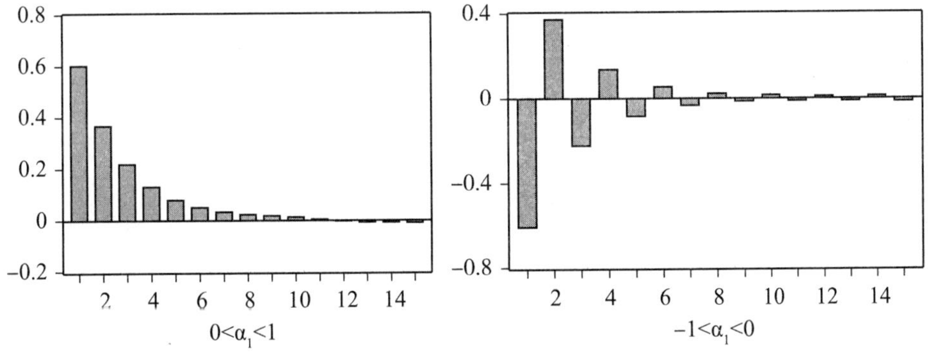

图 9－10　AR（1）过程的总体自相关函数

可以看出，一阶自回归过程 AR（1）的自相关系数呈现逐渐衰减的特征。只有时间间隔趋近于无穷大、自相关系数取极限时，它的值才会趋近于零。若 α_1 为正数，自相关系数呈现正向单侧直接衰减；若 α_1 为负数，自相关系数呈现上下震荡衰减。α_1 的绝对值越小，衰减到零的速度越快。两种情况的自相关系数都是逐渐衰减的，呈现拖尾的特征。

AR（1）过程的偏自相关系数 ρ_s 为

$$\rho_s=\begin{cases}\alpha_1, & s=1\\ 0, & s>1\end{cases} \tag{9.22}$$

AR（1）过程的偏自相关系数呈现出截尾的特征，这是因为偏自相关系数是总体自回归模型对应的系数。如果真实过程为 AR（1）过程，那么，第 1 个偏自相关系数就是自回归系数，在其以后的滞后项系数都是零。如图 9－11 所示，偏自相关系数在出现了一个峰值之后，其余都为零。偏自相关系数的正负取决于应系数的符号。

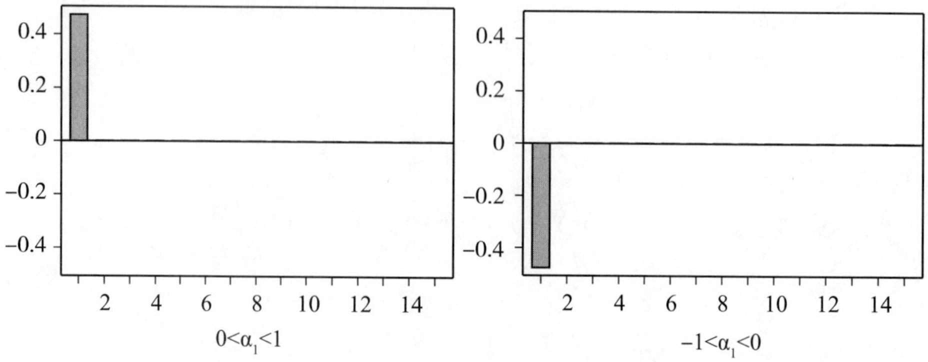

图 9－11　AR（1）过程的总体偏自相关函数

一般地，p 阶自回归模型 AR(p)：$Y_t = \alpha_0 + \alpha_1 Y_{t-1} + \alpha_2 Y_{t-2} + \cdots + \alpha_p Y_{t-p} + \mu_t$ 的自相关函数 ACF(s) 为

$$\rho_s = \alpha_1 \rho_{s-1} + \alpha_2 \rho_{s-2} + \cdots + \alpha_p \rho_{s-p}$$

可见，无论 s 有多大，ρ_s 的计算均与其 1 到 p 阶之后的自相关函数有关，如同 AR（1）过程随时间间隔的增大而逐渐衰减，因此呈拖尾状。自相关函数给出了 Y_t 与 Y_{t-p} 的总体相关性，但总体相关性可能掩盖了变量间完全不同的隐含关系。而 Y_t 与 Y_{t-p} 的偏自相关函数则是消除了中间变量 Y_{t-1}，Y_{t-2}，…，Y_{t-p+1} 的条件下带来的间接相关性后的直接相关性，它是在已知序列值 Y_{t-1}，Y_{t-2}，…，Y_{t-p+1} 的条件下，Y_t 与 Y_{t-p} 间关系的度量。在 AR(p) 过程中，对所有的 $k>p$，Y_t 与 Y_{t-k} 间偏自相关函数 PACF(k) 为零。

2. MA(q) 模型

一阶移动平均过程 MA（1）过程（式 9.12）

$$Y_t = \mu_t + \beta\mu_{t-1}，\ \mu_t \sim N(0,\ \sigma^2)$$

从式（9.12）可以看出，序列的当期值可以表述为当期冲击和上期冲击的函数，可以把它想象成等式右边只包含扰动项的当期值和滞后值的回归模型。其均值与方差为

$$E(Y_t) = E(\mu_t) + \beta E(\mu_{t-1}) = 0 \tag{9.23}$$

$$var(Y_t) = var(\varepsilon_1) + \beta^2 var(\varepsilon_{t-1}) = \sigma^2 + \beta^2\sigma^2 = (1+\beta^2)\sigma^2\theta \tag{9.24}$$

值得注意的是，在 σ 保持不变的情况下，无条件方差随着 β 绝对值的增大而

增大。换句话说，β 的绝对值越大，MA（1）过程的波动幅度越大。

自协方差函数为：

$$\gamma_s = E(Y_t Y_{t-s}) = E((\mu_t + \beta\mu_{t-1})(\mu_{t-s} + \beta\mu_{t-s-1})) = \begin{cases} \beta\sigma^2 & s=1 \\ 0 & s>1 \end{cases} \tag{9.25}$$

因此 Y_t 与 Y_{t-s} 之间的自相关系数为：

$$p_s = \frac{\gamma_s}{\gamma_0} = \begin{cases} \dfrac{\beta}{1+\beta^2}, s=1 \\ 0, \quad\quad s>1 \end{cases} \tag{9.26}$$

图 9－12 展示了由式（9.26）给出的自相关系数的图形。这里，关键特征在于自相关函数的截尾。这意味着 MA（1）过程只有 1 个时期的短暂记忆，当时间间隔大于 1，超过 MA 过程的阶数时，所有自相关系数都等于零。值得注意的是，任何 MA（1）过程都满足协方差平稳的必要条件（无条件均值为常数，无条件方差有限且为常数，自相关系数只依赖于其时间间隔，因为与时间起点无关）。

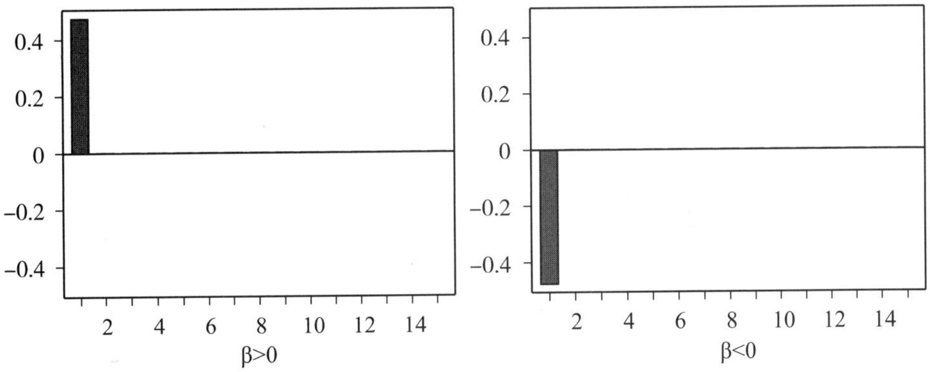

图 9－12　MA（1）过程的总体自相关函数

如果 MA（1）过程满足 $|\beta| < 1$，那么，就称 MA（1）过程是可逆的，换句话说，MA 模型可以转化为 AR 模型。在这种情况下，可以把 MA（1）过程倒置，序列的当前值不是用当前的冲击和过去的冲击来表述，而是用当前的冲击和序列滞后值来表述，称为自回归表达式（autoregressive representation）。自回归表达式由当前的冲击和序列的（可观测的）滞后值表述，而移动平均表达式由当前的冲击和（不可观察的）滞后冲击表述。

为了推导一阶移动平均 MA（1）过程的自回归表达式，首先，把式（9.12）表述的一阶 MA（1）过程 $\mu_t = Y_t - \beta\mu_{t-1}$ 的白噪声表述为

$$\mu_t = Y_t - \beta\mu_{t-1} \tag{9.27}$$

把不同时期的白噪声用更多的连续时间滞后项来表示，则有

$$\mu_{t-1} = Y_{t-1} - \beta\mu_{t-2}$$

$$\mu_{t-2} = Y_{t-2} - \beta\mu_{t-3}$$

$$\mu_{t-3} = Y_{t-3} - \beta\mu_{t-4}$$
$$\vdots$$

运用这些滞后的白噪声表达式，代入式（9.12）MA（1）过程中，并进行递推，就可以得到无限阶的自回归表达式

$$Y_t = \mu_t + \beta Y_{t-1} - \beta^2 Y_{t-2} + \beta^3 Y_{t-3} + \cdots \quad (9.28)$$

从MA（1）过程的无限阶自回归表达式（9.28）可以看出，s阶偏自相关系数恰好是自回归方程中 Y_{t-s}项对应的系数。因此，偏自相关函数会逐渐地减到零。如果 $\beta > 0$，则衰减模式呈现为震荡衰减，否则呈现为单侧直接衰减，如图9-13所示。

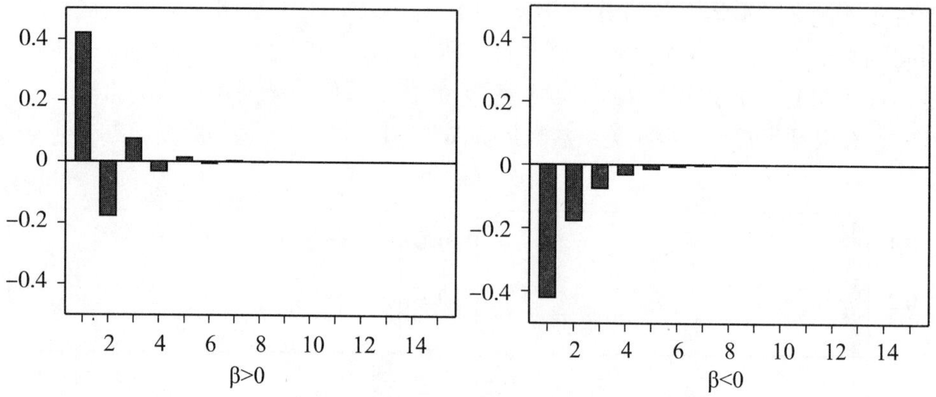

图9-13 MA（1）过程的总体偏自相关函数

MA（1）过程可以表述为无限阶自回归过程。因此，由 $|\beta| < 1$ 可以得到随着时间间隔s的变大，偏自相关系数 ρ_s 衰减到零。

一般地，q阶移动平均过程MA（q）：$Y_t = \mu_t + \beta_1\mu_{t-1} + \cdots + \beta_q\mu_{t-q}$的自相关函数为

$$\rho_k = \begin{cases} 1, & 当\ k = 0 \\ (\beta_k + \beta_1\beta_{k+1} + \cdots + \beta_{q-k}\beta_q)/(1 + \beta_1^2 + \cdots + \beta_q^2), & 当\ 1 \leqslant k \leqslant q \\ 0, & 当\ k > q \end{cases}$$

可见，当 $k > q$ 时，Y_t 与 Y_{t-k}不相关，即存在截尾现象。可以验证MA(q)过程的偏自相关函数是拖尾但趋于零的，从而可以得到AR(p)和MA(q)过程的识别规则。

AR(p)过程的识别原则：若 Y_t 的偏自相关函数在p以后截尾，即 $k > p$ 时，偏自相关函数 $\rho_k^* = 0$，而它的自相关函数 ρ_k 是拖尾的，则此序列是自回归AR(p)序列。

MA(q)过程的识别原则：若随机时间序列的自相关函数截尾，即 $k > q$ 时，自相关函数 $\rho_k = 0$，而它的偏自相关函数是拖尾的，则此序列是q阶MA(q)序列。

3. ARMA(p, q) 模型

对于 ARMA (1, 1) 过程［式 (9.14)］

$$Y_t = \alpha_0 + \alpha_1 Y_{t-1} + \mu_t + \beta\mu_{t-1}, \quad \mu_t \sim N(0, \sigma^2)$$

由于截距项并不影响平稳性，也不影响自协方差，因此忽略 α_0，把式 (9.14) 重写为

$$Y_t = \alpha_1 Y_{t-1} + \mu_t + \beta\mu_{t-1} \tag{9.29}$$

将 Y_{t-1} 代入式 (9.29) 并进行递推就可以得到 Y_t 是一个无限阶的移动平均过程，因此，Y_t 的期望值为零。

$$\begin{aligned}\gamma_0 &= E(Y_tY_t) = \alpha_1 E(Y_{t-1}Y_t) + E(\mu_tY_t) + \beta E(\mu_{t-1}Y_t)\\ &= \alpha_1\gamma_1 + (1 + \beta(\alpha_1 + \beta))\sigma^2\end{aligned} \tag{9.30}$$

$$\begin{aligned}\gamma_1 &= E(Y_tY_{t-1}) = \alpha_1 E(Y_{t-1}Y_{t-1}) + E(\mu_tY_{t-1}) + \beta E(\mu_{t-1}Y_{t-1})\\ &= \alpha_1\gamma_0 + \beta\sigma^2\end{aligned} \tag{9.31}$$

$$\begin{aligned}\gamma_2 &= E(Y_tY_{t-2}) = \alpha_1 E(Y_{t-1}Y_{t-2}) + E(\mu_tY_{t-2}) + \beta E(\mu_{t-1}Y_{t-2})\\ &= \alpha_1\gamma_1\end{aligned} \tag{9.32}$$

$$\cdots$$

$$\begin{aligned}\gamma_s &= E(Y_tY_{t-s}) = \alpha_1 E(Y_{t-1}Y_{t-s}) + E(\mu_tY_{t-s}) + \beta E(\mu_{t-1}Y_{t-s})\\ &= \alpha_1\gamma_{s-1}\end{aligned} \tag{9.33}$$

解式 (9.30) 和式 (9.31) 的联立方程式，就可得：

$$\gamma_0 = \frac{1 + \beta^2 + 2\alpha_1\beta}{(1 - \alpha_1^2)}\sigma^2 \tag{9.34}$$

$$\gamma_1 = \frac{(1 + \alpha_1\beta)(\alpha_1 + \beta)}{(1 - \alpha_1^2)}\sigma^2 \tag{9.35}$$

因此

$$\rho_1 = \frac{(1 + \alpha_1\beta)(\alpha_1 + \beta)}{1 + \beta^2 + 2\alpha_1\beta} \tag{9.36}$$

且当所有的 $s \geqslant 2$ 时，有

$$\rho_s = \frac{\gamma_s}{\gamma_0} = \frac{\alpha_1\gamma_{s-1}}{\gamma_0} = \alpha_1\rho_{s-1} = \alpha_1^{s-1}\rho_1 \tag{9.37}$$

ρ_1 的大小由 α_1 和 β 决定。从 ρ_1 开始，ARMA (1, 1) 过程的自相关系数与 AR (1)过程的自相关系数类似。若 $0 < \alpha_1 < 1$，它呈现单侧直接衰减。当 ρ_1 为正时，就几乎和 AR (1) 过程的自相关系数相仿，从正向衰减至零，当 ρ_1 为负时，从正向衰减至零；若 $-1 < \alpha_1 < 0$，自相关系数振荡衰减至零。

类似于 MA (1) 过程，ARMA (1, 1) 也可以表述为无限阶自回归过程，因此 s 阶偏自相关系数恰好是自回归方程中 Y_{t-s} 项对应的系数，并且会逐渐地衰减到零。

对于忽略截距项的 ARMA(p, q) 过程表达式为：

$$Y_t = \alpha_1 Y_{t-1} + \alpha_2 Y_{t-2} + \cdots + \alpha_p Y_{t-p} + \mu_t + \beta_1 \mu_{t-1} + \beta_2 \mu_{t-2} + \cdots + \beta_q \mu_{t-q}$$

当 $s > q$ 时，可以得到相关系数为：

$$\rho_s = \alpha_1 \rho_{s-1} + \alpha_2 \rho_{s-2} + \cdots + \alpha_p \rho_{S-p} \tag{9.38}$$

如果 ARMA(p，q) 过程平稳，则从 q 滞后期开始，自相关系数衰减，呈现拖尾特征。类似于 MA(q) 过程，ARMA(p，q) 也可以表述为无限阶自回归过程，因此 s 阶偏自相关系数恰好是自回归方程中 Y_{t-s} 项对应的系数，并且会逐渐地衰减到零。

ARMA(p，q) 过程的自相关函数和偏自相关函数都不会在任何特定的时间间隔时截尾。通常，ARMA(p，q) 过程的自相关系数从 q 阶滞后项开始逐渐趋于零，而偏自相关系数从 p 阶滞后项开始逐渐趋于零。

从识别上来看，通常 ARMA(p，q) 过程的自相关函数则是在 q 阶滞后前有几项明显的尖柱，从 q 阶滞后项开始逐渐趋向于零；偏自相关函数可能在 p 阶滞后前有几项明显的尖柱，但从 p 阶滞后项开始逐渐趋向于零。表 9－1 列出了几种模型 ACF 和 PACF 的变动特征。

表 9－1　　ARMA（p，q）模型的 ACF 和 PACF 理论模式

模型	ACF	PACF
AR(P)	拖尾（衰减趋于零）	P 阶后截尾
MA(q)	q 阶后截尾	拖尾（衰减趋于零）
ARMA(p，q)	q 阶后拖尾（衰减趋于零）	P 阶后拖尾（衰减趋于零）

9.3.3　随机时间序列模型的估计

AR(p)、MA(q) 和 ARMA(p，q) 模型的估计方法较多，大体上分为三类：最小二乘估计、矩估计和利用自相关函数的直接估计，本节将对每种模型介绍一种估计方法。

1. AR(p) 的最小二乘估计

设 p 阶自回归模型 AR(p)

$$Y_t = \alpha_0 + \alpha_1 Y_{t-1} + \alpha_2 Y_{t-2} + \cdots + \alpha_p Y_{t-p} + \mu_t$$

的残差平方和为：

$$S(\hat{\alpha}) = \sum_{t=p+1}^{n} e_t^2 = \sum_{t=p+1}^{n} (Y_t - \hat{\alpha}_1 Y_{t-1} - \hat{\alpha}_2 Y_{t-2} - \cdots - \hat{\alpha}_p Y_{t-p})^2 \tag{9.39}$$

根据最小二乘原理，所要求的参数估计值 $\hat{\alpha}_1$，$\hat{\alpha}_2$，…，$\hat{\alpha}_p$ 应该使得式（9.39）达到极小，所以它们为方程组 $\frac{\partial S}{\partial \hat{\alpha}_j} = 0$ 的解，即

$$\sum_{t=p+1}^{n}(Y_t-\hat{\alpha}_1Y_{t-1}-\hat{\alpha}_2Y_{t-2}-\cdots-\hat{\alpha}_pY_{t-p})Y_{t-j}=0,\ j=1,\ 2,\ \cdots,\ p$$

解该方程组，就可以得到待估参数的估计值。

2. MA(q) 模型的矩估计

将 MA(q) 模型的自协方差函数中的各个量用矩估计代替，得到：

$$\hat{\gamma}_k=\begin{cases}\hat{\sigma}_\varepsilon^2(1+\hat{\beta}_1^2+\hat{\beta}_2^2+\cdots+\hat{\beta}_q^2), & 当\ k=0\\ \hat{\sigma}_\varepsilon^2(\hat{\beta}_k+\hat{\beta}_1\hat{\beta}_{k+1}+\cdots+\hat{\beta}_{q-k}\hat{\beta}_q), & 当\ 1\leqslant k\leqslant q\\ 0, & 当\ k>q\end{cases}\tag{9.40}$$

利用直接法或迭代法对上式进行求解，求得 q+1 个待估参数 $\hat{\beta}_1$，$\hat{\beta}_2$，…，$\hat{\beta}_q$，$\hat{\sigma}_\varepsilon^2$ 的值。一般地，对于 MA（1）模型可以采用直接算法，得到

$$\hat{\sigma}_\varepsilon^2=\frac{\hat{\gamma}_0}{2}(1\pm\sqrt{1-4\hat{\rho}_1^2})$$

$$\hat{\beta}_1=\frac{-2\hat{\rho}_1}{1\pm\sqrt{1-4\hat{\rho}_1^2}}$$

由于参数估计有两组值，可根据 $|\beta_1|<1$ 来判断选取哪一组。

对于 MA(q) 模型，一般用迭代算法来估计参数，由式（9.40）可得

$$\begin{cases}\hat{\sigma}_\varepsilon^2=\dfrac{\hat{\gamma}_0}{(1+\hat{\beta}_1^2+\hat{\beta}_2^2+\cdots+\hat{\beta}_q^2)}\\ \hat{\theta}_k=\dfrac{\hat{\gamma}_k}{\hat{\sigma}_\varepsilon^2}-\hat{\beta}_1\hat{\beta}_{k+1}-\cdots-\hat{\beta}_{q-k}\hat{\beta}_q\end{cases}\tag{9.41}$$

第一步，给出 $\hat{\beta}_1$，$\hat{\beta}_2$，…，$\hat{\beta}_q$，$\hat{\sigma}_\varepsilon^2$ 的一组初值，如

$$\hat{\beta}_1(0)=\hat{\beta}_2(0)=\cdots=\hat{\beta}_q(0)=0,\ \hat{\sigma}_\varepsilon^2(0)=\hat{\gamma}_0$$

代入式（9.41），计算出第一次迭代值

$$\hat{\sigma}_\varepsilon^2(1)=\hat{\gamma}_0,\ \hat{\beta}_k(1)=\frac{\hat{\gamma}_k}{\hat{\gamma}_0}$$

第二步，将第一次迭代值代入式（9.41），计算出第二次迭代值

$$\hat{\sigma}_\varepsilon^2(2)=\frac{\hat{\gamma}_0}{1+\hat{\beta}_1^2(1)+\hat{\beta}_2^2(1)+\cdots+\hat{\beta}_q^2(1)}$$

$$\hat{\beta}_k(2)=\frac{\hat{\gamma}_k}{\hat{\gamma}_0-\hat{\beta}_1(1)\hat{\beta}_{k+1}(1)-\cdots-\hat{\beta}_{q-k}(1)\hat{\beta}_q(1)}$$

由此反复迭代下去，直到第 m 步的迭代值与第 m-1 步的迭代值相差不大时，便停止迭代，并用第 m 步的迭代结果作为式（9.41）的近似解。

3. ARMA(p, q) 模型的矩估计

在 ARMA(p, q) 模型

$$Y_t = \alpha_1 Y_{t-1} + \alpha_2 Y_{t-2} + \cdots + \alpha_p Y_{t-p} + \mu_t + \beta_1 \mu_{t-1} + \beta_2 \mu_{t-2} + \cdots + \beta_q \mu_{t-q}$$

中共有 $p+q+1$ 个待估参数，α_1，α_2，…，α_p 与 β_1，β_2，…，β_p 和 σ_ε^2，其估计量计算步骤及公式如下：

第一步，估计 α_1，α_2，…，α_p，φ_1，φ_2，…，φ_p，计算公式为

$$\begin{bmatrix} \hat{\alpha}_1 \\ \hat{\alpha}_2 \\ \vdots \\ \hat{\alpha}_p \end{bmatrix} = \begin{bmatrix} \hat{\rho}_q & \hat{\rho}_{q-1} & \cdots & \hat{\rho}_{q-p+1} \\ \hat{\rho}_{q+1} & \hat{\rho}_q & \cdots & \hat{\rho}_{q-p} \\ \vdots & \vdots & & \vdots \\ \hat{\rho}_{q+p-1} & \hat{\rho}_{q+p-2} & \cdots & \hat{\rho}_q \end{bmatrix}^{-1} \begin{bmatrix} \hat{\rho}_{q+1} \\ \hat{\rho}_{q+2} \\ \vdots \\ \hat{\rho}_{q+p} \end{bmatrix}$$

其中 $\hat{\rho}_k$ 是总体自相关函数的估计值，可用样本自相关函数 γ_k 代替。

第二步，改写模型，求 β_1，β_2，…，β_p 和 σ_ε^2 的估计值。将 ARMA 模型改写成

$$Y_t - \alpha_1 Y_{t-1} - \alpha_2 Y_{t-2} - \cdots - \alpha_p Y_{t-p} = \mu_t + \beta_1 \mu_{t-1} + \cdots + \beta_q \mu_{t-q} \quad (9.42)$$

令 $\tilde{Y}_t = Y_t - \hat{\alpha}_1 Y_{t-1} - \hat{\alpha}_2 Y_{t-2} - \cdots - \hat{\alpha}_p Y_{t-p}$，于是式（9.42）可以写为

$$\tilde{Y} = \mu_t + \beta_1 \mu_{t-1} + \beta_2 \mu_{t-2} + \cdots + \beta_q \mu_{t-q}$$

这构成了一个 MA 模型，根据 MA 模型的估计方法，可以得到 β_1，β_2，…，β_p 和 σ_ε^2 的估计值。

9.4 协整与误差修正模型

当两个随机游走变量间进行回归时，有可能导致“伪回归”，并且由于很多经济变量都是非平稳的，因此在经典的回归分析中就出现了诸多问题。为了使回归有意义，可以对非平稳变量实行平稳化。在传统的回归分析中使用的所有非平稳变量通过多次差分可以消除随机趋势，并且形成平稳序列，然后对多次差分后变成的平稳序列进行回归。然而，这种做法却忽略了原时间序列包含的有用信息，而这些信息又对分析问题至关重要。为了解决这个问题，协整理论提供了一种科学的分析方法。尽管一些经济变量是非平稳的，但在多变量情况下，这些非平稳变量或单整变量的线性组合很可能是平稳的，这种变量间的关系被称为协整关系。具有协整关系的变量间具有长期稳定的均衡关系，这种平稳的线性组合被称为协整方程，可以采用经典回归分析方法进行估计。

9.4.1 协整的定义

恩格尔和格兰杰（Engle and Granger）于 1987 年提出了以下的协整定义。如果：

（1）向量 $\mathbf{X} = (X_{1t}, X_{2t}, \cdots, X_{nt})'$ 的所有序列都是 d 阶单整；

（2）存在一个向量 $\boldsymbol{\beta} = (\beta_1, \beta_2, \cdots, \beta_n)$，使得线性组合

$$\boldsymbol{\beta X} = \beta_1 X_{1t} + \beta_2 X_{2t} + \cdots + \beta_n X_{nt}$$

是 d－b 阶单整，其中，b>0，则称向量 $\mathbf{X} = (X_{1t}, X_{2t}, \cdots, X_{nt})'$ 是 d，b 阶协整，记为 $\mathbf{X} \sim CI(d, b)$，向量 $\boldsymbol{\beta} = (\beta_1, \beta_2, \cdots, \beta_n)$ 称为协整向量。

例如，总消费 C_t 和总收入 Y_t 都是非平稳的，是 I（1）变量，并且线性组合 $C_t - \beta Y_t$ 是平稳的，则总消费和总收入两个变量间是 CI（1，1）阶协整。

注意：

（1）协整只涉及非平稳的变量；如果两个变量都是单整变量，只有当它们的单整阶数相同时，才可能协整；如果它们的单整阶数不相同，就不可能协整。

（2）如果有 n 个非平稳的变量，则有 n－1 个线性独立的协整向量。

（3）如果（β_1，β_2，…，β_n）是协整向量，则相对于 X_{1t} 的标准化协整向量为（1，β_2/β_1，…，β_n/β_1）。

（4）如果线性组合中只有两个变量，则要求单整的阶数相同，而线性组合中超过两个变量时，尽管单整阶数不同，但还是有可能存在协整关系。例如，变量 X_{1t} 和 X_{2t} 是 2 阶单整的，而变量 X_{3t} 是 1 阶单整的，显然，X_{1t} 和 X_{2t} 与 X_{3t} 之间不可能存在协整关系；不过，如果变量 X_{1t} 和 X_{2t} 的线性组合是 1 阶单整的，即线性组合 $\beta_1 X_{1t} + \beta_2 X_{2t}$ 是 1 阶单整的，这个 1 阶单整的线性组合与 1 阶单整的变量 X_{3t} 之间则可能存在协整关系。

9.4.2　协整的检验方法

协整的检验从检验对象上可以分为两种：基于回归方程的残差的检验，如 Engle－Granger 两步法；基于回归参数的协整检验，如 Johansen 协整检验。本节将介绍 Engle－Granger 两步法和扩展的 Engle－Granger 两步法。

1. Engle－Granger 检验方法（E－G 两步法）

要检验两变量 Y_t，X_t 是否为协整，E－G 两步法的步骤为：

第一步，用 OLS 方法估计方程 $Y_t = \alpha_0 + \alpha_1 X_t + \mu_t$，并计算非均衡误差，得到：

$$\hat{Y}_t = \hat{\alpha}_0 + \hat{\alpha}_1 X_t, \quad \hat{e}_t = Y_t - \hat{Y}_t$$

称为协整回归（cointegrating）或静态回归（static regression）。

第二步，检验残差序列 $\{\hat{e}_t\}$ 的单整性。如果 $\{\hat{e}_t\}$ 为稳定序列，则认为变量 Y_t，X_t 为（1，1）阶协整；如果 $\{\hat{e}_t\}$ 为 1 阶单整，则认为变量 Y_t，X_t 为（2，1）阶协整；$\{\hat{e}_t\}$ 的单整性的检验方法仍然是 DF 检验或者 ADF 检验，根据 DF 检验或者 ADF 检验的思想，需要对残差自回归模型

$$\Delta e_t = \delta e_{t-1} + \sum_{i=1}^{p} \theta_i \Delta e_{t-i} + \varepsilon_t$$

进行检验。原假设为 H_0：$\delta = 0$，若拒绝了原假设，则说明变量 Y_t，X_t 之间是协整的。

需要注意是，这里的 DF 或 ADF 检验是针对协整回归计算出的误差项 $\{\hat{e}_t\}$，而非真正的非均衡误差 μ_t 进行的。而 OLS 法采用了残差最小平方和原理，因此估计量 δ 是向下偏倚的，这样将导致拒绝零假设的机会比实际情形大，于是对 $\{\hat{e}_t\}$ 平稳性检验的 DF 与 ADF 临界值应该比正常的 DF 与 ADF 临界值还要小。

2. 扩展的 E－G 检验

多变量协整关系的检验要比双变量复杂一些，主要在于协整变量间可能存在多种稳定的线性组合。假设有 4 个 I（1）变量 z_t，X_t，Y_t，w_t，它们有以下的长期均衡关系

$$z_t = \alpha_0 + \alpha_1 w_t + \alpha_2 X_t + \alpha_3 Y_t + \mu_t \tag{9.43}$$

其中，随机扰动项 μ_t 应是 I（0）序列

$$\mu_t = z_t - \alpha_0 - \alpha_1 w_t - \alpha_2 X_t - \alpha_3 Y_t \tag{9.44}$$

然而，如果 z_t 与 w_t，X_t 与 Y_t 间分别存在长期均衡关系

$$z_t = \beta_0 + \beta_1 w_t + v_{1t}$$

$$X_t = \gamma_0 + \gamma_1 Y_t + v_{2t}$$

则非均衡误差项 v_{1t}、v_{2t}一定是稳定序列 I（0），于是它们的任意线性组合也是稳定的。例如

$$v_t = v_{1t} + v_{2t} = z_t - \beta_0 - \gamma_0 - \beta_1 w_t + X_t - \gamma_1 Y_t \tag{9.45}$$

一定是 I（0）序列。

由于 v_t 像式（9.44）中的 μ_t 一样，也是 z_t，X_t，Y_t，w_t 四个变量的线性组合，由此式（9.45）也成为该四变量的另一稳定线性组合。$(1, -\alpha_0, -\alpha_1, -\alpha_2, -\alpha_3)$ 是对应于式（9.44）的协整向量，$(1, -\beta_0-\gamma_0, -\beta_1, 1, -\gamma_1)$ 是对应于式（9.45）的协整向量。

需要注意的是，对于多变量的协整检验过程，基本与双变量情形相同，即需检验变量是否具有同阶单整性，以及是否存在稳定的线性组合。在检验是否存在稳定的线性组合时，需通过设置一个变量为被解释变量，其他变量为解释变量，进行 OLS 估计并检验残差序列是否平稳。如果不平稳，则需更换被解释变量，进行同样的 OLS 估计及相应的残差项检验。当所有的变量都被作为被解释变量检验之后，仍不能得到平稳的残差项序列，则认为这些变量间不存在协整关系。

同样的，检验残差项是否平稳的 DF 与 ADF 检验临界值要比通常的 DF 与 ADF 检验临界值小，而且该临界值还受到所检验的变量个数的影响。

9.4.3 误差修正模型

对于非稳定时间序列，可通过差分的方法将其化为稳定序列，然后才可建立经典的回归分析模型。例如，建立人均消费水平（Y）与人均可支配收入（X）

之间的回归模型

$$Y_t = \alpha_0 + \alpha_1 X_t + \mu_t$$

时，如果 Y_t 与 X_t 具有共同的向上或向下的变化趋势，为避免伪回归，通常会对模型中参数进行差分，消除共同变化趋势，使之成为平稳序列，再建立差分回归模型

$$\Delta Y_t = \alpha_1 \Delta X_t + v_t$$

其中，$v_t = \mu_t - \mu_{t-1}$。

然而，差分的方法会引起以下两个问题：

（1）如果 Y_t 与 X_t 间存在着长期稳定的均衡关系

$$Y_t = \alpha_0 + \alpha_1 X_t + \mu_t$$

且误差项 μ_t 不存在序列相关，则差分式

$$\Delta Y_t = \alpha_1 \Delta X_t + v_t$$

中的 v_t 是一个一阶移动平均时间序列，因而是序列相关的。

（2）如果采用差分形式进行估计，则关于变量水平值的重要信息将被忽略，这时模型只表达了 Y_t 与 X_t 间的短期关系，而没有揭示它们间的长期关系。因为，从长期均衡的观点看，Y_t 在第 t 期的变化不仅取决于 X_t 本身的变化，还取决于 Y_t 与 X_t 在 t－1 期末的状态，尤其是 X_t 与 Y_t 在 t－1 期的不平衡程度。

另外，使用差分变量也往往会得出不能令人满意回归方程。例如，使用 $\Delta Y_t = \alpha_1 \Delta X_t + v_t$ 回归时，很少出现截距项显著为零的情况，即常常会得到含有截距项的方程

$$\Delta Y_t = \hat{\alpha}_0 + \hat{\alpha}_1 \Delta X_t + v_t \tag{9.46}$$

在 X_t 保持不变时，如果模型存在静态均衡（static equilibrium），Y_t 也会保持它的长期均衡值不变。但如果使用式（9.46），即使 X_t 保持不变，Y_t 也会处于长期上升或下降的过程中，这意味着 X_t 与 Y_t 间不存在静态均衡。这与大多数具有静态均衡的经济理论假说不相符。

可见，简单差分不一定能解决非平稳时间序列所遇到的全部问题，因此，误差修正模型便应运而生。

1. 误差修正模型的概念

误差修正模型（error correction model，ECM）是一种具有特定形式的计量经济学模型，它的主要形式是由戴维森、亨德利等于 1978 年提出的，也称为 DHSY 模型。

假设两个变量的长期均衡关系表现为

$$Y_t = \beta_0 + \beta_1 X_t + \mu_t$$

变量 X_t 和 Y_t 都是 1 阶单整的，则其（1，1）阶分布滞后模型为

$$Y_t = \beta_0 + \beta_1 X_t + \beta_2 X_{t-1} + \beta_3 Y_{t-1} + \mu_t \tag{9.47}$$

该模型显示出第 t 期的 Y_t 值，不仅与 X_t 的变化有关，而且与 t－1 期 X_t 与 Y_t 的

状态值有关。由于变量可能是非平稳的，因此不能直接运用 OLS 法。对上述分布滞后模型适当变形得

$$\Delta Y_t = \beta_1 \Delta X_t - \lambda(Y_{t-1} - \alpha_0 - \alpha_1 X_{t-1}) + \mu_t \tag{9.48}$$

其中，$\lambda = (1-\beta_3)$，$\alpha_0 = \beta_0/(1-\beta_3)$，$\alpha_1 = (\beta_1+\beta_2)/(1-\beta_3)$，式（9.48）被称为误差修正模型（error correction model，ECM）。式（9.48）表明：Y_t 的变化决定于 X_t 的变化以及前一时期的非均衡程度。同时，也弥补了简单差分模型 $\Delta Y_t = \alpha_1 \Delta X_t + v_t$ 的不足，因为该式含有用 X_t、Y_t 水平值表示的前期非均衡程度。因此，Y_t 的值已对前期的非均衡程度作出了修正。一般地，误差修正模型写成

$$\Delta Y_t = \beta_1 \Delta X_t - \lambda ecm_{t-1} + \mu_t$$

其中 ecm 表示误差修正项。由于误差修正模型是分布滞后模型，一般情况下 $|\beta_3| < 1$，由关系式 $\lambda = 1-\beta_3$ 得 $0<\lambda<1$。由此可以分析 ecm 的修正作用：

（1）若（t－1）时刻 Y_{t-1} 大于其长期均衡解 $\alpha_0 + \alpha_1 X_t$，ecm 为正，则 $(-\lambda ecm)$ 为负，使得 ΔY_t 减少；

（2）若（t－1）时刻 Y_{t-1} 小于其长期均衡解 $\alpha_0 + \alpha_1 X_t$，ecm 为负，则 $(-\lambda ecm)$ 为正，使得 ΔY_t 增大。

不难看出，趋近的快慢取决于参数 λ 的大小，无论哪种情况都体现了非均衡误差对 Y_t 的调控作用。

类似地，可以建立多变量的误差修正模型，假设三个变量之间存在长期稳定的均衡关系

$$Y_t = \beta_0 + \beta_1 X_t + \beta_2 z_t + \mu_t$$

其误差修正模型可写为

$$\Delta Y_t = \beta_1 \Delta X_t + \beta_2 \Delta z_t - \lambda ecm_{t-1} + \mu_t$$

其中 $ecm_{t-1} = Y_{t-1} - \beta_0 - \beta_1 X_{t-1} - \beta_2 z_{t-1}$。

2. Granger 表述定理

关于误差修正模型的建立，恩格尔和格兰杰在 1987 年提出了著名的 Granger 表述定理，即如果变量 X_t 和 Y_t 是协整的，则它们间的短期非均衡关系总能由一个误差修正项来表述

$$\Delta Y_t = \sum \alpha_p \Delta Y_{t-p} + \sum \beta_p \Delta X_{t-p} - \lambda ecm_{t-1} + \mu_t$$

误差修正模型有许多明显的优点：

（1）一阶差分项的使用消除了变量可能存在的趋势因素，从而避免了虚假回归问题；

（2）一阶差分项的使用也消除模型可能存在的多重共线性问题；

（3）误差修正项的引入保证了变量水平值的信息没有被忽视；

（4）由于误差修正项本身的平稳性，使得该模型可以用经典的回归方法进行估计，尤其是模型中差分项可以使用通常的 t 检验与 F 检验来进行选取；等等。

在建立误差修正模型时需要注意的是，Granger 表述定理说明，只有变量 X_t 和 Y_t 之间存在协整关系时，它们之间的关系才可以利用误差修正模型进行刻画。因此，在建立和估计误差修正模型之前，首先要做的是对变量进行协整分析。

3. 误差修正模型的估计

常用的误差修正模型的估计方法是 Engle－Granger 两步法，简称 E－G 两步法，其基本步骤为：

（1）用 OLS 估计方程

$$Y_t = \beta_0 + \beta_1 X_t + \mu_t$$

又称协整回归，检验变量间的协整关系，估计长期均衡关系参数，得到残差序列。如果存在协整关系，则进行第2步；

（2）将第1步得的残差加入到误差修正模型中，用 OLS 直接估计相应的参数。

9.5　案例分析与软件操作

本节的案例分析与软件操作将包含前面文中的单位根检验、时间序列模型和协整与误差修正模型三部分内容。

9.5.1　单位根检验的 Eviews 操作

从工作文件（Work File）中打开序列数据（Series）窗口，点击 View 键，选 Unit root test 功能，这时会打开一个对话框，其中有以下四项选择：

（1）检验方法选择，ADF 检验还是其他类型检验（默认状态是 ADF 检验）。

（2）检验对象是当前序列（Level），还是其一阶差分序列（1st difference），二阶差分序列（2nd difference），默认状态是当前序列。

（3）检验式中应包括的附加项。有三种选择，“截距项”（Intercept），“趋势项和截距项”（Trend and Intercept），“无附加项”（None），默认状态是加截距项。

（4）检验式中滞后差分项的个数。实际操作时候从0阶开始逐个实验，并通过 AIC 和 SC 统计量来判断最佳滞后期，也可以通过引入滞后期的系数是否显著来判断（见图9－14）。

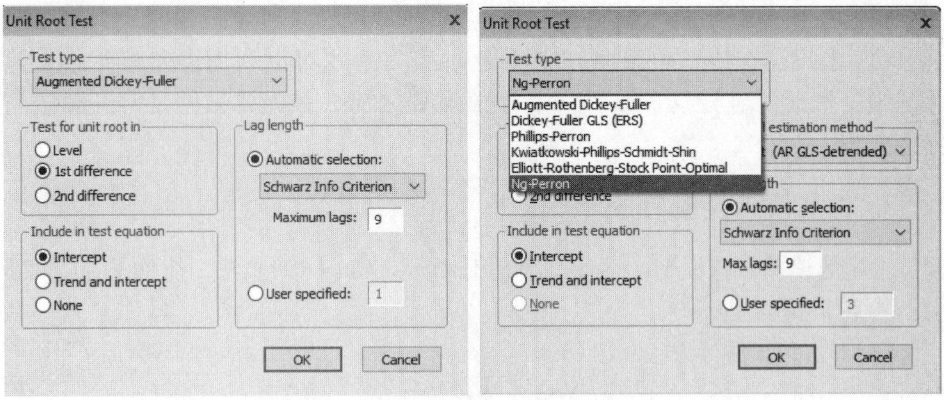

图 9-14　单位根检验对话框

【例 9-1】 居民消费价格指数（CPI）是一个反映居民家庭所购买的消费品和服务的价格水平变动情况的宏观指标，试对我国 2012 年 1 月 ~2015 年 12 月的 CPI 数据进行单位根检验。数据如表 9-2 所示。

表 9-2　　中国 2012 ~ 2015 年月度 CPI 数据

时间	CPI	时间	CPI	时间	CPI	时间	CPI
2012 年 1 月	4.5	2013 年 1 月	2.0	2014 年 1 月	2.5	2015 年 1 月	0.8
2012 年 2 月	3.2	2013 年 2 月	3.2	2014 年 2 月	2.0	2015 年 2 月	1.4
2012 年 3 月	3.6	2013 年 3 月	2.1	2014 年 3 月	2.4	2015 年 3 月	1.4
2012 年 4 月	3.4	2013 年 4 月	2.4	2014 年 4 月	1.8	2015 年 4 月	1.4
2012 年 5 月	3.0	2013 年 5 月	2.1	2014 年 5 月	2.5	2015 年 5 月	1.2
2012 年 6 月	2.2	2013 年 6 月	2.7	2014 年 6 月	2.3	2015 年 6 月	1.4
2012 年 7 月	1.8	2013 年 7 月	2.7	2014 年 7 月	2.3	2015 年 7 月	1.6
2012 年 8 月	2.0	2013 年 8 月	2.6	2014 年 8 月	2.0	2015 年 8 月	2.0
2012 年 9 月	1.9	2013 年 9 月	3.1	2014 年 9 月	1.6	2015 年 9 月	1.6
2012 年 10 月	1.7	2013 年 10 月	3.2	2014 年 10 月	1.6	2015 年 10 月	1.3
2012 年 11 月	2.0	2013 年 11 月	3.0	2014 年 11 月	1.4	2015 年 11 月	1.5
2012 年 12 月	2.5	2013 年 12 月	2.5	2014 年 12 月	1.5	2015 年 12 月	1.6

资料来源：中华人民共和国国家统计局网站。

首先利用图示法对 CPI 进行描述，分别作出其时序图 9－15 与相关系数图 9－16，自相关与偏相关函数如图 9－17 所示。

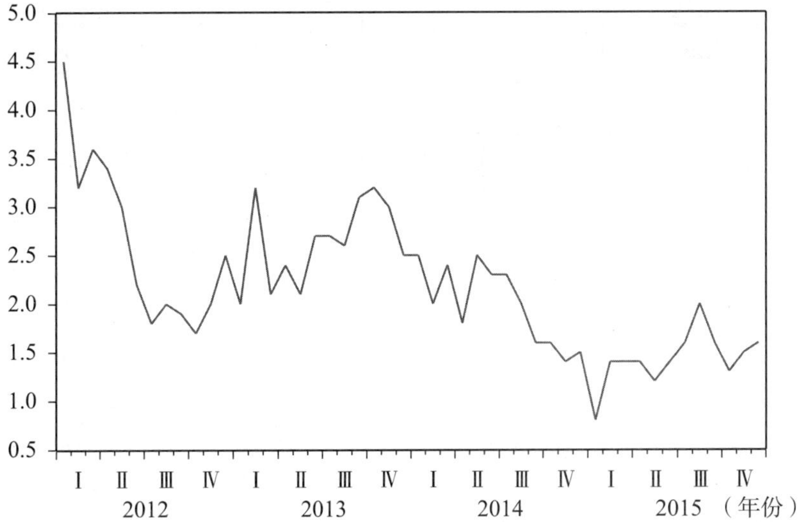

图 9－15　2012～2015 年中国 CPI 指数

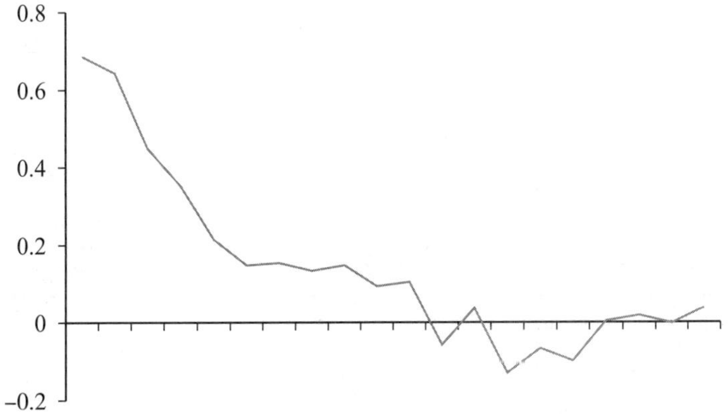

图 9－16　CPI 相关系数

从图 9－15 和 9－16 可以看出，CPI 的时间序列图随时间变化呈波动下降趋势，自相关系数也在下降，粗略认为数据是不平稳的。进一步对 CPI 进行单位根检验，检验的时候从最复杂的情况开始，即分别选择图 9－14 中的“trend and intercept”“intercept”“none”选项，估计结果如表 9－3～表 9－5 所示。

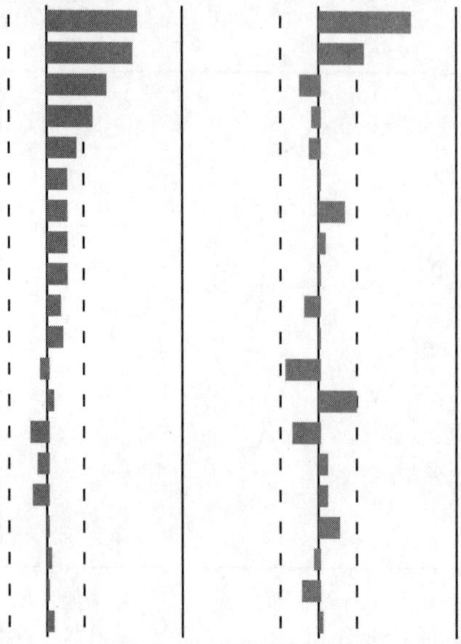

	AC	PAC	Q-Stat	Prob
1	0.686	0.686	24.035	0.000
2	0.643	0.325	45.587	0.000
3	0.449	−0.152	56.332	0.000
4	0.352	−0.060	63.105	0.000
5	0.214	−0.071	65.662	0.000
6	0.148	0.004	66.913	0.000
7	0.154	0.174	68.297	0.000
8	0.134	0.035	69.376	0.000
9	0.148	−0.001	70.723	0.000
10	0.094	−0.112	71.279	0.000
11	0.105	0.008	71.988	0.000
12	−0.058	−0.260	72.214	0.000
13	0.037	0.273	72.308	0.000
14	−0.130	−0.202	73.492	0.000
15	−0.067	0.064	73.824	0.000
16	−0.099	0.055	74.562	0.000
17	0.004	0.132	74.563	0.000
18	0.018	−0.035	74.590	0.000
19	−0.002	−0.127	74.590	0.000
20	0.038	0.022	74.713	0.000

图 9－17　CPI 自相关函数与偏相关函数

表 9－3　　CPI 单位根检验（trend and intercept）

		t－Statistic	Prob
Augmented Dickey－Fuller test statistic		－2.327394	0.4114
Test critical values：	1% level	－4.170583	
	5% level	－3.510740	
	10% level	－3.185512	
* MacKinnon（1996）one-sided p-values.			
Augmented Dickey－Fuller Test Equation			
Dependent Variable：D（CPI）			
Method：Least Squares			
Date：10/20/19　Time：20：39			
Sample（adjusted）：2012M03　2015M12			
Included observations：46 after adjustments			

Variable	Coefficient	Std. Error	t－Statistic	Prob
CPI（－1）	－0.287098	0.123356	－2.327394	0.0248
D（CPI（－1））	－0.303975	0.129567	－2.346074	0.0238
C	0.717586	0.390738	1.836487	0.0734

续表

Variable	Coefficient	Std. Error	t – Statistic	Prob
@ TREND ("2012M01")	-0.006451	0.006041	-1.067950	0.2916
R – squared	0.292733	Mean dependent var		-0.034783
Adjusted R – squared	0.242214	S. D. dependent var		0.436255
S. E. of regression	0.379764	Akaike info criterion		0.984409
Sum squared resid	6.057277	Schwarz criterion		1.143421
Log likelihood	-18.64141	Hannan – Quinn criter		1.043976
F – statistic	5.794515	Durbin – Watson stat		1.809626
Prob (F – statistic)	0.002079			

表 9 – 4　　CPI 单位根检验（intercept）

		t – Statistic	Prob
Augmented Dickey – Fuller test statistic		-2.224175	0.2008
Test critical values:	1% level	-3.581152	
	5% level	-2.926622	
	10% level	-2.601424	

* MacKinnon (1996) one-sided p-values.

Augmented Dickey – Fuller Test Equation

Dependent Variable: D (CPI)

Method: Least Squares

Date: 10/20/19　Time: 20: 41

Sample (adjusted): 2012M03　2015M12

Included observations: 46 after adjustments

Variable	Coefficient	Std. Error	t – Statistic	Prob
CPI (-1)	-0.193600	0.087044	-2.224175	0.0314
D (CPI (-1))	-0.352056	0.121692	-2.893011	0.0060
C	0.356394	0.195998	1.818353	0.0760
R – squared	0.273527	Mean dependent var		-0.034783
Adjusted R – squared	0.239738	S. D. dependent var		0.436255
S. E. of regression	0.380384	Akaike info criterion		0.967724
Sum squared resid	6.221764	Schwarz criterion		1.086983
Log likelihood	-19.25765	Hannan – Quinn criter		1.012399
F – statistic	8.095061	Durbin – Watson stat		1.829746
Prob (F – statistic)	0.001038			

表 9-5 **CPI 单位根检验（none）**

		t - Statistic	Prob
Augmented Dickey - Fuller test statistic		-1.630876	0.0965
Test critical values:	1% level	-2.616203	
	5% level	-1.948140	
	10% level	-1.612320	
* MacKinnon (1996) one-sided p-values.			
Augmented Dickey - Fuller Test Equation			
Dependent Variable: D (CPI)			
Method: Least Squares			
Date: 10/20/19 Time: 20: 42			
Sample (adjusted): 2012M03 2015M12			
Included observations: 46 after adjustments			

Variable	Coefficient	Std. Error	t - Statistic	Prob
CPI (-1)	-0.042074	0.025798	-1.630876	0.1101
D (CPI (-1))	-0.399222	0.121972	-3.273064	0.0021
R - squared	0.217667	Mean dependent var		-0.034783
Adjusted R - squared	0.199886	S. D. dependent var		0.436255
S. E. of regression	0.390226	Akaike info criterion		0.998326
Sum squared resid	6.700175	Schwarz criterion		1.077832
Log likelihood	-20.96150	Hannan - Quinn criter		1.028109
Durbin - Watson stat	1.881879			

由检验结果可以看出，在对 CPI 原始数列进行的单位根检验中，“trend and intercept”和“intercept”中 ADF 统计量均大于 1%、5% 和 10% 的临界值，故不能拒绝存在单位根的原假设，认为 CPI 数据是非平稳的。在“none”中，ADF 统计量大于 1% 和 5% 的临界值，认为其在 5% 水平下是非平稳的。而 CPI 序列的不平稳性是三种情况中的哪一种呢？可以通过比较 AIC、SC 和 HQ 统计量的值来进行判断。由此发现第二种情形中 AIC 和 HQ 统计量是三种情形中最小的，故认为 CPI 序列为含趋势项的非平稳序列。

对 CPI 序列进行一阶差分，对差分后的数据进行单位根检验，在图 9-14 中选择“1st difference”，然后分别选择“trend and intercept”“intercept”“none”选项，估计结果如表 9-6 ~ 表 9-8 所示。

表 9－6　**ΔCPI 单位根检验（trend and intercept）**

		t－Statistic	Prob*
Augmented Dickey－Fuller test statistic		－11.17489	0.0000
Test critical values:	1% level	－4.170583	
	5% level	－3.510740	
	10% level	－3.185512	

表 9－7　**ΔCPI 单位根检验（intercept）**

		t－Statistic	Prob*
Augmented Dickey－Fuller test statistic		－11.21740	0.0000
Test critical values:	1% level	－3.581152	
	5% level	－2.926622	
	10% level	－2.601424	

表 9－8　**ΔCPI 单位根检验（none）**

		t－Statistic	Prob*
Augmented Dickey－Fuller test statistic		－11.17415	0.0000
Test critical values:	1% level	－2.616203	
	5% level	－1.948140	
	10% level	－1.612320	

可以看出，一阶差分后的 CPI 数据在三种情况下的 ADF 统计量均大于 1%、5% 和 10% 显著性水平下的临界值，因此拒绝存在单位根的原假设，认为差分后的 CPI 数据不存在单位根，是平稳的序列，所以 CPI 是一阶单整序列。

9.5.2 时间序列模型的 Eviews 操作

【例 9－2】以美国政府债券的收益率为例，建立时间序列模型来识别利率的变动过程。表 9－9 是美国的 3 个月期的联邦基金利率。

表 9－9　**美国 1960～2007 年联邦基金利率**

时期	利率	时期	利率	时期	利率	时期	利率
1960：01	4.67	1972：01	5.32	1984：01	11.19	1996：01	5.38
1960：02	4.25	1972：02	5.69	1984：02	12.64	1996：02	6.29

续表

时期	利率	时期	利率	时期	利率	时期	利率
1960：03	3.49	1972：03	5.88	1984：03	12.64	1996：03	6.36
1960：04	3.52	1972：04	6.00	1984：04	11.10	1996：04	5.94
1961：01	3.40	1973：01	6.57	1985：01	10.68	1997：01	6.19
1961：02	3.40	1973：02	6.82	1985：02	9.76	1997：02	6.42
1961：03	3.69	1973：03	7.56	1985：03	9.29	1997：03	6.01
1961：04	3.65	1973：04	6.87	1985：04	8.84	1997：04	5.78
1962：01	3.63	1974：01	7.02	1986：01	7.94	1998：01	5.46
1962：02	3.39	1974：02	8.16	1986：02	7.18	1998：02	5.57
1962：03	3.50	1974：03	8.49	1986：03	6.66	1998：03	5.11
1962：04	3.37	1974：04	7.62	1986：04	6.48	1998：04	4.41
1963：01	3.40	1975：01	6.90	1987：01	6.52	1999：01	4.87
1963：02	3.55	1975：02	7.44	1987：02	7.72	1999：02	5.35
1963：03	3.78	1975：03	8.06	1987：03	8.15	1999：03	5.71
1963：04	3.94	1975：04	7.57	1987：04	8.29	1999：04	6.00
1964：01	4.05	1976：01	7.06	1988：01	7.58	2000：01	6.56
1964：02	4.07	1976：02	7.14	1988：02	8.10	2000：02	6.52
1964：03	3.96	1976：03	6.88	1988：03	8.59	2000：03	6.16
1964：04	4.05	1976：04	6.00	1988：04	8.75	2000：04	5.63
1965：01	4.08	1977：01	6.38	1989：01	9.38	2001：01	4.64
1965：02	4.10	1977：02	6.42	1989：02	8.92	2001：02	4.43
1965：03	4.16	1977：03	6.71	1989：03	8.07	2001：03	3.93
1965：04	4.52	1977：04	7.24	1989：04	7.86	2001：04	3.33
1966：01	4.96	1978：01	7.66	1990：01	8.38	2002：01	3.75
1966：02	4.98	1978：02	8.07	1990：02	8.62	2002：02	3.77
1966：03	5.58	1978：03	8.43	1990：03	8.25	2002：03	2.62
1966：04	5.40	1978：04	9.00	1990：04	7.76	2002：04	2.27
1967：01	4.65	1979：01	9.39	1991：01	7.27	2003：01	2.07
1967：02	4.63	1979：02	9.27	1991：02	7.25	2003：02	1.77
1967：03	5.23	1979：03	9.26	1991：03	6.89	2003：03	2.20
1967：04	5.65	1979：04	10.95	1991：04	5.84	2003：04	2.38
1968：01	5.65	1980：01	12.59	1992：01	5.77	2004：01	2.17
1968：02	5.89	1980：02	10.12	1992：02	5.78	2004：02	2.98

续表

时期	利率	时期	利率	时期	利率	时期	利率
1968：03	5.45	1980：03	10.49	1992：03	4.68	2004：03	2.92
1968：04	5.75	1980：04	12.99	1992：04	5.00	2004：04	3.05
1969：01	6.31	1981：01	13.39	1993：01	4.64	2005：01	3.61
1969：02	6.53	1981：02	14.49	1993：02	4.41	2005：02	3.73
1969：03	7.46	1981：03	15.79	1993：03	4.32	2005：03	3.98
1969：04	7.77	1981：04	14.09	1993：04	4.41	2005：04	4.37
1970：01	7.73	1982：01	14.50	1994：01	4.90	2006：01	4.58
1970：02	7.72	1982：02	14.14	1994：02	6.20	2006：02	4.98
1970：03	7.38	1982：03	12.88	1994：03	6.56	2006：03	4.87
1970：04	6.32	1982：04	10.16	1994：04	7.40	2006：04	4.65
1971：01	5.06	1983：01	9.80	1995：01	7.27	2007：01	4.68
1971：02	5.84	1983：02	9.91	1995：02	6.25	2007：02	4.76
1971：03	6.33	1983：03	11.09	1995：03	5.96	2007：03	4.41
1971：04	5.39	1983：04	10.99	1995：04	5.58	2007：04	3.50

将数据录入Eviews中后，先要对其进行单位根检验，即考察时间是否是平稳的时间序列，经过检验后发现其是平稳时间序列，故可以对其进行建模并估计。

（1）相关图检验。利用X的相关图可以初步判断序列的类型，打开X序列，点击“View/Correlogram”，就会出现如图9－18的对话框，然后直接点击“OK”，就会出现如图9－19的图形。

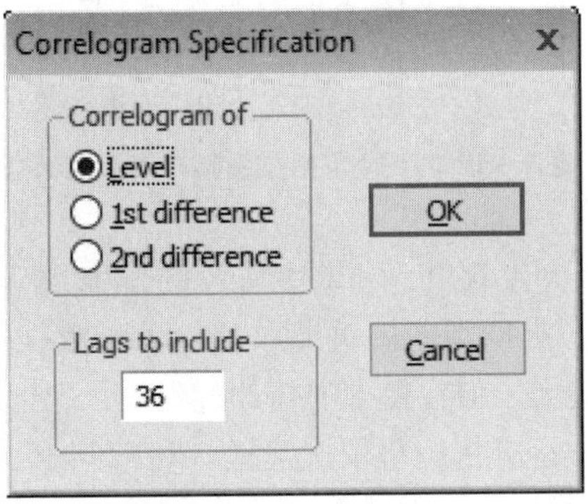

图9－18　相关图设置

Date: 12/05/19 Time: 14:49
Sample: 1960Q1 2007Q4
Included observations: 192

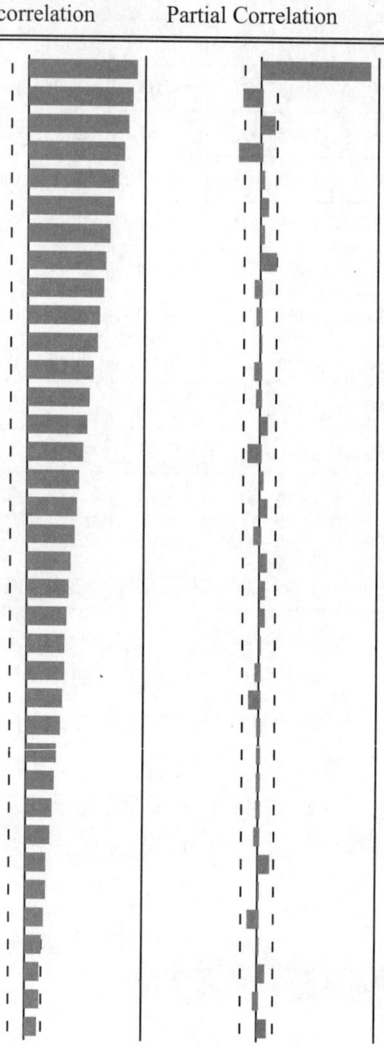

	AC	PAC	Q-Stat	Prob
1	0.967	0.967	182.33	0.000
2	0.924	−0.172	349.63	0.000
3	0.887	0.109	504.85	0.000
4	0.843	−0.191	645.60	0.000
5	0.797	0.017	771.98	0.000
6	0.757	0.046	886.77	0.000
7	0.720	0.011	991.26	0.000
8	0.692	0.127	1088.2	0.000
9	0.665	−0.064	1178.2	0.000
10	0.635	−0.031	1260.9	0.000
11	0.609	0.008	1337.1	0.000
12	0.581	−0.059	1407.0	0.000
13	0.549	−0.033	1469.6	0.000
14	0.521	0.058	1526.4	0.000
15	0.489	−0.108	1576.7	0.000
16	0.455	0.016	1620.6	0.000
17	0.429	0.056	1659.8	0.000
18	0.403	−0.052	1694.5	0.000
19	0.377	0.041	1725.2	0.000
20	0.359	0.037	1753.0	0.000
21	0.345	0.038	1778.9	0.000
22	0.331	0.007	1802.9	0.000
23	0.318	−0.040	1825.3	0.000
24	0.299	−0.083	1845.1	0.000
25	0.279	−0.016	1862.5	0.000
26	0.259	−0.010	1877.5	0.000
27	0.236	−0.013	1890.1	0.000
28	0.212	−0.009	1900.3	0.000
29	0.189	−0.039	1908.4	0.000
30	0.170	0.087	1915.1	0.000
31	0.157	0.002	1920.8	0.000
32	0.140	−0.097	1925.4	0.000
33	0.122	0.003	1928.8	0.000
34	0.111	0.059	1931.7	0.000
35	0.101	−0.026	1934.1	0.000
36	0.090	0.074	1936.1	0.000

图 9－19　序列 X 相关系数与偏相关系数

通过图 9－19 可以大致看出，利率序列 X 的自相关函数出现拖尾，偏自相关函数出现截尾的特征，初步判断序列是一个 AR 模型，并且是一阶自回归 AR（1）模型的可能性比较大。但在模型的估计过程中，先选择高一点的阶数，例如先建立 AR（3）模型进行分析，再依次选择 AR（2）和 AR（1）模型分别进行回归分析，通过比较结果来断定序列所属类型。

（2）AR 模型的估计。在工作文档下，点击“Quick/Estimate Equation”，选择最小二乘法，键入“x C AR（1） AR（2） AR（3）”就得到了 AR（3）模型的估计结果，如表9－10 所示。

表 9－10　　AR（3）模型估计结果

Dependent Variable：X				
Method：Least Squares				
Date：12/05/19　Time：15：07				
Sample（adjusted）：1960Q4 2007Q4				
Included observations：189 after adjustments				
Convergence achieved after 3 iterations				
Variable	Coefficient	Std. Error	t－Statistic	Prob
C	6. 536693	1. 547917	4. 222897	0. 0000
AR（1）	1. 213872	0. 072794	16. 67533	0. 0000
AR（2）	－0. 395756	0. 111519	－3. 548775	0. 0005
AR（3）	0. 152253	0. 072757	2. 092642	0. 0377
R－squared	0. 947168	Mean dependent var		6. 539471
Adjusted R－squared	0. 946312	S. D. dependent var		2. 721292
S. E. of regression	0. 630544	Akaike info criterion		1. 936470
Sum squared resid	73. 55340	Schwarz criterion		2. 005078
Log likelihood	－178. 9964	Hannan－Quinn criter		1. 964265
F－statistic	1105. 562	Durbin－Watson stat		1. 915256
Prob（F－statistic）	0. 000000			

同样的方法，分别键入“x C AR（1） AR（2）”和“x C AR（1）”就得到了 AR（2）和 AR（1）模型的估计结果，如表 9－11 和表 9－12 所示。

表 9－11　　AR（2）模型估计结果

Dependent Variable：X
Method：Least Squares
Date：12/05/19　Time：15：07
Sample（adjusted）：1960Q3 2007Q4
Included observations：190 after adjustments

续表

Convergence achieved after 3 iterations				
Variable	Coefficient	Std. Error	t - Statistic	Prob
C	6.419485	1.367759	4.693432	0.0000
AR (1)	1.185435	0.071688	16.53614	0.0000
AR (2)	-0.219243	0.071714	-3.057185	0.0026
R - squared	0.945878	Mean dependent var		6.523421
Adjusted R - squared	0.945300	S. D. dependent var		2.723085
S. E. of regression	0.636878	Akaike info criterion		1.951187
Sum squared resid	75.84982	Schwarz criterion		2.002456
Log likelihood	-182.3628	Hannan - Quinn criter		1.971956
F - statistic	1634.093	Durbin - Watson stat		1.924639
Prob (F - statistic)	0.000000			

表 9-12　　AR (1) 模型估计结果

Dependent Variable: X				
Method: Least Squares				
Date: 12/05/19　Time: 15: 07				
Sample (adjusted): 1960Q2 2007Q4				
Included observations: 191 after adjustments				
Convergence achieved after 4 iterations				
Variable	Coefficient	Std. Error	t - Statistic	Prob
C	6.289351	1.759084	3.575356	0.0004
AR (1)	0.973168	0.017367	56.03626	0.0000
R - squared	0.943227	Mean dependent var		6.511518
Adjusted R - squared	0.942927	S. D. dependent var		2.720887
S. E. of regression	0.650019	Akaike info criterion		1.986787
Sum squared resid	79.85729	Schwarz criterion		2.020842
Log likelihood	-187.7382	Hannan - Quinn criter		2.000581
F - statistic	3140.062	Durbin - Watson stat		1.565450
Prob (F - statistic)	0.000000			

比较三个估计结果中 AIC、SC 和 HQ 的值，看哪组数值最小，结果发现 AR (1) 模型估计的结果中有两个统计量的值最小，故认为序列 X 为 AR (1) 模型。

【例 9-3】以我国 2001～2015 年进出口总额的月度数据为时间序列进行建模分析，数据如表 9-13 所示。

表 9-13　　2001～2015 年我国进出口总额月度数据

时间	进出口总额	时间	进出口总额	时间	进出口总额	时间	进出口总额
200101	324.57	200410	979.5	200807	2480.7	201204	3080.8
200102	374.24	200411	1119.3	200808	2410.5	201205	3435.8
200103	439.08	200412	1164.9	200809	2435	201206	3286.9
200104	446.52	200501	950.6	200810	2214.1	201207	3287.3
200105	396.29	200502	844.5	200811	1898.9	201208	3292.9
200106	433.33	200503	1160.1	200812	1833.4	201209	3450.3
200107	438.43	200504	1197.1	200901	1418	201210	3191
200108	457.02	200505	1078.7	200902	1249.5	201211	3391.3
200109	458.4	200506	1222.4	200903	1620.2	201212	3668.4
200110	416.92	200507	1207.6	200904	1707.3	201301	3455.84
200111	448.45	200508	1256	200905	1641.3	201302	2635.09
200112	468.93	200509	1328.1	200906	1825.7	201303	3652.03
200201	406.74	200510	1241.7	200907	2002.1	201304	3559.61
200202	350.56	200511	1337.5	200908	1917	201305	3451.07
200203	463.25	200512	1398.1	200909	2189.4	201306	3215.07
200204	524.79	200601	1204.9	200910	1975.4	201307	3541.64
200205	470.79	200602	1058.5	200911	2082.1	201308	3526.97
200206	491.15	200603	1449	200912	2430.2	201309	3560.69
200207	561.98	200604	1434.4	201001	2047.8	201310	3397.04
200208	566.42	200605	1332.2	201002	1814.3	201311	3706.08
200209	617.07	200606	1481.2	201003	2314.6	201312	3898.43
200210	551.47	200607	1460.6	201004	2381.6	201401	3823.94
200211	599.43	200608	1627.4	201005	2439.9	201402	2511.76
200212	606.24	200609	1679.8	201006	2547.7	201403	3325.12
200301	608.2	200610	1524.3	201007	2623.1	201404	3586.28
200302	482.4	200611	1687.9	201008	2585.7	201405	3550.24
200303	645.7	200612	1672	201009	2731	201406	3420.12

续表

时间	进出口总额	时间	进出口总额	时间	进出口总额	时间	进出口总额
200304	701.5	200701	1573.6	201010	2448.1	201407	3784.81
200305	653.7	200702	1404.4	201011	2837.6	201408	3670.95
200306	668	200703	1599.9	201012	2952.2	201409	3964.11
200307	745.9	200704	1780.2	201101	2950.1	201410	3683.27
200308	720	200705	1656.5	201102	2008	201411	3688.48
200309	835.5	200706	1796.3	201103	3042.6	201412	4054.13
200310	760.8	200707	1911.3	201104	2999.5	201501	3404.84
200311	786.5	200708	1977.4	201105	3012.7	201502	2777.62
200312	904	200709	2010.5	201106	3016.9	201503	2860.55
200401	714.3	200710	1884	201107	3187.7	201504	3185.27
200402	760.9	200711	2089.6	201108	3288.7	201505	3212.47
200403	923.2	200712	2061.5	201109	3248.3	201506	3374.12
200404	966.4	200801	1998.3	201110	2979.5	201507	3471.68
200405	878.3	200802	1661.8	201111	3344	201508	3334.96
200406	994.2	200803	2045.2	201112	3329.1	201509	3507.67
200407	999.7	200804	2207.4	201201	2726	201510	3231.48
200408	982.1	200805	2207.8	201202	2604.2	201511	3391.81
200409	1065.1	200806	2217.1	201203	3259.7	201512	3879.77

（1）相关图检验。经单位根检验，发现此序列为非平稳时间序列，故对其进行一阶差分变换，差分后的数据为平稳时间序列数据，并命名为 Y，与［例 9－2］类似，先做变量 Y 的相关图，结果如图 9－20 所示。

相关图没有出现明显的截尾和拖尾的特征，故建立 ARMA 模型进行估计。

（2）ARMA 模型估计。取相对较大的阶数开始进行估计，如从 ARMA（2，2）开始，依次检验 ARMA（2，1）、ARMA（1，2）和 ARMA（1，1）模型，并对回归结果的 AIC 和 SC 值进行比较，选择统计量值较小的模型。表 9－14 ~ 表 9－17 为四个模型的估计结果。

Date: 12/05/19 Time: 14:53
Sample: 2001M01 2015M12
Included observations: 179

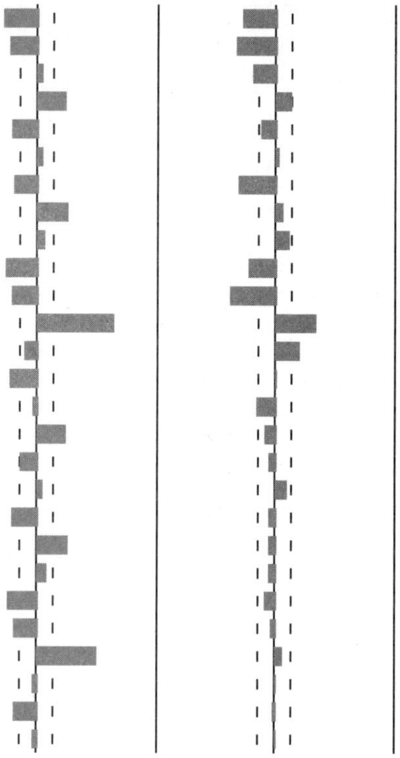

	AC	PAC	Q-Stat	Prob
1	−0.282	−0.282	14.490	0.000
2	−0.237	−0.345	24.812	0.000
3	0.025	−0.200	24.931	0.000
4	0.237	0.119	35.343	0.000
5	−0.208	−0.129	43.411	0.000
6	0.025	0.021	43.529	0.000
7	−0.198	−0.330	50.938	0.000
8	0.249	0.045	62.686	0.000
9	0.053	0.102	63.220	0.000
10	−0.274	−0.244	77.624	0.000
11	−0.219	−0.392	86.833	0.000
12	0.648	0.349	168.29	0.000
13	−0.114	0.197	170.82	0.000
14	−0.239	0.001	182.05	0.000
15	−0.035	−0.157	182.29	0.000
16	0.226	−0.092	192.43	0.000
17	−0.144	−0.059	196.61	0.000
18	0.031	0.085	196.81	0.000
19	−0.211	−0.064	205.83	0.000
20	0.249	−0.055	218.46	0.000
21	0.074	−0.057	219.59	0.000
22	−0.259	−0.089	233.39	0.000
23	−0.195	−0.034	241.33	0.000
24	0.504	0.049	294.48	0.000
25	−0.044	0.005	294.88	0.000
26	−0.189	−0.013	302.44	0.000
27	−0.043	0.005	302.83	0.000

图 9-20　序列 Y 的自相关函数和偏自相关函数

表 9-14　　ARMA（2，2）模型估计结果

Dependent Variable：DY				
Method：Least Squares				
Date：10/20/19　Time：18：12				
Sample（adjusted）：4 180				
Included observations：177 after adjustments				
Convergence achieved after 35 iterations				
MA Backcast：2 3				
Variable	Coefficient	Std. Error	t-Statistic	Prob
C	18.01628	5.501528	3.274778	0.0013
AR（1）	0.039308	0.711107	0.055277	0.9560

续表

Variable	Coefficient	Std. Error	t – Statistic	Prob
AR (2)	−0.053787	0.263869	−0.203840	0.8387
MA (1)	−0.517270	0.709610	−0.728949	0.4670
MA (2)	−0.178249	0.585823	−0.304270	0.7613
R – squared	0.222173	Mean dependent var		19.43893
Adjusted R – squared	0.204084	S. D. dependent var		268.3237
S. E. of regression	239.3827	Akaike info criterion		13.82185
Sum squared resid	9856302	Schwarz criterion		13.91157
Log likelihood	−1218.233	Hannan – Quinn criter		13.85823
F – statistic	12.28219	Durbin – Watson stat		1.975870
Prob (F – statistic)	0.000000			

表 9 – 15　　ARMA (2, 1) 模型估计结果

Dependent Variable: DY				
Method: Least Squares				
Date: 10/20/19　Time: 18: 13				
Sample (adjusted): 4 180				
Included observations: 177 after adjustments				
Convergence achieved after 12 iterations				
MA Backcast: 3				
Variable	Coefficient	Std. Error	t – Statistic	Prob
C	18.02773	7.738642	2.329573	0.0210
AR (1)	0.013984	0.157961	0.088526	0.9296
AR (2)	−0.237033	0.099061	−2.392800	0.0178
MA (1)	−0.476419	0.154615	−3.081334	0.0024
R – squared	0.219724	Mean dependent var		19.43893
Adjusted R – squared	0.206193	S. D. dependent var		268.3237
S. E. of regression	239.0653	Akaike info criterion		13.81369
Sum squared resid	9887332	Schwarz criterion		13.88547
Log likelihood	−1218.512	Hannan – Quinn criter		13.84280
F – statistic	16.23879	Durbin – Watson stat		1.977293
Prob (F – statistic)	0.000000			

表 9－16　　ARMA（1，2）模型估计结果

Dependent Variable：DY				
Method：Least Squares				
Date：10/20/19　Time：18：15				
Sample（adjusted）：3 180				
Included observations：178 after adjustments				
Convergence achieved after 276 iterations				
MA Backcast：1 2				
Variable	Coefficient	Std. Error	t－Statistic	Prob
C	18.01074	5.155054	3.493803	0.0006
AR（1）	6.43E－05	0.321684	0.000200	0.9998
MA（1）	－0.478142	0.311422	－1.535349	0.1265
MA（2）	－0.239214	0.203998	－1.172630	0.2425
R－squared	0.221658	Mean dependent var		19.69399
Adjusted R－squared	0.208238	S. D. dependent var		267.5863
S. E. of regression	238.1009	Akaike info criterion		13.80548
Sum squared resid	9864417	Schwarz criterion		13.87698
Log likelihood	－1224.688	Hannan－Quinn criter		13.83448
F－statistic	16.51739	Durbin－Watson stat		1.981348
Prob（F－statistic）	0.000000			

表 9－17　　ARMA（1，1）模型估计结果

Dependent Variable：DY				
Method：Least Squares				
Date：10/20/19　Time：18：16				
Sample（adjusted）：3 180				
Included observations：178 after adjustments				
Convergence achieved after 9 iterations				
MA Backcast：2				
Variable	Coefficient	Std. Error	t－Statistic	Prob
C	18.19157	4.612662	3.943833	0.0001
AR（1）	0.334758	0.104795	3.194417	0.0017
MA（1）	－0.833506	0.060729	－13.72497	0.0000
R－squared	0.215978	Mean dependent var		19.69399

续表

Adjusted R - squared	0. 207018	S. D. dependent var	267. 5863
S. E. of regression	238. 2844	Akaike info criterion	13. 80152
Sum squared resid	9936406	Schwarz criterion	13. 85514
Log likelihood	-1225. 335	Hannan - Quinn criter	13. 82326
F - statistic	24. 10401	Durbin - Watson stat	1. 951475
Prob (F - statistic)	0. 000000		

通过四个模型 AIC 和 SC 统计量的比较，发现 ARMA（1，1）的值最小，故认为该序列为 ARMA（1，1）模型。

对于 MA 模型的估计方法与两个例子类似，当序列的自相关函数截尾，偏自相关函数拖尾时，可以考虑用 MA 模型进行估计。在 Eviews 操作时与前面两个例子类似，在进行了单位根检验后，在工作文档下，点击“Quick/Estimate Equation”，选择最小二乘法，如要建立序列 X 的 MA（3）模型，则键入“x C MA（1）MA（2）MA（3）”就得到了 MA（3）模型的估计结果。同样，在相关图的基础上可以先选择阶数较大的 MA 模型进行估计，并依次降低阶数，比较几个结果的 AIC 和 SC 的结果，选择值最小或最小值较多的模型作为最终的模型。

9.5.3 协整与误差修正模型的 Eviews 操作

【例 9-4】 考察我国 1978~2015 年我国能源消费总量与 GDP 数据之间的协整关系，数据如表 9-18 所示。

表 9-18　　能源消费总量与 GDP

年份	能源消费总量（万吨标准煤）	GDP（亿元）	年份	能源消费总量（万吨标准煤）	GDP（亿元）
1978	57144. 00	3645. 21	1997	137798. 00	78973. 03
1979	58588. 00	4062. 57	1998	136184. 00	84402. 27
1980	60275. 00	4545. 62	1999	140569. 00	89677. 05
1981	59447. 00	4891. 56	2000	146964. 00	99214. 55
1982	62067. 00	5323. 35	2001	155547. 00	109655. 20
1983	66040. 00	5962. 65	2002	169577. 00	120332. 70
1984	70904. 00	7208. 05	2003	197083. 00	135822. 80
1985	76682. 00	9016. 03	2004	230281. 00	159878. 30
1986	80850. 00	10275. 17	2005	261369. 00	183217. 40

续表

年份	能源消费总量（万吨标准煤）	GDP（亿元）	年份	能源消费总量（万吨标准煤）	GDP（亿元）
1987	86632.00	12058.61	2006	286467.00	211923.50
1988	92997.00	15042.82	2007	311442.00	257305.60
1989	96934.00	16992.31	2008	320611.00	300670.00
1990	98703.00	18667.82	2009	336126.00	349081.40
1991	103783.00	21781.49	2010	360648.00	413030.30
1992	109170.00	26923.47	2011	387043.00	489300.60
1993	115993.00	35333.92	2012	402138.00	540367.40
1994	122737.00	48197.85	2013	416913.00	595244.40
1995	131176.00	60793.72	2014	425806.00	643974.00
1996	138948.00	71176.59	2015	430000.00	689052.10

用 Eviews 实现 E－G 两步法来考察两个变量间的协整关系。通过 ADF 单位根检验，两个变量都是一阶单整的，单整阶数相同，可以采用 E－G 两步法检验两个变量间的协整关系（见表 9－19）。

第一步：

表 9－19　　　　模型回归结果

Dependent Variable：NYXF				
Method：Least Squares				
Date：10/18/19　Time：16：14				
Sample：1978 2015				
Included observations：38				
Variable	Coefficient	Std. Error	t－Statistic	Prob
C	89990.10	6600.792	13.63323	0.0000
GDP	0.593629	0.026160	22.69262	0.0000
R－squared	0.934659	Mean dependent var		182674.6
Adjusted R－squared	0.932844	S. D. dependent var		123348.2
S. E. of regression	31965.07	Akaike info criterion		23.63387
Sum squared resid	3.68E＋10	Schwarz criterion		23.72006
Log likelihood	－447.0435	Hannan－Quinn criter		23.66454
F－statistic	514.9551	Durbin－Watson stat		0.102697
Prob（F－statistic）	0.000000			

点击"quick/generate series",键入"E1 = resid",点击"OK",将残差序列赋值于E1。

第二步:估计残差的平稳性。点开残差序列E1,点击"view/unit root test",进入单位根检验对话框。在检验类型处选择"augmented dickey-fuller",因为只能对原始残差序列进行检验,故在检验对象上选择"level";另外残差自回归模型不包含时间趋势项和截距项,故检验形式上选择"none"。经过反复试验,并采用SC和AIC统计量以及相关滞后期的系数显著性判断滞后期数,发现最佳滞后期为1期,于是选滞后期为1期,点击"OK"后得到残差序列E1的平稳性检验结果,如表9-20所示。

表9-20　　残差序列平稳性检验结果

			t-Statistic	Prob*
Augmented Dickey-Fuller test statistic			-2.898707	0.0050
Test critical values:		1% level	-2.630762	
		5% level	-1.950394	
		10% level	-1.611202	
Augmented Dickey-Fuller Test Equation				
Dependent Variable: D (E1)				
Method: Least Squares				
Date: 10/18/19　Time: 16: 16				
Sample (adjusted): 1980 2015				
Included observations: 36 after adjustments				
Variable	Coefficient	Std. Error	t-Statistic	Prob
E1 (-1)	-0.071234	0.024574	-2.898707	0.0065
D (E1 (-1))	1.007395	0.075430	13.35544	0.0000
R-squared	0.838435	Mean dependent var		-978.2634
Adjusted R-squared	0.833683	S.D. dependent var		10339.48
S.E. of regression	4216.651	Akaike info criterion		19.58542
Sum squared resid	6.05E+08	Schwarz criterion		19.67340
Log likelihood	-350.5376	Hannan-Quinn criter		19.61613
Durbin-Watson stat	1.591108			

由表9-20可知,ADF统计量为-2.899,通过计算和查表9-20可知,残差序列在10%的显著性水平下拒绝原假设,认为残差序列不存在单位根,是平稳的。由此,可以认为能源消费总量和GDP之间具有长期稳定的均衡关

系，是协整的。

【例9-5】 利用Eviews来实现构建基于表9-21的我国能源消费总量和国内生产总值的误差修正模型。

表9-21　　我国1978~2015年能源消费总量和国内生产总值

年份	能源消费总量（万吨标准煤）	GDP（亿元）	年份	能源消费总量（万吨标准煤）	GDP（亿元）
1978	57144.00	3645.21	1997	137798.00	78973.03
1979	58588.00	4062.57	1998	136184.00	84402.27
1980	60275.00	4545.62	1999	140569.00	89677.05
1981	59447.00	4891.56	2000	146964.00	99214.55
1982	62067.00	5323.35	2001	155547.00	109655.20
1983	66040.00	5962.65	2002	169577.00	120332.70
1984	70904.00	7208.05	2003	197083.00	135822.80
1985	76682.00	9016.03	2004	230281.00	159878.30
1986	80850.00	10275.17	2005	261369.00	183217.40
1987	86632.00	12058.61	2006	286467.00	211923.50
1988	92997.00	15042.82	2007	311442.00	257305.60
1989	96934.00	16992.31	2008	320611.00	300670.00
1990	98703.00	18667.82	2009	336126.00	349081.40
1991	103783.00	21781.49	2010	360648.00	413030.30
1992	109170.00	26923.47	2011	387043.00	489300.60
1993	115993.00	35333.92	2012	402138.00	540367.40
1994	122737.00	48197.85	2013	416913.00	595244.40
1995	131176.00	60793.72	2014	425806.00	643974.00
1996	138948.00	71176.59	2015	430000.00	689052.10

建立长期均衡方程

$$\ln XF_t = \beta_0 + \beta_1 \ln GDP_t + \mu_t$$

1. 单整期数检验

分别选择变量NYXF（能源消费总量）和变量GDP生成各自的对数序列，检验两个对数序列的单整性，发现均为一阶单整的。然后采用最小二乘法得到以上长期均衡方程的估计结果，如表9-22所示。

表 9 - 22　　协整回归的估计结果

Dependent Variable：LOGNYXF				
Method：Least Squares				
Date：10/18/19　Time：16：17				
Sample：1978 2015				
Included observations：38				
Variable	Coefficient	Std. Error	t - Statistic	Prob
C	7.643748	0.135290	56.49903	0.0000
LOGGDP	0.390344	0.012268	31.81749	0.0000
R - squared	0.965660	Mean dependent var		11.90005
Adjusted R - squared	0.964707	S. D. dependent var		0.663037
S. E. of regression	0.124562	Akaike info criterion		-1.276835
Sum squared resid	0.558562	Schwarz criterion		-1.190646
Log likelihood	26.25986	Hannan - Quinn criter		-1.246170
F - statistic	1012.353	Durbin - Watson stat		0.081522
Prob（F - statistic）	0.000000			

点击"quick/generate series"，键入"ecm = resid"，得到协整回归的残差，检验残差序列 ecm 的协整性，结果发现是平稳序列，说明长期均衡方程是协整的，继续误差修正模型的第 2 步。

2. 误差修正模型的估计

建立误差修正模型：

$$\Delta NYXF_t = \sum \alpha_p \Delta NYXF_{t-p} + \sum \beta_p \Delta GDP_{t-p} - \lambda ecm_{t-1} + \mu_t$$

经反复试验利用 AIC 和 SC 统计量以及相应滞后期的系数显著性判断后发现，最佳滞后期为 1 期。在工作文件下点击"quick/estimate equation"，键入"d(lnnyxf) d(lngdp) - ecm(-1) d(lnnyxf(-1)) d(lngdp(-1))"，点击"OK"得到误差修正模型的估计结果，如表 9 - 23 所示。

表 9 - 23　　误差修正模型的估计结果

Dependent Variable：D(LOGNYXF)
Method：Least Squares
Date：10/18/19　Time：16：21
Sample（adjusted）：1980 2015
Included observations：36 after adjustments

续表

Variable	Coefficient	Std. Error	t – Statistic	Prob
D(LOGGDP)	0.350517	0.083261	4.209874	0.0002
–ECM (–1)	0.074508	0.030343	2.455493	0.0197
D(LOGNYXF(–1))	0.804383	0.107777	7.463410	0.0000
D(LOGGDP(–1))	–0.288832	0.084097	–3.434516	0.0017
R – squared	0.690221	Mean dependent var		0.055368
Adjusted R – squared	0.661179	S. D. dependent var		0.037918
S. E. of regression	0.022071	Akaike info criterion		–4.684627
Sum squared resid	0.015589	Schwarz criterion		–4.508681
Log likelihood	88.32329	Hannan – Quinn criter		–4.623217
Durbin – Watson stat	1.863860			

由表 9 – 23 可以得到误差修正模型的估计结果：

$$\Delta\ln(NYXF_t) = 0.35\Delta\ln(GDP_t) + 0.804\Delta\ln(NYXF_{t-1}) - 0.289\Delta\ln(GDP_{t-1}) - 0.075ecm_{t-1}$$

由估计结果可以看出，误差修正项的系数为 –0.075，表示当短期波动偏离长期均衡时，误差修正项将以 0.075 的力度做反向调整，将非均衡状态拉回到均衡状态。

思考与练习

1. 简述 AR 模型、MA 模型和 ARMA 模型的特点。

2. 简述单位根、ADF 检验和协整的概念。

3. 如果一个时间序列是三阶单整的，那么需要进行多少次差分变换才能使其平稳?

4. 在进行单位根检验时，如何确定滞后期。

5. 如何确定 ARMA 模型的滞后期。

6. 简述误差修正模型的修正机制及其特点。

7. 表 9 – 24 是我国 1978 ~ 2015 年 GDP 的时间序列数据，利用数据完成如下内容：

（1）对我国 GDP 数据时间序列进行单位根检验；

（2）对序列进行单整分析；

（3）选择合适的 AR、MA 和 ARMA 模型进行建模，描述其变化特征。

表 9－24　　我国 1978～2015 年 GDP 数据

年份	GDP（万亿元）	年份	GDP（万亿元）
1978	3605.6	1997	41955.0
1979	4092.6	1998	45184.6
1980	4592.9	1999	48414.2
1981	5008.8	2000	51643.8
1982	5590.0	2001	109028.0
1983	6216.2	2002	120475.6
1984	7362.7	2003	136613.4
1985	9076.7	2004	160956.6
1986	10508.5	2005	187423.5
1987	12277.4	2006	222712.5
1988	15388.6	2007	266599.2
1989	17311.3	2008	315974.6
1990	19347.8	2009	348775.1
1991	22577.4	2010	402816.5
1992	25807.0	2011	472619.2
1993	29036.6	2012	529399.2
1994	32266.2	2013	586673.0
1995	35495.8	2014	643974.0
1996	38725.4	2015	689052.1

8. 表9－25是某城市人均食物年支出、人均生活费收入和职工生活费用定基价格指数的相关数据，试根据这些数据进行协整检验并建立误差修正模型进行估计。

表 9－25　　某城市 1970～1990 年人均食物年支出及相关数据

年份	人均食物年支出（元）	人均年生活费收入（元）	职工生活费用定基价格指数（1950＝1）
1970	144.60	261.48	1.2745
1971	151.20	274.08	1.2720
1972	163.20	286.68	1.2720
1973	165.00	288.00	1.2771
1974	170.52	293.52	1.2732

续表

年份	人均食物年支出（元）	人均年生活费收入（元）	职工生活费用定基价格指数（1950=1）
1975	170.16	301.92	1.2745
1976	177.36	313.80	1.2745
1977	181.56	330.12	1.2783
1978	200.40	361.44	1.2783
1979	219.60	398.76	1.2911
1980	260.76	491.76	1.3570
1981	271.08	501.00	1.3746
1982	290.28	529.20	1.3815
1983	318.48	552.72	1.3884
1984	365.40	671.16	1.4134
1985	418.92	811.80	1.5985
1986	517.56	988.44	1.7072
1987	577.92	1094.64	1.8233
1988	665.76	1231.80	2.1314
1989	756.24	1374.60	2.4448
1990	833.76	1522.20	2.5181

第 10 章　面板数据模型

对一些经济变量进行研究时，研究者经常会遇到模型涉及的数据既不是时间序列数据也不是截面数据，而是两者的结合，例如，我国 31 个省份 1978 ~ 2018 年的人均 GDP 就是一个面板数据。与经典计量经济学模型不同的是，该模型同时涉及截面、时间和指标三个方面的信息，在分析的过程中既能考察截面关系又能考察时间序列关系，比单纯的截面数据模型或时间序列模型的分析更深入。

10.1　面板数据模型概述

设被解释变量 Y 与 k 个解释变量 X^1，X^2，…，X^k 有线性相关关系

$$Y_{it} = \alpha_i + \beta_{i1} X_{it}^1 + \beta_{i2} X_{it}^2 + \cdots + \beta_{ik} X_{it}^k + \mu_{it} \tag{10.1}$$

$$i = 1, 2, \cdots, N; \ t = 1, 2, \cdots, T$$

若记 $\mathbf{X}_{it} = (X_{it}^1, X_{it}^2, \cdots, X_{it}^k)'$，$\boldsymbol{\beta}_i = (\beta_{i1}, \beta_{i2}, \cdots, \beta_{ik})'$，则上式可写成

$$Y_{it} = \alpha_i + \mathbf{X}_{it}' \boldsymbol{\beta}_i + \mu_{it} \tag{10.2}$$

$$i = 1, 2, \cdots, N; \ t = 1, 2, \cdots, T$$

通常模型满足基本假设条件为 μ_{it} 为相互独立、服从以 0 为期望、σ^2 为方差的相同正态分布，称上述结构形式的模型为面板数据模型。

上述模型在关于 α_i、$\boldsymbol{\beta}_i$ 的不同假设下，可产生不同的面板数据模型。

10.1.1　联合回归模型

假设 $\alpha_i = \alpha_j$、$\beta_i = \beta_j$（i，j = 1，2，…，N）这时式（10.2）变成

$$Y_{it} = \alpha + \mathbf{X}_{it}' \boldsymbol{\beta} + \mu_{it}, \ i = 1, 2, \cdots, N; \ t = 1, 2, \cdots, T \tag{10.3}$$

按 i 展开，即

$$Y_{1t} = \alpha + \mathbf{X}_{1t}' \boldsymbol{\beta} + \mu_{1t}$$

$$Y_{2t} = \alpha + \mathbf{X}_{2t}' \boldsymbol{\beta} + \mu_{2t}$$

$$\cdots$$

$$Y_{Nt} = \alpha + \mathbf{X}_{Nt}' \boldsymbol{\beta} + \mu_{Nt}, \ t = 1, 2, \cdots, T$$

这表明模型显示出，对不同样本无个体影响（无截距变化）、无结构变化（无参数变化），它相当于是由 N 个多元线性回归模型堆积而成，故这时可把它

称为联合回归模型，对此模型可采用普通最小二乘法估计模型参数建立模型。

10.1.2　变截距面板数据模型

假设 $\alpha_i \neq \alpha_j$、$\beta_i = \beta_j$（i，j = 1，2，…，N），这时式（10.2）变成

$$Y_{it} = \alpha_i + \mathbf{X}'_{it}\boldsymbol{\beta} + \mu_{it}, \quad i = 1, 2, \cdots, N; \ t = 1, 2, \cdots, T \tag{10.4}$$

按 i 展开，即

$$Y_{1t} = \alpha_1 + \mathbf{X}'_{1t}\boldsymbol{\beta} + \mu_{1t}$$
$$Y_{2t} = \alpha_2 + \mathbf{X}'_{2t}\boldsymbol{\beta} + \mu_{2t}$$
$$\cdots$$
$$Y_{Nt} = \alpha_N + \mathbf{X}'_{Nt}\boldsymbol{\beta} + \mu_{Nt}, \quad t = 1, 2, \cdots, T$$

这表明模型显示出，对不同样本个体存在个体影响（截距变化）但仍无结构变化（无参数变化），这时称为变截距面板数据模型。它是应用最广泛的一种面板数据模型。

变截距面板数据模型又可分为以下两种情形。

1. 固定效应变截距面板数据模型

如果变截距面板数据模型中的 α_i 为固定常数，则为固定效应变截距面板数据模型。在截面中所有样本恰是总体所有单位时，并且存在个体单位影响下，可采用此模型。

2. 随机效应变截距面板数据模型

如果变截距面板数据模型中的 α_i 为非固定常数，而是随机变化的，则为随机效应变截距面板数据模型。在截面中所有样本是从总体所有单位中随机抽取的时，并且存在样本单位个体影响下，可采用此模型。

10.1.3　变参数面板数据模型

假设 $\alpha_i \neq \alpha_j$、$\boldsymbol{\beta}_i \neq \boldsymbol{\beta}_j$（i，j = 1，2，…，N）则模型形式为

$$Y_{it} = \alpha_i + \mathbf{X}'_{it}\boldsymbol{\beta}_i + \mu_{it}, \quad i = 1, 2, \cdots, N; \ t = 1, 2, \cdots, T$$

令 $\tilde{\mathbf{X}}_{it} = (1 \quad \mathbf{X}'_{it})$，$\tilde{\boldsymbol{\beta}}_i = (\alpha_i \quad \boldsymbol{\beta}_i)'$，这时式（10.2）也可写成

$$Y_{it} = \tilde{\mathbf{X}}_{it}\tilde{\boldsymbol{\beta}}_i + \mu_{it}, \quad i = 1, 2, \cdots, N; \ t = 1, 2, \cdots, T \tag{10.5}$$

按 i 展开，即

$$Y_{1t} = \tilde{\mathbf{X}}_{1t}\tilde{\boldsymbol{\beta}}_1 + \mu_{1t}$$
$$Y_{2t} = \tilde{\mathbf{X}}_{2t}\tilde{\boldsymbol{\beta}}_2 + \mu_{2t}$$
$$\cdots$$
$$Y_{Nt} = \tilde{\mathbf{X}}_{Nt}\tilde{\boldsymbol{\beta}}_N + \mu_{Nt}, \quad t = 1, 2, \cdots, T$$

这表明模型显示出，对不同样本个体，既存在个体影响（截距变化），又存在结构变化（参数变化），这时称为变参数面板数据模型。

变参数面板数据模型也可分为两种情形。

1. 固定效应变参数面板数据模型

如果变参数面板数据模型中的 $\tilde{\boldsymbol{\beta}}_i$ 为固定常数，则为固定效应变参数面板数据模型。

2. 随机效应变参数面板数据模型

如果变参数面板数据模型中的 $\tilde{\boldsymbol{\beta}}_i$ 为随机变化，则为随机效应变参数面板数据模型。

10.2 面板数据模型的统计检验

不同类型的面板数据模型参数差别很大，因此，建立面板数据模型首要一步是检验模型参数 α_i、$\boldsymbol{\beta}_i$ 有无个体影响和结构变化，这可通过对面板数据模型进行如下统计检验来进行。

假设检验H_1：$\boldsymbol{\beta}_1=\boldsymbol{\beta}_2=\cdots=\boldsymbol{\beta}_N$

H_2：$\alpha_1=\alpha_2=\cdots=\alpha_N$；$\boldsymbol{\beta}_1=\boldsymbol{\beta}_2=\cdots=\boldsymbol{\beta}_N$

在检验过程中，如果接受 H_2，则可认为该面板数据模型为联合回归模型，无需做进一步检验。如果拒绝 H_2，则需检验 H_1。如果拒绝 H_1，则可认为该面板数据模型为变参数面板数据模型，否则，则可认为该面板数据模型为变截距面板数据模型。

检验方法，可采用协方差分析检验来进行，具体如下：

若记

$$W_{XX.i}=\sum_{t=1}^{T}(\mathbf{X}'_{it}-\bar{X}_i)'(\mathbf{X}'_{it}-\bar{X}_i)$$

$$W_{XY.i}=\sum_{t=1}^{T}(\mathbf{X}'_{it}-\bar{X}_i)'(Y_{it}-\bar{Y}_i)$$

$$W_{YY.i}=\sum_{t=1}^{T}(Y_{it}-\bar{Y}_i)^2$$

其中，$\bar{\mathbf{X}}_i=\sum_{t=1}^{T}\mathbf{X}'_{it}/T,\bar{Y}_i=\sum_{t=1}^{T}Y_{it}/T$，则变参数面板数据模型的残差平方和

$$S_1=\sum_{i=1}^{N}(W_{YY.i}-W'_{XY.i}W^{-1}_{XX.i}W_{XY.i})\tag{10.6}$$

若记 $W_{XX}=\sum_{i=1}^{N}W_{XX.i}$，$W_{XY}=\sum_{i=1}^{N}W_{XY.i}$，$W_{YY}=\sum_{i=1}^{N}W_{YY.i}$，则变截距面板数据模型的残差平方和

$$S_2 = W_{YY} - W'_{XY}W_{XX}^{-1}W_{XY} \tag{10.7}$$

若记

$$T_{XX} = \sum_{i=1}^{N}\sum_{t=1}^{T}(\mathbf{X}'_{it} - \bar{\mathbf{X}})'(\mathbf{X}'_{it} - \bar{\mathbf{X}})$$

$$T_{XY} = \sum_{i=1}^{N}\sum_{t=1}^{T}(\mathbf{X}'_{it} - \bar{\mathbf{X}})'(Y_{it} - \bar{Y})$$

$$T_{YY} = \sum_{i=1}^{N}\sum_{t=1}^{T}(Y_{it} - \bar{Y})^2$$

其中，$\bar{\mathbf{X}} = \sum_{i=1}^{N}\sum_{t=1}^{T}\mathbf{X}'_{it}/NT$，$\bar{Y} = \sum_{i=1}^{N}\sum_{t=1}^{T}Y_{it}/NT$，则联合回归模型的残差平方和

$$S_3 = T_{YY} - T'_{XY}T_{XX}^{-1}T_{XY} \tag{10.8}$$

模型扰动项正态分布条件下，由此可得到以下结论：

①$S_1/\sigma_\mu^2 \sim \chi^2[N(T-k-1)]$

②在 H_2 成立条件下，

$$S_3/\sigma_\mu^2 \sim \chi^2[NT-(k+1)],\ (S_3 - S_1)/\sigma_\mu^2 \sim \chi^2[(N-1)(k+1)]$$

③$(S_3 - S_1)/\sigma_\mu^2$ 与 S_1/σ_μ^2 独立。

④在 H_1 成立条件下，

$$S_2/\sigma_\mu^2 \sim \chi^2[N(T-k-1)],\ (S_2 - S_1)/\sigma_\mu^2 \sim \chi^2[(N-1)k]$$

⑤$(S_2 - S_1)/\sigma_\mu^2$ 与 S_1/σ_μ^2 独立。

由①、②、③可推得，在 H_2 成立条件下，

$$F_2 = \frac{(S_3 - S_1)/[(N-1)(k+1)]}{S_1/[NT - N(k+1)]} \sim F[(N-1)(k+1),\ N(T-k-1)] \tag{10.9}$$

式（10.9）中，分子为联合回归模型的残差平方和 S_3 与变参数面板数据模型的残差平方和 S_1 之间的均方差异性，分母为变参数面板数据模型的残差平方和 S_1 的均方差。显然，分子越大，则 F_2 越大，于是，异于联合回归模型为变参数面板数据模型的可能性越大，故可根据此统计量进行检验。

由①、④、⑤可推得，在 H_1 成立条件下，

$$F_1 = \frac{(S_2 - S_1)/[(N-1)k]}{S_1/[NT - N(k+1)]} \sim F[(N-1)k,\ N(T-k-1)] \tag{10.10}$$

式（10.10）中，分子为变截距面板数据模型的残差平方和 S_2 与变参数面板数据模型的残差平方和 S_1 之间的均方差异性，分母为变参数面板数据模型的残差平方和 S_1 的均方差。显然，分子越大，则 F_1 越大，于是，异于变截距面板数据模型为变参数面板数据模型的可能性越大，故可根据此统计量进行检验。

因此，在给定显著性水平 α 下，当算得的 $F_2 \geq F_\alpha[(N-1)(k+1),\ N(T-k-1)]$ 时，则拒绝假设 H_2，即非联合回归模型，继续检验，反之，则可认为是联合回归模型。当算得的 $F_1 \geq F_\alpha[(N-1)k,\ N(T-k-1)]$ 时，则拒绝假设 H_1，即非变截距面板数据模型，而为变参数面板数据模型，反之，则可认为是变截距

面板数据模型。

10.3 变截距面板数据模型的参数估计

由式（10.4），变截距面板数据模型为

$$Y_{it}=\alpha_i+\mathbf{X}'_{it}\boldsymbol{\beta}+\mu_{it},\ i=1,\ 2,\ \cdots,\ N;\ t=1,\ 2,\ \cdots,\ T$$

其中 $\alpha_i\neq\alpha_j$，$\boldsymbol{\beta}_i=\boldsymbol{\beta}_j$（i，j = 1，2，…，N）。不同样本个体间存在不同的个体影响，而变截距面板数据模型又分为固定效应和随机效应变截距模型，分别对两种情况的参数进行估计。

10.3.1 固定效应变截距面板数据模型的参数估计

固定效应变截距面板数据模型中的 α_i 为固定常数。该模型在截面中所有样本恰是总体所有单位时，并且存在样本单位个体影响下，可采用普通最小二乘估计参数，建立样本模型。记

$\mathbf{Y}_i=(Y_{i1}Y_{i2}\cdots Y_{iT})'$，$\mathbf{X}_i=(\mathbf{X}'_{i1}\mathbf{X}'_{i2}\cdots\mathbf{X}'_{iT})'$，$\boldsymbol{\mu}_i=(\mu_{i1}\mu_{i2}\cdots\mu_{iT})'$，$\mathbf{i}=(11\cdots1)'$

则上述模型可改写成

$$\mathbf{Y}_i=\mathbf{i}\alpha_i+\mathbf{X}_i\boldsymbol{\beta}+\boldsymbol{\mu}_i \tag{10.11}$$

进一步，若记

$$\mathbf{Y}=\begin{bmatrix}Y_1\\Y_2\\\vdots\\Y_N\end{bmatrix},\ \mathbf{X}=\begin{bmatrix}\mathbf{X}_1\\\mathbf{X}_2\\\vdots\\\mathbf{X}_N\end{bmatrix}D=\begin{bmatrix}\mathbf{i}&&&\\&\mathbf{i}&&\\&&\ddots&\\&&&\mathbf{i}\end{bmatrix},\ \boldsymbol{\alpha}=\begin{bmatrix}\alpha_1\\\alpha_2\\\vdots\\\alpha_N\end{bmatrix},\ \boldsymbol{\mu}=\begin{bmatrix}\mu_1\\\mu_2\\\vdots\\\mu_N\end{bmatrix}$$

则上述模型又可写成

$$\mathbf{Y}=D\boldsymbol{\alpha}+\mathbf{X}\ \boldsymbol{\beta}+\boldsymbol{\mu}\text{ 或者 }\mathbf{Y}=(D\mathbf{X})\begin{pmatrix}\boldsymbol{\alpha}\\\boldsymbol{\beta}\end{pmatrix}+\boldsymbol{\mu} \tag{10.12}$$

可看出该式（10.12）共有 N + k 参数，由于 μ 满足古典条件，故在 N 较小的情况下，可采用普通最小二乘法估计模型参数，建立样本模型。这时该模型又称为最小二乘虚拟变量模型（LSDV），也有称之为协方差分析模型。

由普通最小二乘法可知，这时模型参数的估计式为

$$\begin{pmatrix}\hat{\boldsymbol{\alpha}}\\\hat{\boldsymbol{\beta}}\end{pmatrix}=[(D\quad\mathbf{X})'(D\quad\mathbf{X})]^{-1}(D\quad\mathbf{X})'\mathbf{Y} \tag{10.13}$$

在 N 较大的情况下，可采用分步估计法估计模型参数。

10.3.2 随机效应变截距面板数据模型的参数估计

由式（10.4），变截距面板数据模型为

$$Y_{it}=\alpha_i+\mathbf{X}'_{it}\boldsymbol{\beta}+\mu_{it},\ i=1,2,\cdots,N;\ t=1,2,\cdots,T$$

这时，模型中的 α_i 为随机变量。当模型在截面中所有样本是从总体所有单位中随机抽取的，并且存在样本单位个体影响下，可采用此模型。为了分析，模型还需要满足以下假设条件：

$E(\mu_{it})=E(\alpha_i)=0$，对所有 i，t（零均值性）；

$E(\mu_{it}^2)=\sigma_\mu^2$，对所有 i，t（等方差性）；

$E(\alpha_I^2)=\sigma_\alpha^2$，对所有 i（等方差性）；

$E(\mu_{it}\alpha_j)=0$，对所有 i，t 和 j（互不相关性）；

$E(\mu_{it}\mu_{js})=0$，对所有 $i\neq j$、$t\neq s$（互不相关性）；

$E(\alpha_i\alpha_j)=0$，对所有 $i\neq j$（互不相关性）；

$E(\mathbf{X}'_{it}\alpha_i)=0$，对所有 i，t（互不相关性）。

在以上假设条件下，式（10.4）可写成

$$Y_i=\mathbf{X}_i\boldsymbol{\beta}+\mathbf{v}_i \tag{10.14}$$

其中，$\mathbf{v}_i=\mathbf{i}\alpha_i+\mu_i$，进一步记

$$\mathbf{Y}=\begin{bmatrix}\mathbf{Y}_1\\\mathbf{Y}_2\\\vdots\\\mathbf{Y}_N\end{bmatrix},\ \mathbf{X}=\begin{bmatrix}\mathbf{X}_1\\\mathbf{X}_2\\\vdots\\\mathbf{X}_N\end{bmatrix},\ D=\begin{bmatrix}\mathbf{i}&&&\\&\mathbf{i}&&\\&&\ddots&\\&&&\mathbf{i}\end{bmatrix},\ \boldsymbol{\alpha}=\begin{bmatrix}\alpha_1\\\alpha_2\\\vdots\\\alpha_N\end{bmatrix},\ \boldsymbol{\mu}=\begin{bmatrix}\mu_1\\\mu_2\\\vdots\\\mu_N\end{bmatrix}$$

$$\mathbf{v}=\begin{bmatrix}\mathbf{v}_1\\\mathbf{v}_2\\\vdots\\\mathbf{v}_N\end{bmatrix}=\begin{bmatrix}\mathbf{i}&&&\\&\mathbf{i}&&\\&&\ddots&\\&&&\mathbf{i}\end{bmatrix}\begin{bmatrix}\alpha_1\\\alpha_2\\\vdots\\\alpha_N\end{bmatrix}+\begin{bmatrix}\boldsymbol{\mu}_1\\\boldsymbol{\mu}_2\\\vdots\\\boldsymbol{\mu}_N\end{bmatrix}=(I\otimes\mathbf{i})\alpha+\boldsymbol{\mu}=D\alpha+\boldsymbol{\mu}$$

则模型又可写成

$$\mathbf{Y}=\mathbf{X}\boldsymbol{\beta}+\mathbf{v} \tag{10.15}$$

根据模型所满足的假设条件，可求得

$$\Omega=\mathrm{Cov}(\mathbf{v}_i)=\sigma_\mu^2 I_T+\sigma_\alpha^2\mathbf{ii}'$$

$$\sum=\mathrm{Cov}(\mathbf{v})=I_N\otimes\Omega=\sigma_\mu^2 I_{NT}+\sigma_\alpha^2 I_N\otimes\mathbf{ii}'$$

由于 $\sum$ 不是纯数量阵，故模型参数估计不能采用 OLS 估计法，需用 GLS 估计法。

（1）如果 σ_μ^2、σ_α^2 已知，则可直接采用 GLS 估计法，求得模型参数估计

$$\hat{\boldsymbol{\beta}}_{GLS}=(\mathbf{X}'\textstyle\sum^{-1}\mathbf{X})\mathbf{X}'\textstyle\sum^{-1}\mathbf{Y} \tag{10.16}$$

$\hat{\boldsymbol{\beta}}_{GLS}$的协方差阵为 $\mathrm{Cov}(\hat{\boldsymbol{\beta}}_{GLS})=(\mathbf{X}'\sum^{-1}\mathbf{X})$，其中，

$$\textstyle\sum^{-1}=(Q+\theta^2P)/\sigma_\mu^2 \tag{10.17}$$

而

$$P=I_N\otimes\mathbf{ii}'/T,\ Q=I_{NT}-P,\ \theta^2=\sigma_\mu^2/(\sigma_\mu^2+T\sigma_\alpha^2)$$

（2）如果 σ_μ^2、σ_α^2 未知，需要利用其估计量 $\hat{\sigma}_\mu^2$、$\hat{\sigma}_\alpha^2$ 来替代。

首先，采用与固定效应变截距面板数据模型相同的两步估计法估计参数建立

样本回归方程。

将模型 $Y_i = \mathbf{i}\alpha_i + \mathbf{X}_i\boldsymbol{\beta} + \boldsymbol{\mu}_i$ 改写成

$$\mathbf{Y} = D\boldsymbol{\alpha} + \mathbf{X}\boldsymbol{\beta} + \boldsymbol{\mu} \text{ 或者 } \mathbf{Y} = (D \quad \mathbf{X})\begin{pmatrix}\boldsymbol{\alpha}\\ \boldsymbol{\beta}\end{pmatrix} + \boldsymbol{\mu} \tag{10.18}$$

令 $P_D = D(D'D)^{-1}D'$，$M_D = I - P_D$，以 M_D 左乘式（10.18）两边

$$M_D\mathbf{Y} = M_D D\boldsymbol{\alpha} + M_D\mathbf{X}\boldsymbol{\beta} + M_D\boldsymbol{\mu} = M_D\mathbf{X}\boldsymbol{\beta} + M_D\boldsymbol{\mu} \tag{10.19}$$

消除虚拟变量 D 对模型的影响，模型变成无常数项的回归模型，采用普通最小二乘法作第一步估计 $\boldsymbol{\beta}$，而得到

$$\hat{\boldsymbol{\beta}}_W = (\mathbf{X}'M_D\mathbf{X})^{-1}\mathbf{X}'M_D\mathbf{Y} \tag{10.20}$$

此估计量又称为内部估计。

进而得到模型参数 α 的第二步估计

$$\hat{\boldsymbol{\alpha}} = (D'D)^{-1}D'(\mathbf{Y} - \mathbf{X}\hat{\boldsymbol{\beta}}_W) \tag{10.21}$$

由此求得的模型的残差平方和记为 SSE_W。然后，以 P_D 左乘式（10.15）两边，可得

$$P_D\mathbf{Y} = P_D\mathbf{X}\boldsymbol{\beta} + P_D\mathbf{v} \tag{10.22}$$

对式（10.22）再采用普通最小二乘法作第一步估计 $\boldsymbol{\beta}$，而得到

$$\hat{\boldsymbol{\beta}}_B = (\mathbf{X}'P_D\mathbf{X})^{-1}\mathbf{X}'P_D\mathbf{Y} \tag{10.23}$$

此估计量称为中间估计。

进而得到模型参数 $\boldsymbol{\alpha}$ 的第二步估计

$$\hat{\boldsymbol{\alpha}} = (D'D)^{-1}D'(\mathbf{Y} - \mathbf{X}\hat{\boldsymbol{\beta}}_B) \tag{10.24}$$

由此求得的模型的残差平方和记为 SSE_B。

可证明　$\hat{\sigma}_W^2 = SSE_W/[N(T-1)] \to \sigma_\mu^2$（按概率收敛）

$\hat{\sigma}_B^2 = SSE_B/N \to \sigma_\alpha^2 + \sigma_\mu^2/T$（按概率收敛）

由此即可求得 $\hat{\sigma}_\mu^2$、$\hat{\sigma}_\alpha^2$。实际中，可将 $\hat{\theta} = \hat{\sigma}_W^2/(T\hat{\sigma}_B^2)$ 代入到式（10.17）中，即可得到 $\sum^{-1}$ 的估计 $\hat{\sum}^{-1}$，从而即可求得 σ_μ^2、σ_α^2 未知条件下模型参数的估计量

$$\hat{\boldsymbol{\beta}}_{FGLS} = (\mathbf{X}'\hat{\sum}^{-1}\mathbf{X})\mathbf{X}'\hat{\sum}^{-1}\mathbf{Y} \tag{10.25}$$

说明：

①当 $\sigma_\mu^2 \gg \sigma_\alpha^2$，$\theta \approx 1$，$\sum$ 接近于数量阵时可直接采用 OLS 估计。

②当 $\sigma_\mu^2 \ll \sigma_\alpha^2$，$\theta \approx 0$ 时，可采用上述固定效应变截距面板数据模型两步估计法进行估计。

③随机效应变截距面板数据模型

$$Y_{it} = \alpha_i + \mathbf{X}_{it}'\boldsymbol{\beta} + \mu_{it},\ i = 1, 2, \cdots, N;\ t = 1, 2, \cdots, T$$

还可以扩展到含有受某些与时间无关的解释变量影响的情况上去，这时模型变成

$$Y_{it} = \alpha_i + \mathbf{X}_{it}'\boldsymbol{\beta} + \mathbf{z}_i\boldsymbol{\gamma} + \mu_{it},\ i = 1, 2, \cdots, N;\ t = 1, 2, \cdots, T \tag{10.26}$$

其中，$\mathbf{z}_i$ 为某些与时间无关的解释变量向量，$\boldsymbol{\gamma}$ 为其参数向量。

对此模型可采用工具变量法估计模型参数，建立样本方程模型。

10.3.3　变截距面板数据模型的统计检验

如果模型假定为变截距面板数据模型，但无法断定是固定效应还是随机效应，则可通过以下检验来进行识别。

即检验假设 H_0：$\sigma_\alpha^2=0$，这相当于检验 α_i 的方差是否为 0 方差性。如果接受检验假设 H_0，则意味着为固定效应变截距面板数据模型；如果拒绝假设 H_0，则意味着为随机效应变截距面板数据模型。

两种检验法：

（1）LM 检验法：用于检验的统计量为

$$LM=\frac{NT}{2(T-1)}\left(\frac{\mathbf{e}'DD'\mathbf{e}}{\mathbf{e}'\mathbf{e}}-1\right)\sim\chi^2(1) \tag{10.27}$$

其中，$\mathbf{e}$ 是模型拟合后的残差向量，D 仍然为前文的矩阵

$$D=\begin{bmatrix}\mathbf{i} & & \\ & \ddots & \\ & & \mathbf{i}\end{bmatrix}$$

（2）Hausmanj（哈斯曼基）检验法：是基于 Wald 检验而得到的，用于检验的统计量为

$$W=(\hat{\boldsymbol{\beta}}_W-\hat{\boldsymbol{\beta}}_{GLS})'\sum\nolimits_\beta^{-1}(\hat{\boldsymbol{\beta}}_W-\hat{\boldsymbol{\beta}}_{GLS})\sim\chi^2(k) \tag{10.28}$$

其中，$\sum_\beta^{-1}=Cov(\hat{\boldsymbol{\beta}}_W)-Cov(\boldsymbol{\beta}_{GLS})$。

10.4　变参数面板数据模型的参数估计

假设 $\alpha_i\neq\alpha_j$、$\beta_i\neq\beta_j$（i，j=1，2，…，N），则变参数面板数据模型为

$$Y_{it}=\alpha_i+\mathbf{X}'_{it}\boldsymbol{\beta}_i+\mu_{it},\ i=1,2,\cdots,N;\ t=1,2,\cdots,T$$

其中，$\boldsymbol{\beta}_i=(\beta_{i1},\beta_{i2},\cdots,\beta_{ik})'$。

若记 $\mathbf{Y}_i=(Y_{i1}Y_{i2}\cdots Y_{iT})'$，$\mathbf{X}_i=(\mathbf{X}'_{i1}\mathbf{X}'_{i2}\cdots\mathbf{X}'_{iT})'$，$\mu_i=(\mu_{i1}\mu_{i2}\cdots\mu_{iT})'$，$\mathbf{i}=(11\cdots1)'$

$$\mathbf{Y}=\begin{bmatrix}\mathbf{Y}_1\\ \mathbf{Y}_2\\ \vdots\\ \mathbf{Y}_N\end{bmatrix},\ \mathbf{X}=\begin{bmatrix}\mathbf{X}_1 & & & \\ & \mathbf{X}_2 & & \\ & & \ddots & \\ & & & \mathbf{X}_N\end{bmatrix},\ \boldsymbol{\beta}=\begin{bmatrix}\boldsymbol{\beta}_1\\ \boldsymbol{\beta}_2\\ \vdots\\ \boldsymbol{\beta}_N\end{bmatrix},\ D=\begin{bmatrix}\mathbf{i} & & & \\ & \mathbf{i} & & \\ & & \ddots & \\ & & & \mathbf{i}\end{bmatrix},\ \boldsymbol{\alpha}=\begin{bmatrix}\alpha_1\\ \alpha_2\\ \vdots\\ \alpha_N\end{bmatrix},\ \boldsymbol{\mu}=\begin{bmatrix}\mu_1\\ \mu_2\\ \vdots\\ \mu_N\end{bmatrix}$$

$$\mathbf{v}=\begin{bmatrix}\mathbf{v}_1\\ \mathbf{v}_2\\ \vdots\\ \mathbf{v}_N\end{bmatrix}=\begin{bmatrix}\mathbf{i} & & \\ & \mathbf{i} & \\ & & \ddots \\ & & & \mathbf{i}\end{bmatrix}\begin{bmatrix}\alpha_1\\ \alpha_2\\ \vdots\\ \alpha_N\end{bmatrix}+\begin{bmatrix}\mu_1\\ \mu_2\\ \vdots\\ \mu_N\end{bmatrix}=(I\otimes\mathbf{i})\boldsymbol{\alpha}+\boldsymbol{\mu}=D\boldsymbol{\alpha}+\boldsymbol{\mu}$$

则模型又可写成
$$\mathbf{Y}=\mathbf{X}\boldsymbol{\beta}+\mathbf{v} \tag{10.29}$$

10.4.1 固定效应变参数面板数据模型的参数估计

如果式（10.29）中的参数 $\boldsymbol{\beta}$ 为固定向量，情况如下：

（1）当 $\mathbf{v}$ 在不同截面之间不相关时，可以将整个模型分解成 N 个不同截面模型，然后对每一截面模型，按一般采用时间序列数据进行多元回归分析方法进行估计。

（2）当 α_i 为固定效应时，可直接采用 OLS 估计模型参数，建立样本方程模型，且所得到的模型参数估计具有无偏、一致、有效性。

（3）当 α_i 为随机效应时，则 $v_{it}=\alpha_i+\mu_{it}$ 具有自相关性，这时 OLS 估计法无效，由于

$$\mathrm{Cov}(v_{ij},\ v_{ik})=\begin{cases}\sigma_\alpha^2, & j\neq k\\ \sigma_\alpha^2+\sigma_\mu^2, & j=k\end{cases}$$

这时，可以先采用 OLS 估计法得到 $\mathrm{Cov}(v)=\sum$ 的估计阵 $\hat{\sum}$，然后再采用 GLS 估计模型参数，建立样本模型。

（4）如果 $\mathbf{v}_i(i=1,2,\cdots,N)$ 之间具有相关性，这时，可以先采用 OLS 估计法得到 $\mathrm{Cov}(\mathbf{v})=\sum$ 的估计阵 $\hat{\sum}$，然后再采用 GLS 估计模型参数，建立样本模型。

10.4.2 随机效应变参数面板数据模型的参数估计

假设 $\alpha_i\neq\alpha_j$、$\beta_i\neq\beta_j$（$i,j=1,2,\cdots,N$），则变参数面板数据模型可写成

$$Y_{it}=\alpha_i+\mathbf{X}_{it}'\boldsymbol{\beta}_i+\mu_{it},\ i=1,2,\cdots,N;\ t=1,2,\cdots,T$$

其中，$\boldsymbol{\beta}_i=(\beta_{i1},\beta_{i2},\cdots,\beta_{ik})'$。

如果上述变参数面板数据模型为随机效应，则模型参数 $\boldsymbol{\beta}=(\boldsymbol{\beta}_1\boldsymbol{\beta}_2\cdots\boldsymbol{\beta}_N)'$ 为随机向量。令 $\boldsymbol{\beta}_i=\boldsymbol{\beta}+\boldsymbol{\eta}_i$，$\boldsymbol{\beta}$ 为确定性向量，$\boldsymbol{\eta}_i$ 为随机向量，且满足

$$E(\boldsymbol{\eta}_i)=0,\ \mathrm{Cov}(\boldsymbol{\eta}_i)=E(\boldsymbol{\eta}_i\boldsymbol{\eta}_j')=\begin{cases}\Lambda, & i=j\\ 0, & i\neq j\end{cases}$$

$$E(\mathbf{X}_{it}\boldsymbol{\eta}_i')=0,\ E(\mathbf{v}_i\mathbf{v}_j')=\begin{cases}\sigma_{v_i}^2 I_T, & i=j\\ 0, & i\neq j\end{cases}$$

最后一条件意味着模型中参数 α_i 为固定效应（因 $E(\mathbf{v}_i\mathbf{v}_j')$ 中不含 σ_α^2）。仍然记 $\mathbf{Y}_i=(\mathbf{Y}_{i1}\mathbf{Y}_{i2}\cdots\mathbf{Y}_{iT})'$，$\mathbf{X}_i=(\mathbf{X}_{i1}'\mathbf{X}_{i2}'\cdots\mathbf{X}_{iT}')'$，$\boldsymbol{\mu}_i=(\boldsymbol{\mu}_{i1}\boldsymbol{\mu}_{i2}\cdots\boldsymbol{\mu}_{iT})'$，$\mathbf{i}=(11\cdots1)'$，$\mathbf{v}_i=\mathbf{i}\alpha_i+\boldsymbol{\mu}_i$

$$\mathbf{Y}=\begin{bmatrix}\mathbf{Y}_1\\ \mathbf{Y}_2\\ \vdots\\ \mathbf{Y}_N\end{bmatrix},\ \mathbf{X}=\begin{bmatrix}\mathbf{X}_1\\ \mathbf{X}_2\\ \vdots\\ \mathbf{X}_N\end{bmatrix},\ \tilde{\mathbf{X}}=\begin{bmatrix}\mathbf{X}_1 & & \\ & \mathbf{X}_2 & & \\ & & \ddots & \\ & & & \mathbf{X}_N\end{bmatrix},\ \boldsymbol{\beta}=\begin{bmatrix}\boldsymbol{\beta}_1\\ \boldsymbol{\beta}_2\\ \vdots\\ \boldsymbol{\beta}_N\end{bmatrix},$$

$$\boldsymbol{\eta}=\begin{bmatrix}\boldsymbol{\eta}_1\\ \boldsymbol{\eta}_2\\ \vdots\\ \boldsymbol{\eta}_N\end{bmatrix},\ D=\begin{bmatrix}\mathbf{i} & & & \\ & \mathbf{i} & & \\ & & \ddots & \\ & & & \mathbf{i}\end{bmatrix},\ \boldsymbol{\alpha}=\begin{bmatrix}\alpha_1\\ \alpha_2\\ \vdots\\ \alpha_N\end{bmatrix},\ \boldsymbol{\mu}=\begin{bmatrix}\mu_1\\ \mu_2\\ \vdots\\ \mu_N\end{bmatrix}$$

$$\mathbf{v}=\begin{bmatrix}\mathbf{v}_1\\ \mathbf{v}_2\\ \vdots\\ \mathbf{v}_N\end{bmatrix}=\begin{bmatrix}\mathbf{i} & & & \\ & \mathbf{i} & & \\ & & \ddots & \\ & & & \mathbf{i}\end{bmatrix}\begin{bmatrix}\alpha_1\\ \alpha_2\\ \vdots\\ \alpha_N\end{bmatrix}+\begin{bmatrix}\mu_1\\ \mu_2\\ \vdots\\ \mu_N\end{bmatrix}=(I\otimes\mathbf{i})\boldsymbol{\alpha}+\boldsymbol{\mu}=D\boldsymbol{\alpha}+\boldsymbol{\mu}$$

则可将模型重新写成

$$\mathbf{Y}=\mathbf{X}\boldsymbol{\beta}+\tilde{\mathbf{X}}\boldsymbol{\eta}+\mathbf{v} \tag{10.30}$$

对此模型参数估计须采用 GLS 法进行。

由于

$$\mathrm{Cov}(\mathbf{v})=\sum=\begin{bmatrix}\phi_1 & & & \\ & \phi_2 & & \\ & & \ddots & \\ & & & \phi_N\end{bmatrix},\ \phi_i=\mathbf{X}_i\Lambda\mathbf{X}_i'+\sigma_{v_i}^2 I_T \tag{10.31}$$

未知，因此，在还没进行模型参数估计之前，需要先估计 $\hat{\sum}$。

为此，首先在给定样本数据下，对式（10.30），采用 OLS 估计，可得到模型扰动项 $\mathbf{v}_i$ 的估计残差 $\hat{\mathbf{v}}_i$，从而可求得扰动项 $\mathbf{v}_i$ 的协方差阵的估计

$$\hat{\sigma}_{v_i}^2=\frac{\hat{\mathbf{v}}_i'\hat{\mathbf{v}}_i}{T-k} \tag{10.32}$$

及 Λ 的估计

$$\hat{\Lambda}=\frac{1}{N-1}\sum_i\left(\hat{\boldsymbol{\beta}}_i-\frac{1}{N}\sum_i\hat{\boldsymbol{\beta}}_i\right)\left(\hat{\boldsymbol{\beta}}_i-\frac{1}{N}\sum_i\hat{\boldsymbol{\beta}}_i\right)'-\frac{1}{N}\sum_i\hat{\sigma}_{v_i}^2(\mathbf{X}_i'\mathbf{X}_i)^{-1} \tag{10.33}$$

以及进一步，ϕ 的估计

$$\hat{\phi}_i=\mathbf{X}_i\hat{\Lambda}\mathbf{X}_i'+\hat{\sigma}_{v_i}^2 I_T \tag{10.34}$$

最后即可求得 $\sum$ 的估计为

$$\hat{\sum}=\begin{bmatrix}\hat{\phi}_1 & & & \\ & \hat{\phi}_2 & & \\ & & \ddots & \\ & & & \hat{\phi}_N\end{bmatrix} \tag{10.35}$$

有了 $\sum$ 的估计 $\hat{\sum}$，就可对式（10.30）采用 GLS 估计，求得到模型参数估计量

$$\hat{\boldsymbol{\beta}}_{GLS}=(\mathbf{X}'\hat{\sum}^{-1}\mathbf{X})\mathbf{X}'\hat{\sum}^{-1}\mathbf{Y} \tag{10.36}$$

10.5 案例分析及软件操作

通常农村人口转化为城镇人口的过程称为城镇化，反映城镇化水平高低的一个重要指标为城镇化率，即一个地区常住于城镇的人口占该地区总人口的比重。城镇化是人口持续向城镇集聚的过程，是世界各国工业化进程中必然经历的历史阶段。选择北京、天津、河北、黑龙江、江苏和浙江 2006 ~ 2015 年人均 GDP 和城镇化率作为样本，分析人均 GDP 对城镇化的影响，数据如表 10 - 1 所示。

表 10 - 1　　人均 GDP 与城镇化率

	年份	北京	天津	河北	黑龙江	江苏	浙江
人均 GDP（元）	2006	49505	40961	16894	16268	28685	31684
	2007	60096	47970	19662	18580	33837	36676
	2008	64491	58656	22986	21740	40014	41405
	2009	66940	62574	24581	22447	44253	43842
	2010	73856	72994	28668	27076	52840	51711
	2011	81658	85213	33969	32819	62290	59249
	2012	87475	93173	36584	35711	68347	63374
	2013	94648	100105	38909	37697	75354	68805
	2014	99995	105231	39984	39226	81874	73002
	2015	106497	107960	40255	39462	87995	77644
城镇化率（%）	2006	84.33	75.73	38.44	53.50	51.90	56.50
	2007	84.50	76.31	40.25	53.90	53.20	57.20
	2008	84.90	77.23	41.90	55.40	54.30	57.60
	2009	85.00	78.01	43.00	55.50	55.60	57.90
	2010	85.93	79.60	44.50	55.67	60.58	61.61
	2011	86.18	80.44	45.60	56.49	61.89	62.29
	2012	86.23	81.53	46.80	56.91	63.01	63.19
	2013	86.29	82.00	48.11	57.39	64.11	64.01
	2014	86.34	82.27	49.32	58.02	65.21	64.87
	2015	86.46	82.61	51.33	58.79	66.52	65.81

10.5.1　建立混合数据库

首先建立工作文档，建立工作文档的时候在“Workfile structure type”的下拉菜单中选择“Dated-regular frequency”，在“Date specification”中填入时间跨度（见图 10－1），点击“OK”。进入工作文档后，点击“Objects”，选择“New Object”，在“Type of Object”选择区选择“Pool”，点击“OK”键，从而打开面板数据库（Pool）窗口，在里面写上表示各个省份的符号，bj（北京）、tj（天津）、hb（河北）、hlj（黑龙江）、js（江苏）、zj（浙江），如图 10－2 所示。

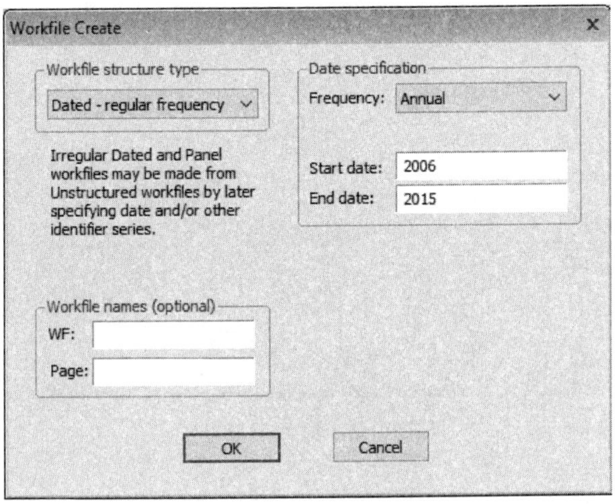

图 10－1　建立工作文件

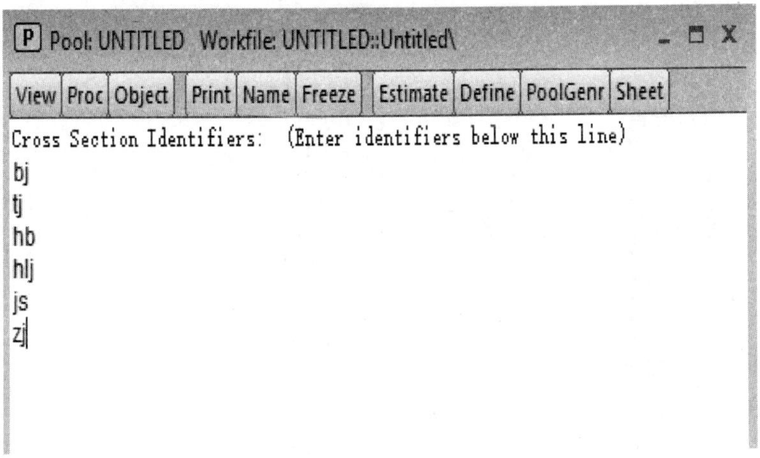

图 10－2　建立面板数据集

10.5.2　定义序列名并输入数据

在新建的面板数据库（pool）窗口的工具栏中点击“Sheet”键，从而打开“Series List”窗口，在空白区域写如变量名，注意每个变量名后必须加上“?”，变量之间以空格隔开，如图 10－3 所示，变量分别是 gdp 和 czh，点击“OK 键”，然后输入数据，输入完成后的情形如图 10－4 所示。

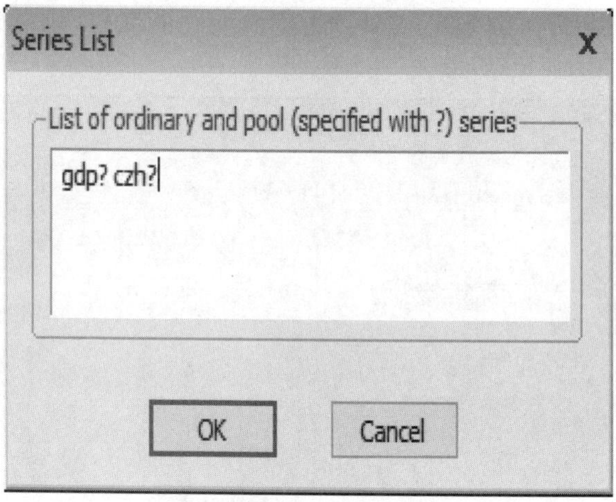

图 10－3　输入变量名称

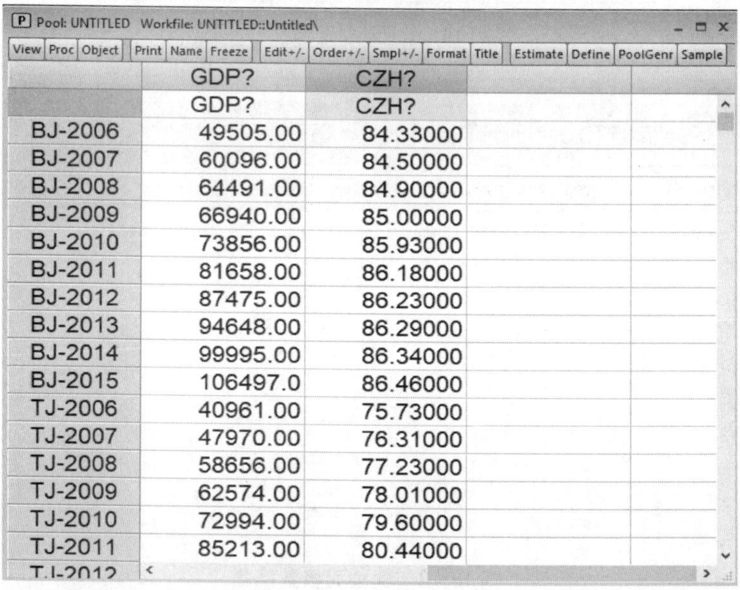

	GDP?	CZH?
	GDP?	CZH?
BJ-2006	49505.00	84.33000
BJ-2007	60096.00	84.50000
BJ-2008	64491.00	84.90000
BJ-2009	66940.00	85.00000
BJ-2010	73856.00	85.93000
BJ-2011	81658.00	86.18000
BJ-2012	87475.00	86.23000
BJ-2013	94648.00	86.29000
BJ-2014	99995.00	86.34000
BJ-2015	106497.0	86.46000
TJ-2006	40961.00	75.73000
TJ-2007	47970.00	76.31000
TJ-2008	58656.00	77.23000
TJ-2009	62574.00	78.01000
TJ-2010	72994.00	79.60000
TJ-2011	85213.00	80.44000
TJ-2012		

图 10－4　导入数据

10.5.3　面板数据模型的估计

用 Eviwes 可以估计固定效应模型（包括个体固定效应模型、时点固定效应模型和时点个体固定效应模型 3 种）、随机效应模型、带有 AR（1）参数的模型、截面不同回归系数也不同的面板数据模型。点击图 10－4 中的“Estimation”键，随后弹出“Pooled Estimation”（面板估计）对话窗，如图 10－5 所示。

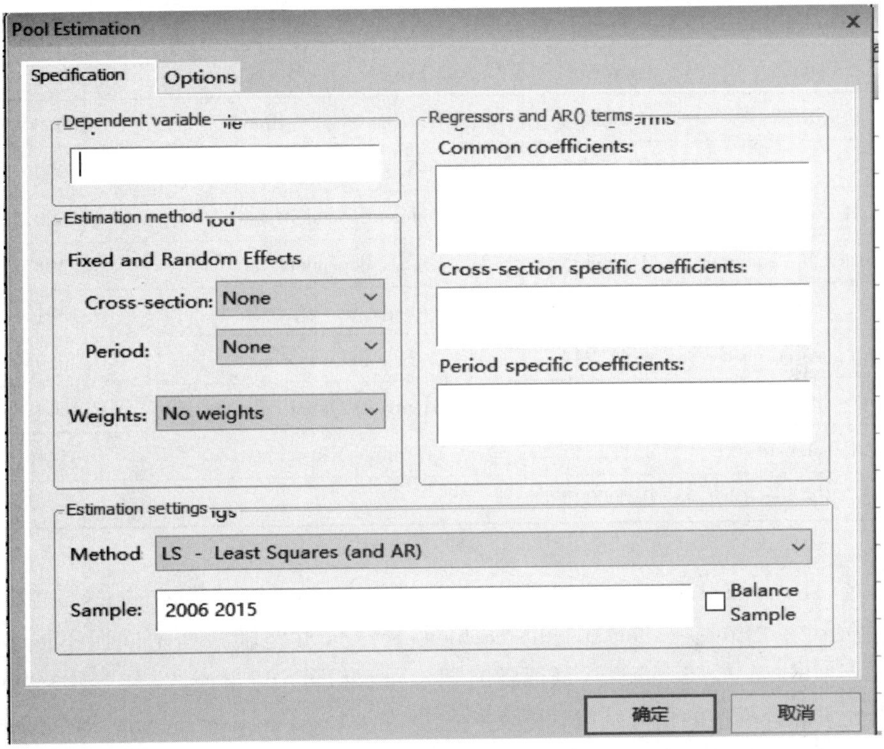

图 10－5　面板数据模型估计

如图 10－5 所示，“Dependent Variable”用于填写被解释变量；“Common coefficients”表示所有截面成员的系数相同，而各变量的系数不同，“Cross-section specific coefficients”表示每个截面的系数不同，“Period specific coefficients”表示每个时期的系数不同。“Estimation method”对应的是各截面单位或各时期的影响，下拉菜单有“None、Fixed、Random”三个选项。“None”对应的是混合效应，在 Eviews 中为默认状态；“Fixed”对应的是固定效应；“Random”对应的是随机效应。在图 10－5 所示“Dependent Variable”中键入“czh?”，在“Common coefficients”中键入“gdp? c”，点击“OK”就得到了联合模型的估计结果，如表 10－2 所示。

表 10 - 2　　联合模型的估计结果

Dependent Variable：CZH?				
Method：Pooled Least Squares				
Date：10/12/19　Time：15：05				
Sample：2006 2015				
Included observations：10				
Cross-sections included：6				
Total pool（balanced）observations：60				
Variable	Coefficient	Std. Error	t - Statistic	Prob
GDP?	0. 000452	4. 25E - 05	10. 64029	0. 0000
C	39. 80514	2. 564524	15. 52145	0. 0000
R - squared	0. 661246	Mean dependent var		64. 50017
Adjusted R - squared	0. 655405	S. D. dependent var		14. 39574
S. E. of regression	8. 450615	Akaike info criterion		7. 139121
Sum squared resid	4141. 947	Schwarz criterion		7. 208932
Log likelihood	- 212. 1736	Hannan - Quinn criter		7. 166428
F - statistic	113. 2157	Durbin - Watson stat		0. 054102
Prob（F - statistic）	0. 000000			

在“Dependent Variable”中键入“czh?”，在“Common coefficients”中键入“gdp?”，在“Cross-section specific coefficients”（截距随截面不同而不同）或“Period specific coefficients”（截面随时期不同而不同）中键入“c”，点击“OK”就得到了混合模型的估计结果，本案例选择在“Cross-section specific coefficients”中键入“c”，得到变截距模型的估计结果如表 10 - 3 所示。

表 10 - 3　　变截距模型的估计结果

Dependent Variable：CZH?
Method：Pooled Least Squares
Date：10/12/19　Time：15：08
Sample：2006 2015
Included observations：10
Cross-sections included：6
Total pool（balanced）observations：60

续表

Variable	Coefficient	Std. Error	t – Statistic	Prob
GDP?	0. 000164	1. 47E – 05	11. 15429	0. 0000
BJ -- C	72. 74206	1. 295801	56. 13677	0. 0000
TJ -- C	66. 86833	1. 282302	52. 14711	0. 0000
HB -- C	39. 96517	0. 738045	54. 15004	0. 0000
HLJ -- C	51. 38517	0. 728015	70. 58260	0. 0000
JS -- C	50. 19596	1. 030841	48. 69418	0. 0000
ZJ -- C	52. 12265	0. 997226	52. 26764	0. 0000
R – squared	0. 984959	Mean dependent var		64. 50017
Adjusted R – squared	0. 983256	S. D. dependent var		14. 39574
S. E. of regression	1. 862769	Akaike info criterion		4. 191286
Sum squared resid	183. 9052	Schwarz criterion		4. 435626
Log likelihood	– 118. 7386	Hannan – Quinn criter		4. 286861
F – statistic	578. 4543	Durbin – Watson stat		0. 258061
Prob（F – statistic）	0. 000000			

由于变截距模型截距项不同，从表 10 – 3 的结果也可以看出，不同地区的截距项也不同。在“Dependent Variable”中键入“czh?”，在“Cross-section specific coefficients”（系数和截距随截面不同而不同）或“Period specific coefficients”（系数和截面随时期不同而不同）中键入“gdp? c”，点击“OK”，就得到了变参数模型的估计，如表 10 – 4 所示。

表 10 – 4　　　　变系数模型的估计结果

Dependent Variable：CZH?				
Method：Pooled Least Squares				
Date：10/12/19　Time：15：10				
Sample：2006 2015				
Included observations：10				
Cross-sections included：6				
Total pool（balanced）observations：60				
Variable	Coefficient	Std. Error	t – Statistic	Prob
BJ -- GDPBJ	4. 18E – 05	1. 20E – 05	3. 489933	0. 0010
TJ -- GDPTJ	0. 000106	9. 20E – 06	11. 52613	0. 0000

续表

Variable	Coefficient	Std. Error	t - Statistic	Prob
HB -- GDPHB	0. 000454	2. 53E - 05	17. 93067	0. 0000
HLJ -- GDPHLJ	0. 000183	2. 50E - 05	7. 325123	0. 0000
JS -- GDPJS	0. 000256	1. 08E - 05	23. 72726	0. 0000
ZJ -- GDPZJ	0. 000215	1. 39E - 05	15. 42372	0. 0000
BJ -- C	82. 33061	0. 964977	85. 31876	0. 0000
TJ -- C	71. 36089	0. 743365	95. 99716	0. 0000
HB -- C	31. 19446	0. 794576	39. 25926	0. 0000
HLJ -- C	50. 82655	0. 757961	67. 05696	0. 0000
JS -- C	44. 92564	0. 655080	68. 58044	0. 0000
ZJ -- C	49. 32983	0. 791911	62. 29213	0. 0000
R - squared	0. 998235	Mean dependent var		64. 50017
Adjusted R - squared	0. 997830	S. D. dependent var		14. 39574
S. E. of regression	0. 670571	Akaike info criterion		2. 215483
Sum squared resid	21. 58396	Schwarz criterion		2. 634352
Log likelihood	- 54. 46448	Hannan - Quinn criter		2. 379325
F - statistic	2467. 574	Durbin - Watson stat		1. 313302
Prob（F - statistic）	0. 000000			

表 10 - 2 ~ 表 10 - 4 中的“Sum squared resid”给出了相应的残差平方和，据此就可以计算出用于协变分析检验的 F 统计量。$F_2 = 916.317$，$F_1 = 72.196$，在显著性水平 5% 的条件下，F_2 的临界值介于 1. 99 ~ 2. 08 之间，表明应该拒绝 H_2；F_1 的临界值介于 2. 37 ~ 2. 45 之间，表明应该拒绝 H_1，认为该模型是变参数模型。

在“Dependent Variable”中键入“czh?”，在“Common coefficients”中键入“gdp?”，在“Estimation method”中“Cross-section”中选择“Fixed”，点击“OK”，就得到了个体固定效应模型的估计，如表 10 - 5 所示。

表 10 - 5　　固定效应模型的估计结果

Dependent Variable：CZH?
Method：Pooled Least Squares
Date：10/12/19　Time：15：11
Sample：2006 2015
Included observations：10

续表

Cross-sections included: 6				
Total pool (balanced) observations: 60				
Variable	Coefficient	Std. Error	t - Statistic	Prob
C	55.54656	0.837955	66.28826	0.0000
GDP?	0.000164	1.47E-05	11.15429	0.0000
Fixed Effects (Cross)				
BJ—C	17.19550			
TJ—C	11.32178			
HB—C	-15.58139			
HLJ—C	-4.161384			
JS—C	-5.350600			
ZJ—C	-3.423906			
Effects Specification				
Cross-section fixed (dummy variables)				
R - squared	0.984959	Mean dependent var		64.50017
Adjusted R - squared	0.983256	S. D. dependent var		14.39574
S. E. of regression	1.862769	Akaike info criterion		4.191286
Sum squared resid	183.9052	Schwarz criterion		4.435626
Log likelihood	-118.7386	Hannan - Quinn criter		4.286861
F - statistic	578.4543	Durbin - Watson stat		0.258061
Prob (F - statistic)	0.000000			

在"Dependent variable"中键入"czh?"，在"Common coefficients"中键入"gdp?"，在"Estimation method"中"Cross-section"中选择"Random"，点击"OK"，就得到了个体随机效应模型的估计结果，如表 10-6 所示。

表 10-6　　个体随机效应的估计结果

Dependent Variable: CZH?
Method: Pooled EGLS (Cross-section random effects)
Date: 10/12/19　Time: 15: 12
Sample: 2006 2015
Included observations: 10
Cross-sections included: 6
Total pool (balanced) observations: 60

续表

Swamy and Arora estimator of component variances				
Variable	Coefficient	Std. Error	t - Statistic	Prob
C	55.23584	2.786581	19.82208	0.0000
GDP?	0.000170	1.46E-05	11.60962	0.0000
Random Effects (Cross)				
BJ—C	16.92105			
TJ—C	11.10081			
HB—C	-15.31750			
HLJ—C	-3.983679			
JS—C	-5.323797			
ZJ—C	-3.396876			
Effects Specification				
			S. D.	Rho
Cross-section random			6.513257	0.9244
Idiosyncratic random			1.862769	0.0756
Weighted Statistics				
R - squared	0.658871	Mean dependent var		5.809687
Adjusted R - squared	0.652989	S. D. dependent var		3.468572
S. E. of regression	2.043253	Sum squared resid		242.1432
F - statistic	112.0236	Durbin - Watson stat		0.197226
Prob (F - statistic)	0.000000			
Unweighted Statistics				
R - squared	0.403070	Mean dependent var		64.50017
Sum squared resid	7298.662	Durbin - Watson stat		0.006543

10.5.4 Hausman 检验

在上述输出结果的窗口中，点击“View/Fixed/Random Effects Testing/Correlated Random Effects - Hausman Tests”，就可以自动实现 Hausman 检验。需要注意的是，进行检验的时候必须首先估计出一个随机效应模型，然后在此基础上通过前述按钮进行检验。检验结果如表 10-7 所示。

表 10 - 7　　**Hausman 检验的输出结果**

Correlated Random Effects - Hausman Test				
Pool: Untitled				
Test cross-section random effects				
Test Summary	Chi - Sq. Statistic		Chi - Sq. d. f.	Prob
Cross-section random	12. 783737		1	0. 0003
Cross-section random effects test comparisons:				
Variable	Fixed	Random	Var (Diff.)	Prob
GDP?	0. 000164	0. 000170	0. 000000	0. 0003
Cross-section random effects test equation:				
Dependent Variable: CZH?				
Method: Panel Least Squares				
Date: 10/12/19　Time: 15: 13				
Sample: 2006 2015				
Included observations: 10				
Cross-sections included: 6				
Total pool (balanced) observations: 60				
Variable	Coefficient	Std. Error	t - Statistic	Prob
C	55. 54656	0. 837955	66. 28826	0. 0000
GDP?	0. 000164	1. 47E - 05	11. 15429	0. 0000
Effects Specification				
Cross-section fixed (dummy variables)				
R - squared	0. 984959	Mean dependent var		64. 50017
Adjusted R - squared	0. 983256	S. D. dependent var		14. 39574
S. E. of regression	1. 862769	Akaike info criterion		4. 191286
Sum squared resid	183. 9052	Schwarz criterion		4. 435626
Log likelihood	- 118. 7386	Hannan - Quinn criter		4. 286861
F - statistic	578. 4543	Durbin - Watson stat		0. 258061
Prob (F - statistic)	0. 000000			

从表 10 - 7 可以看出，Hausman 统计量对应的卡方值为 12. 784，相伴概率为 0. 0003 远小于 0. 05，因此，应该拒绝随机效应模型中个体影响与解释变量之间不相关的原假设，选择固定效应模型。固定效应和随机效应都可以分别表现在截面和时期上，表 10 - 5 和表 10 - 6 为了演示仅给出了个体固定效应模型和个体随

机效应模型的估计结果，而没有给出在设定模型的时候如何选择。应该选择个体固定（随机），还是时点固定（随机）效应呢？这一点可以通过检验个体固定（随机）效应或时点固定（随机）效应的显著性来实现。下面以固定效应模型为例，来判断应该选择个体固定效应还是时点固定效应。在“Dependent variable”中键如“czh?”，在“Common coefficients”中键入“gdp?”，在“Estimation method”中“Cross-section”中选择“Fixed”，在“period”中选择“Fixed”，点击“OK”，就得到了个体时点固定效应模型的估计结果。然后，点击“View/Fixed/Random Effects Testing/Redundant Fixed Effects Likelihood Ratio”，点击“OK”就得到固定效应检验的结果，如表10－8所示。

表10－8　　固定效应检验的结果

Redundant Fixed Effects Tests			
Pool：Untitled			
Test cross-section and period fixed effects			
Effects Test	Statistic	d. f.	Prob
Cross-section F	160.781399	（5，44）	0.0000
Cross-section Chi-square	177.514879	5	0.0000
Period F	1.930204	（9，44）	0.0723
Period Chi-square	19.965687	9	0.0181
Cross－Section/Period F	95.587743	（14，44）	0.0000
Cross－Section/Period Chi-square	206.835757	14	0.0000

从表10－8中可以看出，F统计量在5%的显著性水平下接受个体固定效应不显著的原假设，卡方统计量在5%的显著性水平下拒绝时点固定效应不显著的原假设，认为不存在个体固定效应，但存在时点固定效应。

思考与练习

1. 什么是面板数据，它和截面数据与时间序列数据相比有什么优点？

2. 联合效应模型、变截距模型和变系数模型的差别是什么，如何判断用哪个模型？

3. 固定效应与随机效应的含义是什么，如何判断用哪个模型？

4. Hausman检验的原理是什么？

5. 表10－9给出了中国四个直辖市2001～2015年进出口总额和GDP数据。

（1）试确定应该选用联合模型、变截距模型还是变参数模型，并说明理由；

（2）试确定应该选用固定效应还是随机效应？

（3）估计该模型并根据估计结果解释其经济学含义。

表 10-9　　中国四个直辖市进出口总额和 GDP

	年份	北京	天津	上海	重庆
进出口总额（万元）	2001	51541310.00	18172090.00	60893150.00	1833910.00
	2002	52505290.00	22811400.00	72627110.00	1793070.00
	2003	68500170.00	29342440.00	112339550.00	2594760.00
	2004	94575725.00	42028606.00	160009920.00	3857147.00
	2005	125506425.00	53276804.00	186336738.00	4292842.00
	2006	158036628.00	64461940.00	227524196.00	5469679.00
	2007	192999761.00	71449733.00	282853878.00	7437944.00
	2008	271692899.00	80400836.00	322055310.00	9521394.00
	2009	214733053.00	63831234.00	277713611.00	7712521.00
	2010	301721548.00	82100050.00	368950652.00	12427074.00
	2011	389555977.00	103376166.00	437548615.00	29207634.00
	2012	408107320.00	115634270.00	436586950.00	53203580.00
	2013	428995812.00	128501788.00	441268216.00	68692163.00
	2014	415518593.00	133886075.00	466399838.00	95431578.00
	2015	319440570.00	114282803.00	449240723.00	74466845.00
GDP（亿元）	2001	3707.96	1919.09	5210.12	1976.86
	2002	4315.00	2150.76	5741.03	2232.86
	2003	5007.21	2578.03	6694.23	2555.72
	2004	6033.21	3110.97	8072.83	3034.58
	2005	6969.52	3905.64	9247.66	3467.72
	2006	8117.78	4462.74	10572.24	3907.23
	2007	9846.81	5252.76	12494.01	4676.13
	2008	11115	6719.01	14069.86	5793.66
	2009	12153.03	7521.85	15046.45	6530.01
	2010	14113.58	9224.46	17165.98	7925.58
	2011	16251.93	11307.28	19195.69	10011.37
	2012	17879.4	12893.88	20181.72	11409.6
	2013	19800.81	14442.01	21818.15	12783.26
	2014	21330.83	15726.93	23567.7	14262.6
	2015	23014.59	16538.19	25123.45	15717.27

附　　录

表 1　相关系数

自由度 (n－2)	显著性水平		自由度 (n－2)	显著性水平		自由度 (n－2)	显著性水平	
	0. 05	0. 01		0. 05	0. 01		0. 05	0. 01
1	0. 997	1	16	0. 468	0. 59	35	0. 325	0. 418
2	0. 95	0. 99	17	0. 456	0. 575	40	0. 304	0. 393
3	0. 878	0. 959	18	0. 444	0. 561	45	0. 288	0. 372
4	0. 811	0. 917	19	0. 433	0. 549	50	0. 273	0. 354
5	0. 754	0. 874	20	0. 423	0. 537	60	0. 25	0. 325
6	0. 707	0. 834	21	0. 413	0. 526	70	0. 232	0. 302
7	0. 666	0. 798	22	0. 404	0. 515	80	0. 217	0. 283
8	0. 632	0. 765	23	0. 396	0. 505	90	0. 205	0. 267
9	0. 602	0. 735	24	0. 388	0. 496	100	0. 195	0. 254
10	0. 576	0. 708	25	0. 381	0. 487	125	0. 174	0. 228
11	0. 553	0. 684	26	0. 374	0. 478	150	0. 159	0. 208
12	0. 532	0. 661	27	0. 367	0. 47	200	0. 138	0. 181
13	0. 514	0. 641	28	0. 361	0. 463	300	0. 113	0. 148
14	0. 497	0. 623	29	0. 355	0. 456	400	0. 098	0. 128
15	0. 482	0. 606	30	0. 349	0. 449	1000	0. 062	0. 081

表 2　标准正态分布函数数值

$$\Phi(X) = \frac{1}{\sqrt{2\pi}}\int_{-\infty}^{X} e^{-\frac{t^2}{2}}dt$$

X	0. 00	0. 01	0. 02	0. 03	0. 04	0. 05	0. 06	0. 07	0. 08	0. 09
0. 0	0. 5000	0. 5040	0. 5080	0. 5120	0. 5160	0. 5199	0. 5239	0. 5279	0. 5379	0. 5359
0. 1	0. 5398	0. 5438	0. 5478	0. 5517	0. 5557	0. 5596	0. 5636	0. 5675	0. 5714	0. 5753
0. 2	0. 5793	0. 5832	0. 5871	0. 5910	0. 5948	0. 5987	0. 6026	0. 6064	0. 6103	0. 6141

续表

X	0.00	0.01	0.02	0.03	0.04	0.05	0.06	0.07	0.08	0.09
0.3	0.6179	0.6217	0.6255	0.6293	0.6331	0.6368	0.6406	0.6443	0.6480	0.6517
0.4	0.6554	0.6591	0.6628	0.6664	0.6700	0.6736	0.6772	0.6808	0.6844	0.6879
0.5	0.6915	0.6950	0.6985	0.7019	0.7054	0.7088	0.7123	0.7157	0.7190	0.7224
0.6	0.7257	0.7291	0.7324	0.7357	0.7389	0.7422	0.7454	0.7486	0.7517	0.7549
0.7	0.7580	0.7611	0.7642	0.7673	0.7703	0.7734	0.7764	0.7794	0.7823	0.7852
0.8	0.7881	0.7910	0.7939	0.7967	0.7995	0.8023	0.8051	0.8078	0.8106	0.8133
0.9	0.8159	0.8186	0.8212	0.8238	0.8264	0.8289	0.8315	0.8340	0.8365	0.8389
1.0	0.8413	0.8438	0.8461	0.8485	0.8508	0.8531	0.8554	0.8577	0.8599	0.8621
1.1	0.8643	0.8665	0.8686	0.8708	0.8729	0.8749	0.8770	0.8790	0.8810	0.8830
1.2	0.8849	0.8869	0.8888	0.8907	0.8925	0.8944	0.8962	0.8980	0.8997	0.9015
1.3	0.9032	0.9049	0.9066	0.9082	0.9099	0.9115	0.9131	0.9147	0.9162	0.9177
1.4	0.9192	0.9207	0.9222	0.9236	0.9251	0.9265	0.9278	0.9292	0.9306	0.9319
1.5	0.9332	0.9345	0.9357	0.9370	0.9382	0.9394	0.9406	0.9418	0.9430	0.9441
1.6	0.9452	0.9463	0.9474	0.9484	0.9495	0.9505	0.9515	0.9525	0.9535	0.9545
1.7	0.9554	0.9564	0.9573	0.9582	0.9591	0.9599	0.9608	0.9616	0.9625	0.9633
1.8	0.9641	0.9648	0.9656	0.9664	0.9671	0.9678	0.9686	0.9693	0.9700	0.9706
1.9	0.9713	0.9719	0.9726	0.9732	0.9738	0.9744	0.9750	0.9756	0.9762	0.9767
2.0	0.9772	0.9778	0.9783	0.9788	0.9793	0.9798	0.9803	0.9808	0.9812	0.9817
2.1	0.9821	0.9826	0.9830	0.9834	0.9838	0.9842	0.9846	0.9850	0.9854	0.9857
2.2	0.9861	0.9864	0.9868	0.9871	0.9874	0.9878	0.9881	0.9884	0.9887	0.9890
2.3	0.9893	0.9896	0.9898	0.9901	0.9904	0.9906	0.9909	0.9911	0.9913	0.9916
2.4	0.9918	0.9920	0.9922	0.9925	0.9927	0.9929	0.9931	0.9932	0.9934	0.9936
2.5	0.9938	0.9940	0.9941	0.9943	0.9945	0.9946	0.9948	0.9949	0.9951	0.9952
2.6	0.9953	0.9955	0.9956	0.9957	0.9959	0.9960	0.9961	0.9962	0.9963	0.9964
2.7	0.9965	0.9966	0.9967	0.9968	0.9969	0.9970	0.9971	0.9972	0.9973	0.9974
2.8	0.9974	0.9975	0.9976	0.9977	0.9977	0.9978	0.9979	0.9979	0.9980	0.9981
2.9	0.9981	0.9982	0.9982	0.9983	0.9984	0.9984	0.9985	0.9985	0.9986	0.9986
3.0	0.9987	0.9990	0.9993	0.9995	0.9997	0.9998	0.9998	0.9999	0.9999	1.0000

注：本表最后一行自左至右依次是 $\Phi(3.0)$、…、$\Phi(3.9)$ 的值。

表 3　**t 分布临界值**

$P\{t(n) > t_{1-\alpha}(n)\} = \alpha$

n	α = 0. 25	0. 10	0. 05	0. 025	0. 01	0. 005
1	1. 0000	3. 0777	6. 3138	12. 7062	31. 8207	63. 6574
2	0. 8165	1. 8856	2. 9200	4. 3207	6. 9646	9. 9248
3	0. 7649	1. 6377	2. 3534	3. 1824	4. 5407	5. 8409
4	0. 7407	1. 5332	2. 1318	2. 7764	3. 7469	4. 6041
5	0. 7267	1. 4759	2. 0150	2. 5706	3. 3649	4. 0322
6	0. 7176	1. 4398	1. 9432	2. 4469	3. 1427	3. 7074
7	0. 7111	1. 4149	1. 8946	2. 3646	2. 9980	3. 4995
8	0. 7064	1. 3968	1. 8595	2. 3060	2. 8965	3. 3554
9	0. 7027	1. 3830	1. 8331	2. 2622	2. 8214	3. 2498
10	0. 6998	1. 3722	1. 8125	2. 2281	2. 7638	3. 1693
11	0. 6974	1. 3634	1. 7959	2. 2010	2. 7181	3. 1058
12	0. 6955	1. 3562	1. 7823	2. 1788	2. 6810	3. 0545
13	0. 6938	1. 3502	1. 7709	2. 1604	2. 6503	3. 0123
14	0. 6924	1. 3450	1. 7613	2. 1448	2. 6245	2. 9768
15	0. 6912	1. 3406	1. 7531	2. 1315	2. 6025	2. 9467
16	0. 6901	1. 3368	1. 7459	2. 1199	2. 5835	2. 9028
17	0. 6892	1. 3334	1. 7396	2. 1098	2. 5669	2. 8982
18	0. 6884	1. 3304	1. 7341	2. 1009	2. 5524	2. 8784
19	0. 6876	1. 3277	1. 7291	2. 0930	2. 5395	2. 8609
20	0. 6870	1. 3253	1. 7247	2. 0860	2. 5280	2. 8453
21	0. 6864	1. 3232	1. 7207	2. 0796	2. 5177	2. 8314
22	0. 6858	1. 3212	1. 7171	2. 0739	2. 5083	2. 8188
23	0. 6853	1. 3195	1. 7139	2. 0687	2. 4999	2. 8073
24	0. 6848	1. 3178	1. 7109	2. 0639	2. 4922	2. 7969
25	0. 6844	1. 3163	1. 7081	2. 0595	2. 4851	2. 7874
26	0. 6840	1. 3150	1. 7056	2. 0555	2. 4786	2. 7787
27	0. 6837	1. 3137	1. 7033	2. 0518	2. 4727	2. 7707
28	0. 6834	1. 3125	1. 7011	2. 0484	2. 4671	2. 7633
29	0. 6830	1. 3114	1. 6991	2. 0452	2. 4620	2. 7564
30	0. 6828	1. 3104	1. 6973	2. 0423	2. 4573	2. 7500

表 4

χ^2 分布临界值

$$P\{\chi^2(n) > \chi^2_{1-\alpha}(n)\} = \alpha$$

n	0. 995	0. 99	0. 975	0. 95	0. 90	0. 75	0. 25	0. 10	0. 05	0. 025	0. 01	0. 005
1	—	—	0. 001	0. 004	0. 016	0. 102	1. 323	2. 706	3. 841	5. 024	6. 635	7. 879
2	0. 010	0. 020	0. 051	0. 103	0. 211	0. 575	2. 773	4. 605	5. 991	7. 378	9. 210	10. 597
3	0. 072	0. 115	0. 216	0. 352	0. 584	1. 213	4. 108	6. 251	7. 815	9. 348	11. 345	12. 838
4	0. 207	0. 297	0. 484	0. 711	1. 064	1. 923	5. 385	7. 779	9. 488	11. 143	13. 277	14. 860
5	0. 412	0. 554	0. 831	1. 145	1. 610	2. 675	6. 626	9. 236	11. 071	12. 833	15. 086	16. 750
6	0. 676	0. 872	1. 237	1. 635	2. 204	3. 455	7. 841	10. 645	12. 592	14. 449	16. 812	18. 548
7	0. 989	1. 239	1. 690	2. 167	2. 833	4. 255	9. 037	12. 017	14. 067	16. 013	18. 475	20. 278
8	1. 344	1. 646	2. 180	2. 733	3. 490	5. 071	10. 219	13. 362	15. 507	17. 535	20. 090	21. 955
9	1. 735	2. 088	2. 700	3. 325	4. 168	5. 899	11. 389	14. 684	16. 919	19. 023	21. 666	23. 589
10	2. 156	2. 558	3. 247	3. 940	4. 865	6. 737	12. 549	15. 987	18. 307	20. 483	23. 209	25. 188
11	2. 603	3. 053	3. 816	4. 575	5. 578	7. 584	13. 701	17. 275	19. 675	21. 920	24. 725	26. 757
12	3. 074	3. 571	4. 404	5. 226	6. 304	8. 438	14. 845	18. 549	21. 026	23. 337	26. 217	28. 299
13	3. 565	4. 107	5. 009	5. 892	7. 042	9. 299	15. 984	19. 812	22. 362	24. 736	27. 688	29. 819
14	4. 075	4. 660	5. 629	6. 571	7. 790	10. 165	17. 117	21. 064	23. 685	16. 119	29. 141	31. 319
15	4. 601	5. 229	6. 262	7. 261	8. 547	11. 037	18. 245	22. 307	24. 966	27. 488	30. 578	32. 801
16	5. 142	5. 812	6. 908	7. 962	9. 312	11. 912	19. 369	23. 542	26. 296	28. 845	32. 000	34. 267
17	5. 697	6. 408	7. 564	8. 672	10. 085	12. 792	20. 489	24. 769	27. 587	30. 191	33. 409	35. 718
18	6. 265	7. 015	8. 231	9. 390	10. 865	13. 675	21. 605	25. 989	28. 869	31. 526	34. 805	37. 156
19	6. 844	7. 633	8. 907	10. 117	11. 651	14. 562	22. 718	27. 204	30. 144	32. 852	36. 191	38. 582
20	7. 434	8. 260	9. 591	10. 851	12. 443	15. 452	23. 828	28. 412	31. 410	34. 170	37. 566	39. 997
21	8. 034	8. 897	10. 283	11. 591	13. 240	16. 344	24. 935	29. 615	32. 671	35. 479	38. 932	41. 401
22	8. 643	9. 542	10. 982	12. 338	14. 042	17. 240	26. 039	30. 813	33. 924	36. 781	40. 289	42. 796
23	9. 260	10. 196	11. 689	13. 091	14. 848	18. 137	27. 141	32. 007	35. 172	38. 076	41. 638	44. 181
24	9. 886	10. 856	12. 401	13. 848	15. 659	19. 037	28. 241	33. 196	36. 415	39. 364	42. 980	45. 559
25	10. 520	11. 524	13. 120	14. 611	16. 473	19. 939	29. 339	34. 382	37. 652	40. 646	44. 314	46. 928
26	11. 160	12. 198	13. 844	15. 379	17. 292	20. 843	30. 435	35. 563	38. 885	41. 923	45. 642	48. 290
27	11. 808	12. 879	14. 573	16. 151	18. 114	21. 749	31. 528	36. 741	40. 113	43. 194	46. 963	49. 645
28	12. 461	13. 565	15. 308	16. 928	18. 939	22. 657	32. 620	37. 916	41. 337	44. 461	48. 278	50. 993
29	13. 121	14. 257	16. 047	17. 708	19. 768	23. 567	33. 711	39. 087	42. 557	45. 722	49. 588	52. 336
30	13. 787	14. 954	16. 791	18. 493	20. 599	24. 478	34. 800	40. 256	43. 773	46. 979	50. 892	53. 672
31	14. 458	15. 655	17. 539	19. 281	21. 434	25. 390	35. 887	41. 422	44. 985	48. 232	52. 191	55. 003

续表

n	0.995	0.99	0.975	0.95	0.90	0.75	0.25	0.10	0.05	0.025	0.01	0.005
32	15.134	16.362	18.291	20.072	22.271	26.304	36.973	42.585	46.194	49.480	53.486	56.328
33	15.815	17.074	19.047	20.867	23.100	27.219	38.058	43.745	47.400	50.725	54.776	57.648
34	16.501	17.789	19.806	21.664	23.952	28.136	39.141	44.903	48.602	51.966	56.061	58.964
35	17.192	18.509	20.569	22.465	24.797	29.054	40.223	46.059	49.802	53.203	57.342	60.275
36	17.887	19.233	21.336	23.269	25.643	29.973	41.304	47.212	50.998	54.437	58.619	61.581
37	18.586	19.960	22.106	24.075	26.492	30.893	42.383	48.363	52.192	55.668	59.892	62.883
38	19.289	20.691	22.878	24.884	27.343	31.815	43.462	49.513	53.384	56.896	61.162	64.181
38	19.996	21.426	23.654	25.695	28.196	32.737	44.539	50.660	54.572	58.120	62.428	65.476
40	20.707	22.164	24.433	26.509	29.051	33.660	45.616	51.805	55.758	59.342	63.691	66.766
41	21.421	22.906	25.215	27.326	29.907	34.585	46.692	52.949	56.942	60.561	64.950	68.053
42	22.138	23.650	25.999	28.144	30.765	35.510	47.766	54.090	58.124	61.777	66.206	69.336
43	22.859	24.398	26.785	28.965	31.625	36.436	48.840	55.230	59.304	62.990	67.459	70.616
44	23.584	25.148	27.575	29.987	32.487	37.363	49.913	56.369	60.481	64.201	68.710	71.893
45	24.311	25.901	28.366	30.612	33.350	38.291	50.985	57.505	61.656	65.410	69.957	73.166

表 5

F 分布临界值

$P(F > F_{1-\alpha}) = \alpha$

$\alpha = 0.01$

f_2	f_1									
	1	2	3	4	5	6	8	12	24	∞
1	4052	4999	5403	5625	5764	5859	5981	6106	6234	63662
2	98.49	99.01	99.17	99.25	99.30	99.33	99.36	99.42	99.46	99.503
3	34.12	30.81	29.46	28.71	28.24	27.91	27.49	27.05	26.60	26.12
4	21.20	18.00	16.69	15.98	15.52	15.21	14.80	14.37	13.93	13.46
5	16.26	13.27	12.06	11.39	10.97	10.67	10.29	9.89	9.47	9.02
6	13.74	10.92	9.78	9.15	8.75	8.47	8.10	7.72	7.31	6.88
7	12.25	9.55	8.45	7.85	7.46	7.19	6.84	6.47	6.07	5.65
8	11.26	8.65	7.59	7.01	6.63	6.37	6.03	5.67	5.28	4.86
9	10.56	8.02	6.99	6.42	6.06	5.80	5.47	5.11	4.73	4.31
10	10.04	7.56	6.55	5.99	5.64	5.39	5.06	4.71	4.33	3.91
11	9.65	7.20	6.22	5.67	5.32	5.07	4.74	4.40	4.02	3.60
12	9.33	6.93	5.95	5.41	5.06	4.82	4.50	4.16	3.78	3.36

续表

f_2	f_1									
	1	2	3	4	5	6	8	12	24	∞
13	9.07	6.70	5.74	5.20	4.86	4.62	4.30	3.96	3.59	3.16
14	8.86	6.51	5.56	5.03	4.69	4.46	4.14	3.80	3.43	3.00
15	8.68	6.36	5.42	4.89	4.56	4.32	4.00	3.67	3.29	2.87
16	8.53	6.23	5.29	4.77	4.44	4.20	3.89	3.55	3.18	2.75
17	8.40	6.11	5.18	4.67	4.34	4.10	3.79	3.45	3.08	2.65
18	8.28	6.01	5.09	4.58	4.25	4.01	3.71	3.37	3.00	2.57
19	8.18	5.93	5.01	4.50	4.17	3.94	3.63	3.30	2.92	2.49
20	8.10	5.85	4.94	4.43	4.10	3.87	3.56	3.23	2.86	2.42
21	8.02	5.78	4.87	4.37	4.04	3.81	3.51	3.17	2.80	2.36
22	7.94	5.72	4.82	4.31	3.99	3.76	3.45	4.12	2.75	2.31
23	7.88	5.66	4.76	4.26	3.94	3.71	3.41	3.07	2.70	2.26
24	7.82	5.61	4.72	4.22	3.90	3.67	3.36	3.03	2.66	2.21
25	7.77	5.57	4.68	4.18	3.86	3.63	3.32	2.99	2.62	2.17
26	7.72	5.53	4.64	4.14	3.82	3.59	3.29	2.96	2.58	2.13
27	7.68	5.49	4.60	4.11	3.78	3.56	3.26	2.93	2.55	2.10
28	7.64	5.45	4.57	4.07	3.75	3.53	3.23	2.90	2.52	2.06
29	7.60	5.42	4.54	4.04	3.73	3.50	3.20	2.87	2.49	2.03
30	7.56	5.39	4.51	4.02	3.70	3.47	3.17	2.84	2.47	2.01
40	7.31	5.18	4.31	3.83	3.51	3.29	2.99	2.66	2.29	1.80
60	7.08	4.98	4.13	3.65	3.34	3.12	2.82	2.50	2.12	1.60
120	6.85	4.79	3.95	3.48	3.17	2.96	2.66	2.34	1.95	1.38
∞	6.64	4.60	3.78	3.32	3.02	2.80	2.51	2.18	1.79	1.00

$\alpha = 0.05$

f_2	f_1									
	1	2	3	4	5	6	8	12	24	∞
1	161.4	199.5	215.7	224.6	230.2	234.0	238.9	243.9	249.0	254.3
2	18.51	19.00	19.16	19.25	19.30	19.33	19.37	19.41	19.45	19.50
3	10.13	9.55	9.28	9.12	9.01	8.94	8.84	8.74	8.64	8.53
4	7.71	6.94	6.59	6.39	6.26	6.16	6.04	5.91	5.77	5.63
5	6.61	5.79	5.41	5.19	5.05	4.95	4.82	4.68	4.53	4.36

续表

f_2	f_1									
	1	2	3	4	5	6	8	12	24	∞
6	5. 99	5. 14	4. 76	4. 53	4. 39	4. 28	4. 15	4. 00	3. 84	3. 67
7	5. 59	4. 74	4. 35	4. 12	3. 97	3. 87	3. 73	3. 57	3. 41	3. 23
8	5. 32	4. 46	4. 07	3. 84	3. 69	3. 58	3. 44	3. 28	3. 12	2. 93
9	5. 12	4. 26	3. 86	3. 63	3. 48	3. 37	3. 23	3. 07	2. 90	2. 71
10	4. 96	4. 10	3. 71	3. 48	3. 33	3. 22	3. 07	2. 91	2. 74	2. 54
11	4. 84	3. 98	3. 59	3. 36	3. 20	3. 09	2. 95	2. 79	2. 61	2. 40
12	4. 75	3. 88	3. 49	3. 26	3. 11	3. 00	2. 85	2. 69	2. 50	2. 30
13	4. 67	3. 80	3. 41	3. 18	3. 02	2. 92	2. 77	2. 60	2. 42	2. 21
14	4. 60	3. 74	3. 34	3. 11	2. 96	2. 85	2. 70	2. 53	2. 35	2. 13
15	4. 54	3. 68	3. 29	3. 06	2. 90	2. 79	2. 64	2. 48	2. 29	2. 07
16	4. 49	3. 63	3. 24	3. 01	2. 85	2. 74	2. 59	2. 42	2. 24	2. 01
17	4. 45	3. 59	3. 20	2. 96	2. 81	2. 70	2. 55	2. 38	2. 19	1. 96
18	4. 41	3. 55	3. 16	2. 93	2. 77	2. 66	2. 51	2. 34	2. 15	1. 92
19	4. 38	3. 52	3. 13	2. 90	2. 74	2. 63	2. 48	2. 31	2. 11	1. 88
20	4. 35	3. 49	3. 10	2. 87	2. 71	2. 60	2. 45	2. 28	2. 08	1. 84
21	4. 32	3. 47	3. 07	2. 84	2. 68	2. 57	2. 42	2. 25	2. 05	1. 81
22	4. 30	3. 44	3. 05	2. 82	2. 66	2. 55	2. 40	2. 23	2. 03	1. 78
23	4. 28	3. 42	3. 03	2. 80	2. 64	2. 53	2. 38	2. 20	2. 00	1. 76
24	4. 26	3. 40	3. 01	2. 78	2. 62	2. 51	2. 36	2. 18	1. 98	1. 73
25	4. 24	3. 38	2. 99	2. 76	2. 60	2. 49	2. 34	2. 16	1. 96	1. 71
26	4. 22	3. 37	2. 98	2. 74	2. 59	2. 47	2. 32	2. 15	1. 95	1. 69
27	4. 21	3. 35	2. 96	2. 73	2. 57	2. 46	2. 30	2. 13	1. 93	1. 67
28	4. 20	3. 34	2. 95	2. 71	2. 56	2. 44	2. 29	2. 12	1. 91	1. 65
29	4. 18	3. 33	2. 93	2. 70	2. 54	2. 43	2. 28	2. 10	1. 90	1. 64
30	4. 17	3. 32	2. 92	2. 69	2. 53	2. 42	2. 27	2. 09	1. 89	1. 62
40	4. 08	3. 23	2. 84	2. 61	2. 45	2. 34	2. 18	2. 00	1. 79	1. 51
60	4. 00	3. 15	2. 76	2. 52	2. 37	2. 25	2. 10	1. 92	1. 70	1. 39
120	3. 92	3. 07	2. 68	2. 45	2. 29	2. 17	2. 02	1. 83	1. 61	1. 25
∞	3. 84	2. 99	2. 60	2. 37	2. 21	2. 09	1. 94	1. 75	1. 52	1. 00

$\alpha = 0.1$

f_2	f_1									
	1	2	3	4	5	6	8	12	24	∞
1	39.86	49.50	53.59	55.83	57.24	58.20	59.44	60.71	62.00	63.33
2	8.53	9.00	9.16	9.24	9.29	9.33	9.37	9.41	9.45	9.49
3	5.54	5.46	5.36	5.32	5.31	5.28	5.25	5.22	5.18	5.13
4	4.54	4.32	4.19	4.11	4.05	4.01	3.95	3.90	3.83	3.76
5	4.06	3.78	3.62	3.52	3.45	3.40	3.34	3.27	3.19	3.10
6	3.78	3.46	3.29	3.18	3.11	3.05	2.98	2.90	2.82	2.72
7	3.59	3.26	3.07	2.96	2.88	2.83	2.75	2.67	2.58	2.47
8	3.46	3.11	2.92	2.81	2.73	2.67	2.59	2.50	2.40	2.29
9	3.36	3.01	2.81	2.69	2.61	2.55	2.47	2.38	2.28	2.16
10	3.29	2.92	2.73	2.61	2.52	2.46	2.38	2.28	2.18	2.06
11	3.23	2.86	2.66	2.54	2.45	2.39	2.30	2.21	2.10	1.97
12	3.18	2.81	2.61	2.48	2.39	2.33	2.24	2.15	2.04	1.90
13	3.14	2.76	2.56	2.43	2.35	2.28	2.20	2.10	1.98	1.85
14	3.10	2.73	2.52	2.39	2.31	2.24	2.15	2.05	1.94	1.80
15	3.07	2.70	2.49	2.36	2.27	2.21	2.12	2.02	1.90	1.76
16	3.05	2.67	2.46	2.33	2.24	2.18	2.09	1.99	1.87	1.72
17	3.03	2.64	2.44	2.31	2.22	2.15	2.06	1.96	1.84	1.69
18	3.01	2.62	2.42	2.29	2.20	2.13	2.04	1.93	1.81	1.66
19	2.99	2.61	2.40	2.27	2.18	2.11	2.02	1.91	1.79	1.63
20	2.97	2.59	2.38	2.25	2.16	2.09	2.00	1.89	1.77	1.61
21	2.96	2.57	2.36	2.23	2.14	2.08	1.98	1.87	1.75	1.59
22	2.95	2.56	2.35	2.22	2.13	2.06	1.97	1.86	1.73	1.57
23	2.94	2.55	2.34	2.21	2.11	2.05	1.95	1.84	1.72	1.55
24	2.93	2.54	2.33	2.19	2.10	2.04	1.94	1.83	1.70	1.53
25	2.92	2.53	2.32	2.18	2.09	2.02	1.93	1.82	1.69	1.52
26	2.91	2.52	2.31	2.17	2.08	2.01	1.92	1.81	1.68	1.50
27	2.90	2.51	2.30	2.17	2.07	2.00	1.91	1.80	1.67	1.49
28	2.89	2.50	2.29	2.16	2.06	2.00	1.90	1.79	1.66	1.48
29	2.89	2.50	2.28	2.15	2.06	1.99	1.89	1.78	1.65	1.47
30	2.88	2.49	2.28	2.14	2.05	1.98	1.88	1.77	1.64	1.46
40	2.84	2.44	2.23	2.09	2.00	1.93	1.83	1.71	1.57	1.38
60	2.79	2.39	2.18	2.04	1.95	1.87	1.77	1.66	1.51	1.29
120	2.75	2.35	2.13	1.99	1.90	1.82	1.72	1.60	1.45	1.19
∞	2.71	2.30	2.08	1.94	1.85	1.17	1.67	1.55	1.38	1.00

表 6 **DW 检验临界值**

5%的上下界

n	K=1		K=2		K=3		K=4		K=5	
	d_L	d_U	d_L	d_U	d_L	d_U	d_L	d_U	d_L	d_U
15	1.08	1.36	0.95	1.54	0.82	1.75	0.69	1.97	0.56	2.21
16	1.10	1.37	0.98	1.54	0.86	1.73	0.74	1.93	0.62	2.15
17	1.13	1.38	1.02	1.54	0.90	1.71	0.78	1.90	0.67	2.10
18	1.16	1.39	1.05	1.53	0.93	1.69	0.82	1.87	0.71	2.06
19	1.18	1.40	1.08	1.53	0.97	1.68	0.86	1.85	0.75	2.02
20	1.20	1.41	1.10	1.54	1.00	1.68	0.90	1.83	0.79	1.99
21	1.22	1.42	1.13	1.54	1.03	1.67	0.93	1.81	0.83	1.96
22	1.24	1.43	1.15	1.54	1.05	1.66	0.96	1.80	0.86	1.94
23	1.26	1.44	1.17	1.54	1.08	1.66	0.99	1.79	0.90	1.92
24	1.27	1.45	1.19	1.55	1.10	1.66	1.01	1.78	0.93	1.90
25	1.29	1.45	1.21	1.55	1.12	1.66	1.04	1.77	0.95	1.89
26	1.30	1.46	1.22	1.55	1.14	1.65	1.06	1.76	0.98	1.88
27	1.32	1.47	1.24	1.56	1.16	1.65	1.08	1.76	1.01	1.86
28	1.33	1.48	1.26	1.56	1.18	1.65	1.10	1.75	1.03	1.85
29	1.34	1.48	1.27	1.56	1.20	1.65	1.12	1.74	1.05	1.84
30	1.35	1.49	1.28	1.57	1.21	1.65	1.14	1.74	1.07	1.83
31	1.36	1.50	1.30	1.57	1.23	1.65	1.16	1.74	1.09	1.83
32	1.37	1.50	1.31	1.57	1.24	1.65	1.18	1.73	1.11	1.82
33	1.38	1.51	1.32	1.58	1.26	1.65	1.19	1.73	1.13	1.81
34	1.39	1.51	1.33	1.58	1.27	1.65	1.21	1.73	1.15	1.81
35	1.40	1.52	1.34	1.58	1.28	1.65	1.22	1.73	1.16	1.80
36	1.41	1.52	1.35	1.59	1.29	1.65	1.24	1.73	1.18	1.80
37	1.42	1.53	1.36	1.59	1.31	1.66	1.25	1.72	1.19	1.80
38	1.43	1.54	1.37	1.59	1.32	1.66	1.26	1.72	1.21	1.79
39	1.43	1.54	1.38	1.60	1.33	1.66	1.27	1.72	1.22	1.79
40	1.44	1.54	1.39	1.60	1.34	1.66	1.29	1.72	1.23	1.79
45	1.48	1.57	1.43	1.62	1.38	1.67	1.34	1.72	1.29	1.78
50	1.50	1.59	1.46	1.63	1.42	1.67	1.38	1.72	1.34	1.77
55	1.53	1.60	1.49	1.64	1.45	1.68	1.41	1.72	1.38	1.77
60	1.55	1.62	1.51	1.65	1.48	1.69	1.44	1.73	1.41	1.77

续表

n	K=1		K=2		K=3		K=4		K=5	
	d_L	d_U	d_L	d_U	d_L	d_U	d_L	d_U	d_L	d_U
65	1.57	1.63	1.54	1.66	1.50	1.70	1.47	1.73	1.44	1.77
70	1.58	1.64	1.55	1.67	1.52	1.70	1.49	1.74	1.46	1.77
75	1.60	1.65	1.57	1.68	1.54	1.71	1.51	1.74	1.49	1.77
80	1.61	1.66	1.59	1.69	1.56	1.72	1.53	1.74	1.51	1.77
85	1.62	1.67	1.60	1.70	1.57	1.72	1.55	1.75	1.52	1.77
90	1.63	1.68	1.61	1.70	1.59	1.73	1.57	1.75	1.54	1.78
95	1.64	1.69	1.62	1.71	1.60	1.73	1.58	1.75	1.56	1.78
100	1.65	1.69	1.63	1.72	1.61	1.74	1.59	1.76	1.57	1.78

续表 6　　**DW 检验临界值**

1%的上下界

n	K=1		K=2		K=3		K=4		K=5	
	d_L	d_U	d_L	d_U	d_L	d_U	d_L	d_U	d_L	d_U
15	0.81	1.07	0.70	1.25	0.59	1.46	0.49	1.70	0.39	1.96
16	0.84	1.00	0.74	1.25	0.63	1.44	0.53	1.66	0.44	1.90
17	0.87	1.10	0.77	1.25	0.67	1.43	0.57	1.63	0.48	1.85
18	0.90	1.12	0.80	1.26	0.71	1.42	0.61	1.60	0.52	1.80
19	0.93	1.13	0.83	1.26	0.74	1.41	0.65	1.58	0.56	1.77
20	0.95	1.15	0.86	1.27	0.77	1.41	0.68	1.57	0.60	1.74
21	0.97	1.16	0.89	1.27	0.80	1.41	0.72	1.55	0.62	1.71
22	1.00	1.17	0.91	1.28	0.83	1.40	0.75	1.54	0.66	1.69
23	1.02	1.19	0.94	1.29	0.86	1.40	0.77	1.53	0.70	1.67
24	1.04	1.20	0.96	1.30	0.88	1.41	0.80	1.53	0.72	1.66
25	1.05	1.21	0.98	1.30	0.90	1.41	0.83	1.52	0.75	1.65
26	1.07	1.22	1.00	1.31	0.93	1.41	0.85	1.52	0.78	1.64
27	1.09	1.23	1.02	1.32	0.95	1.41	0.88	1.51	0.81	1.63
28	1.10	1.24	1.04	1.32	0.97	1.41	0.90	1.51	0.83	1.62
29	1.12	1.25	1.05	1.33	0.99	1.42	0.92	1.51	0.85	1.61
30	1.13	1.26	1.07	1.34	1.01	1.42	0.94	1.51	0.88	1.61
31	1.15	1.27	1.08	1.34	0.02	1.42	0.96	1.51	0.90	1.60
32	1.16	1.28	1.10	1.35	1.04	1.43	0.98	1.51	0.92	1.60

续表

n	K = 1		K = 2		K = 3		K = 4		K = 5	
	d_L	d_U	d_L	d_U	d_L	d_U	d_L	d_U	d_L	d_U
33	1. 17	1. 29	1. 11	1. 36	1. 05	1. 43	1. 00	1. 51	0. 94	1. 59
34	1. 18	1. 30	1. 13	1. 36	1. 07	1. 43	1. 01	1. 51	0. 95	1. 59
35	1. 19	1. 31	1. 14	1. 37	1. 08	1. 44	1. 03	1. 51	0. 97	1. 59
36	1. 21	1. 32	1. 15	1. 38	1. 10	1. 44	1. 04	1. 51	0. 99	1. 59
37	1. 22	1. 32	1. 16	1. 38	1. 11	1. 45	1. 06	1. 51	1. 00	1. 59
38	1. 23	1. 33	1. 18	1. 39	1. 12	1. 45	1. 07	1. 52	1. 02	1. 58
39	1. 24	1. 34	1. 19	1. 39	1. 14	1. 45	1. 09	1. 52	1. 03	1. 58
40	1. 25	1. 34	1. 20	1. 40	1. 15	1. 46	1. 10	1. 52	1. 05	1. 58
45	1. 29	1. 38	1. 24	1. 42	1. 20	1. 48	1. 16	1. 53	1. 11	1. 58
50	1. 32	1. 40	1. 28	1. 45	1. 24	1. 49	1. 20	1. 54	1. 16	1. 59
55	1. 36	1. 43	1. 32	1. 47	1. 28	1. 51	1. 25	1. 55	1. 21	1. 59
60	1. 38	1. 45	1. 35	1. 48	1. 32	1. 52	1. 28	1. 56	1. 25	1. 60
65	1. 41	1. 47	1. 38	1. 50	1. 35	1. 53	1. 31	1. 57	1. 28	1. 61
70	1. 43	1. 49	1. 40	1. 52	1. 37	1. 55	1. 34	1. 58	1. 31	1. 62
75	1. 45	1. 50	1. 42	1. 53	1. 39	1. 56	1. 37	1. 59	1. 34	1. 61
80	1. 47	1. 52	1. 44	1. 54	1. 42	1. 57	1. 39	1. 60	1. 36	1. 62
85	1. 48	1. 53	1. 46	1. 55	1. 43	1. 58	1. 41	1. 60	1. 39	1. 63
90	1. 50	1. 54	1. 47	1. 56	1. 45	1. 59	1. 43	1. 61	1. 41	1. 64
95	1. 51	1. 55	1. 49	1. 57	1. 47	1. 60	1. 45	1. 62	1. 42	1. 64
100	1. 52	1. 56	1. 50	1. 58	1. 48	1. 60	1. 46	1. 63	1. 44	1. 65

表 7　　ADF 分布临界值

模型形式	显著性水平			
	样本数	0. 01	0. 05	0. 1
无常数项和趋势项	25	-2. 66	-1. 95	-1. 60
	50	-2. 62	-1. 95	-1. 61
	100	-2. 60	-1. 95	-1. 61
	250	-2. 58	-1. 95	-1. 62
	300	-2. 58	-1. 95	-1. 62
	∞	-2. 58	-1. 95	-1. 62

续表

模型形式	显著性水平			
	样本数	0.01	0.05	0.1
有常数项但无趋势项	25	-3.75	-3.00	-2.62
	50	-3.58	-2.93	-2.60
	100	-3.51	-2.89	-2.58
	250	-3.46	-2.88	-2.57
	300	-3.44	-2.87	-2.57
	∞	-3.43	-2.86	-2.57
有常数项和趋势项	25	-4.38	-3.6	-3.24
	50	-4.15	-3.5	-3.18
	100	-4.04	-3.45	-3.15
	250	-3.99	-3.43	-3.13
	300	-3.98	-3.42	-3.13
	∞	-3.96	-3.41	-3.12

参考文献

[1] 陈强:《高级计量经济学及STATA应用》，高等教育出版社2014年版。

[2] 杜江:《计量经济学及其应用》(第二版)，机械工业出版社2018年版。

[3] 高铁梅:《计量经济分析方法与建模》(第二版)，清华大学出版社2009年版。

[4] 李子奈、潘文卿:《计量经济学》(第三版)，高等教育出版社2010年版。

[5] 庞皓:《计量经济学》(第四版)，科学出版社2019年版。

[6] 张兆丰:《计量经济学基础》，机械工业出版社2016年版。

[7] 达摩达尔.N. 古扎拉蒂著，费建平、孙春霞等译:《计量经济学基础》(第二版)，中国人民大学出版社2005年版。

[8] 张晓峒:《Eviews使用指南与案例》，机械工业出版社2008年版。

[9] 李长风:《经济计量学》(第二版)，格致出版社2010年版。